敗戦処理首脳列伝

祖国滅亡の危機に立ち向かった真の英雄たち

麓直浩

まえがき

戦争はよくないものである、これはほとんどの人にとって異論のないところだと思います。しかし、趣味として歴史を眺めた際に戦史・軍事史に興味を惹かれるのもまた否定できない事実ではあります。そして戦史を眺めたときに目が行きやすいのは、輝かしい勝利を上げた名将であったり、不利な中で善戦したにも関わらず散っていった悲劇の英雄だったりするのも通例といってよいでしょう。

ですが、そうした華やかな英雄たちの陰には無数の無名戦士や後方支援担当者といった目立たぬ人々の貢献があったのは言うまでもないところです。そしてそうした目立たぬ「裏方」には、敗戦が不可避となった状況で首脳として事態の収拾に当たる羽目になった人々も含めてよいのではないでしょうか。一般的に、歴史に深く興味を持てば持つほど「裏方」の面々にも目が行くようになるようになるものと思われますが、筆者自身も当初は華やかな英雄に専ら惹かれていたのが、年齢を経て自身が凡人だと思い知らされたり、思うに任せない経験もする事で、敗戦処理に当たる首脳達にも関心が湧いてきたようです。

そこで本書では、こうした首脳たちを「敗戦処理首脳」と位置付け、該当する面々を列挙してその生涯と奮闘を概観しようと思います。極力、時代や地域のバランスが取れるように心がけましたが、それでも手に入る資料や筆者の知識の関係から偏りが生じてしまいました。御了承いただけると幸いです。さて、「敗戦処理首脳」と認定する人物は、基本的に以下の条件を満たしている事を要件とします。

①首脳（君主、宰相など）となるのは所属する勢力が敗色濃厚な状況になってからであり、開戦に関しては政権担当者筆頭としての責任はない

（ただし、開戦時に既に要人として加担した責任がある場合はありえます）。

②基本的に敗北必至である事を自覚しており、それを前提として戦争終結を視野に入れて動いている（この条件に当てはまる程度は個人差があり、和平工作を一応してはいるが、結局は戦争継続に走る結果となるケースもあります）。

彼らは、敗北必至な状況に陥ってから首脳の地位に就けられ、敗戦責任を負わされたいわば「貧乏くじ」な人々と言えます。敗北に直面した国の首脳には、大変な苦労が付いて回ります。対外的には勝ち誇る敵対者を相手に少しでも寛大な条件を引き出すという、交渉術や人間力を要する難事業があります。そして国内でも混乱する人心へ対応するという、人徳やカリスマが求められる大仕事もあります。何しろ敗戦確実となると、戦局改善を求めて戦争継続を訴える者、虚脱状態や恐慌状態になる者、敵陣営へ走る者など人々はバラバラになりがちですから、祖国が空中分解しないようにまとめあげるのも重要なのです。国家首脳といえば人も羨む立身出世の頂点ではありますが、自分が始めたわけでもない戦争でそういった仕事を強いられるための就任だとしたら、実に割に合わないと言うほかないでしょう（まあ、敗戦確実と一口に言っても程度は様々で、祖国の面子は潰れるが存亡自体には関わらないものから、国家消滅を避ける術がないものまで幅がありますから、それによって難易度にも大きな違いがあるわけですが）。

しかし「敗戦処理首脳」たちはそこから逃げる事なく、置かれた苛酷な状況で可能な限りの術を尽くし、不幸を最小限に留めようと努力しました。ある者は面目が立つ条件で不利な戦いから手を引く術を模索し、またある者は何とか滅亡だけは回避しようと尽力し、ある者は自国の滅亡が避けられぬと見て、せめて国民だけは助けようと図ったのです。そして、彼らの中には、国家を守ることに失敗したり、何とか守り抜いた場合でも当の国民から「戦犯」やら「売国奴」やらと呼ばれたりと、正当な評価を受けられず報われない生涯を送った人々も少なくありませんでした。中には国家を破滅に直面させた張本人が英雄視される一方で、その尻拭いをした人物が誹謗を受けるケースすら存在したのです。

こうした「敗戦処理首脳」たちもまた、大向こう受けするとは言いがたいながらも、共同体を守ろうと身を捧げた「英雄」と呼べるのではないでしょうか。敗北した勢力の「英雄」といえば、武運拙く、最後は敗れたものの善戦した人物や祖国に殉じた人物があげられる事が多いですが、「敗戦処理首脳」たちも敗戦国にとっての貢献度は決して彼らに劣るものではありません。戦場の英雄たちの存在のおかげで敗北した国の人々が誇りを保ち、社会を再建するための歩みにおける心の支えを得る事が出来るのは事実です。そして一方、「敗戦処理首脳」たちによって敗北後の世界で人々が生きていく事ができる舞台が作られるのも否定できないのです。両者は敗戦国の人々を精神世界・現実世界という役割分担で救っていると言えるのです。無論、一人の人間が両方の「英雄」を兼任する場合も少なくないのですが（その場合には「敗戦処理首脳」としての業績も評価される事が多いようです）。

これは、いわばそうした地味で報われないながらも、自らの祖国を、共同体を愛し、責任を果たそうとした「英雄」たちの物語集。何とぞ、お付き合いいただければ幸いです。

麓　直浩　拝

目次

第一章　古代

ペロポネソス戦争概略

紀元前五世紀初頭のペルシア戦争でギリシア諸ポリス連合軍の主力となって戦ったアテナイは、「デロス同盟」の盟主としてギリシア世界で大きな力を振るうようになる。しかしこれはもう一つの有力ポリスであったスパルタ、およびその支配下にあるペロポネソス同盟を刺激するようになり、両国はギリシアの覇権を巡り対立。前四四六年には一旦和訳が結ばれ、本格的な軍事衝突は回避されたが、前四三二年にアテナイのポテイダイア出兵が、スパルタ側であったコリントスの激しい反発を呼び、ペロポネソス同盟内で強硬論が強まったこともあり、前四三〇年に両陣営は戦争状態に入る。アテナイの指導者であったペリクレスは、田園の住民を市域の城壁内部に強制疎開させて籠城戦を行い、一方で海軍力によって攻勢に出る戦略を採る。しかし翌年にはアテナイで疫病が流行し、ペリクレス自身も病没するなど大きな犠牲を出す。その後もクレオンら扇動的な指導者が強硬な戦略を採用し、スファクテリア（ペロポネソス半島南西部の小島）でスパルタ軍を投降させる事に成功するなど、しばらくは優勢に戦いを進めた。前四二二年にアンフィポリスの戦いで両軍とも大きな犠牲を出した事を契機に、翌年には「ニキアスの平和」と呼ばれる休戦条約が一旦結ばれる。

しかしアテナイでは扇動政治家として名高いアルキビアデスの主導で前四一五年にシチリア遠征を敢行したが、壊滅的な打撃を受けて失敗。これによってアテナイのギリシア内部での威信は低下し、デロス同盟から離脱するポリスが相次いだ。その後、ペロポネソス同盟はアッティカの農地を荒らしてエウボイアを遮断したため、アテナイは陸路で食糧を手に入れられなくなり、海路からの輸送に依存するようになった。またスパルタは前四一二年にペルシアと同盟して軍資金の提供を受けるようになり、海軍力を増強してアテネ陣営の離反を誘うようになる。アテナイでは民主制を断念して、寡頭制を導入する事でペルシアと同盟できるという動きが生じ、翌年に寡頭制が採用された。しかし成果が上がらず四ヶ月で政権は倒れ、再び民主制となった。前四〇五年にはアイゴスポタモイの戦いでアテナイ海軍は壊滅し、その後はペイライエウス港をペロポネソス艦隊が封鎖したためアテナイは食料不足に陥る。こうしてアテナイの敗北は避けられなくなり、アテナイ内部でも和平を求める声が高くなった。

テラメネス

〜前四〇四
Theramenes
アテナイ　全権
在任前四〇五年

テラメネスはペロポネソス戦争期にアテナイの軍人・政治家を務めたハグノンの子である。プロディコス（無神論者として知られるソフィスト）に学び、雄弁さによってアテナイ政界で知られるようになる。前四二二年に喜劇作者エウポリスの筆がテラメネスの名に言及しており、その時点で既に有名な存在であった事が分かる。なお、修辞学者として有名で、後にマケドニアの下でギリシアが連合する事を主張するイソクラテスは、彼の弟子に当たる。前四一三年のシチリア遠征に失敗し、アテナイのギリシア内における権威が動揺するようになると、アテナイでは過激民主制と寡頭制との対立が内部で激しくなっていた。そうした中で、テラメネスはどちらにも与せず、両派閥から反発を受けていたが、合理的態度と節度を重んじる知識人からは共感を得ている。

　前四一一年、亡命中のアルキビアデスからアテナイに民主政治を倒すなら、ペルシアとの同盟を約束するとの申し出があった。そこで寡頭政治を目指す一派が台頭し、参政権を五千人に限り四百人評議会で政治を行う体制を作る。こうして成立した四百人体制であるが、スパルタとの和平を目指すものの失敗。またエウボイアで離反が起こった事もあり、政権への不安が高まった。

　テラメネスもペイサンドロスやアンティポンらと共に四百人体制を築いた首謀者の一人であったが、寡頭制成立後は四百人評議会の独断専行が目立つため、問題があると感じていた。また四百人評議会がペイライエウス郊外のエエティオネイアに防衛用要塞を建設したが、彼ら自身がスパルタに寝返る気配があったため、テラメネスはその城壁を破壊すると共に、評議会を転覆させて上述の五千人での政治運営を行うようにし、官職への給与を廃止して民会の参加資格を富裕農民層に限定した。トゥキディデスはこの時の国制をアテナイ史上最高のものと評価している。

　その後のアテナイは再び民主制を採るようになっていたが、前四一〇年には過激民主制の下で将軍として、キュジコスの戦いでマケドニア方面から二〇隻の艦船を率いてセストスでアルキビアデスと合流し、スパルタ軍を追い払うのに貢献し、カルケドンやビザンティオンにアテナイの支配を取り戻している。またビザンティオンに入るとボスポラス海峡でエウマコスと共に三〇隻の艦船で守備を固め、航行を封鎖している。前四〇六年のアルギヌサイの戦いでは三段櫂船艦長であったが、時化のため任務であった難破船乗組員の救出が果たせなかった。帰国後に自らの無罪を主張した結果、トラシュブロスら六人の将軍が罪に問われ、死刑となる。これについては、テラメネスが将軍に責任転嫁したと非難する意見もあり、彼の評価に影を落としている。

前四〇五年、アイゴスポタモイでアテナイ海軍が壊滅。制海権を握ったペロポネソス海軍はペイライエウス港を封鎖し、アテナイは兵糧不足に陥った。アテナイは城壁とペイライエウスが保持される事を条件として和平を打診するが、スパルタは大城壁（アテナイ中心部とペイライエウス、二つの町を繋ぐ通路を囲んで城壁があった）の両端を十スタディオンに亘って破壊する事を要求。テラメネスは自ら望んでスパルタの将軍リュサンドロスの元へアテナイ代表として赴いたが、敢えて三ヶ月リュサンドロスの元で無為に過ごしている。これは強硬派も含めたアテナイの人々が和平を受け入れざるを得ない状況にするためであった。これまで強硬派によって和平が頓挫させられていたため、それを防ぐ目的であろう。

その後、テラメネスは改めて十人の使節の全権としてスパルタへ赴いた。交渉の席上、コリントスとテーバイは和平に反対し、アテナイを滅ぼすよう主張するが、スパルタはアテナイのペルシア戦争での貢献を引き合いに出してアテナイの存続を決定し、和平条件を出す。城壁を破壊すること、アテナイ艦隊は一二隻を残し艦船を引き渡す事、亡命者の帰国を認める事、スパルタに従属する事が条件であった。アテナイ本国では餓死者が出ており、一刻の猶予もないと判断され、条件を受諾。こうして三〇年近い戦争は終結した。

戦後、スパルタによってアテナイに寡頭政治が導入される。この際、テラメネスは前四〇四年三月に三〇人からなる僭主の一人に選ばれるが、同じく僭主であったクリティアスが危険人物と見なした相手を次々に殺害するためこれに反発。クリティアスらはテラメネスの慎重論が市民の支持を集め始めているのを見て、彼が不平派の支持を集め、自分達を糾合する可能性を考慮してテラメネスを誹謗、告発する。テラメネスはこれに対して反論し、一旦は同席の人々の賛同を得ることに成功するが、結局はエエティオネイア城壁破壊や四百人評議会打倒の罪で処刑された。

テラメネスは過激民主制派と寡頭政治派のどちらにも付かず、四百人体制樹立に貢献したかと思えば、間もなくこれを打倒する側に回っている。こうした態度から彼は風見鶏として非難される事もあり、事実クリティアスは彼を非難する際に二股膏薬という意味を込めて「コトルヌス」(どちらの足にも履ける靴)と呼んで揶揄している。

一方でアリストテレスは『アテナイ人の国制』中で「彼は非難されるようにあらゆる政体を倒した人ではなく、すべての政体をそれが法に反せぬ限り助成したと考える。すなわち彼は、これこそよき市民の態度であるが、いかなる政体の下においても市民の務めを果たし得たのであり、ただ法に反する政体には人に嫌われても従うことがなかったと考えるのである。」(田中美知太郎編『世界古典文学全集16　アリストテレス』筑摩書房、四四〇頁)とテラメネスの見識を高く評価していた。実際、政治体制の形式に拘らず極端に走るのを避けて中庸を旨としていた印象がある。終戦交渉の際も(かなり倫理的にきわどい方法であるが)強硬派を巧みに黙らせた上で講和に持ち込むなど、見識に富んだ政治家だったと見てよい。

政治家としては何が最善かを見極めながら方策を立てる事の出来るバランス感覚のある人材であり、極論を吐く者や扇動政治家が多かった当時のアテナイでは貴重な存在であった。そう考えると、アリストテレスらの評価が妥当であり、二股膏薬という非難は当たらないと思われる。ただ、アルギヌサイで将軍達を死に追いやる結果となった事は、有為の人材を失わせたものであり、大きな経歴上の傷であろう。それにしても、後述する対マケドニア戦争での指導者たちといい、この頃のアテナイの政治指導者には非業の死を遂げる者が多い。苦難の時代に見識を貫く事の難しさを見る思いがする。

ギリシアの反マケドニア戦争
（カイロネイアの戦い、ラミア戦争）概略

　ペロポネソス戦争で敗れてスパルタに屈したアテナイであるが、その後コリントス戦争を通じて海軍を再建し、地位を回復。その後もスパルタの優位が続くがテーバイと同盟してこれを破り、テーバイが覇権を握ると、スパルタと同盟してこれと戦う。前三七七年には第二次アテナイ海上同盟を結成して、ギリシア内部での国際的地位を高めるに至る。しかしその専権が同盟市から反発を受け、前三五七年の同盟市戦争で再び地位を低下させる。決定的な覇権国家が出現しない状態が続いた。その間、フィリッポス二世の即位を契機としてマケドニア王国が台頭し、周辺民族との戦いを通じて勢力を広げ、ギリシアに進出。それに対する形でマケドニアとの衝突も多くなっていく。ギリシアの諸ポリスではマケドニアへの対処を巡って、恭順か対決かで政治家の間でも意見が分かれる。そうした中で、アテナイの反マケドニア派であったデモステネスは親マケドニア派のアイスキネスを収賄の容疑で告発、有罪には出来なかったものの、その影響力を削ぐ事に成功。アテナイではマケドニアに対する主戦論が強まっていく。前三四〇年、ポリス間の内紛である第四次神聖戦争への介入を口実として、フィリッポスはアテナイ領のエラテイアを占領した。デモステネスはこれに対しギリシア連合軍での抗戦を主張、一方で有能な軍人として名を馳せたフォキオンはマケドニア相手に勝ち目なしとして反対するが、主戦論が採用される。前三三八年、カイロネイアでギリシア連合軍はマケドニアに敗北し、講和を余儀なくされる。この際に親マケドニア路線を唱えるフォキオンとデマデスらが活躍。

　一旦マケドニアの覇権を認めたアテナイだが、フィリッポスがその後間もなく暗殺されると再び反マケドニア派の動きが活発化。テーバイは反乱を起こすが、フィリッポスの後継者アレクサンド

ロスによって鎮圧される。アテナイは再び恭順の意を表して許され、以降はマケドニアと安定した関係に入る。前三三八年のカイロネイアの戦い以降、アレクサンドロスの急逝までアテナイは前例のない平和と繁栄を享受していた。マケドニアからは寛大な扱いを受け、民主制の伝統もそのままであり、リュクルゴスの財政再建により国庫も潤い、公共建築も盛んであった。

しかしペルシア帝国を征服したアレクサンドロスが旧ペルシア領から不穏分子を一掃するため政治亡命者の帰国令を出した事から、マケドニアとギリシア諸ポリスの関係は微妙となり、前三二三年にアレクサンドロスが急死すると、その機に乗じて政治的独立を回復しようと反マケドニアの動きが盛んとなった。デモステネスらの主導によりアテナイでは反マケドニア運動が高揚。こうして前三二三年にマケドニアの武将アンティパトロスをラミアでギリシア連合軍は包囲し、緒戦を優勢に進める。ラミア戦争の始まりである。しかし翌年には次第に不利となり、アビュドスの海戦で敗北し、制海権を失うとマケドニア軍の援軍がアンティパトロスと合流。初夏にはアモルゴスの海戦でも敗れてアテナイの海軍は壊滅した。地上でも八月にクランノンの戦いでギリシア連合軍は敗北、反マケドニア勢力は止めをさされる。こうしてカイロネイアの時と同じくフォキオンとデマデスが和平交渉を委ねられた。

フォキオン

前四〇二?～前三一八
Phokion
アテナイ　レトル

イドメネウスが書いた伝記によれば、フォキオンは貧しい杖作り職人の子とされる。しかし実際にはアカデメイアに通えるだけの富裕な市民の出であったようだ。表情が渋く近付きがたい印象を与えたし、通常は温和であったが政敵との論争では毒舌を振るった。その演説は峻厳にして簡潔でポリュエウクトスは「デーモステネースは最も優秀な弁論家でフォーキオーンは最も強力な弁論家だ」（『プルターク英雄伝（九）』河野与一訳、岩波文庫、一八七頁。仮名遣いは現代語に直してある）と評する。幼くして父を失い、将軍カブリアスに養育され、彼に従う事で軍事上の経験を積んだ。コリントス戦争最中の前三七六年、ナクソスの海戦ではカブリアスから左翼指揮を委ねられて勝利に貢献。これはアテナイにとってペロポネソス戦争での敗北以来始めての本格的な海戦勝利であり、フォキオンは大いに名声を上げる。その後もカブリアスをよく補佐した。当時、アテナイの要人は政治を司る弁論家（レトル）と軍事に司る将軍（ストラテゴス）が分化していたが、フォキオンは当時として珍しく両方のこなせる人物であった。フォキオンはしばしば市民の意向を批判して反発を受けるのであるが、軍事的力量には定評があり、生涯で四五回に亘り将軍に選出されている。

この頃、フォキオンはしばしばアテナイの軍事作戦を指揮し、成果を上げていた。フィリッポス二世の下で台頭したマケドニアがギリシアに勢力を伸ばしていたため、それに対応した作戦に従事する機会が多くなる。前三四八年にはマケドニアに呼応したエウボイアの反乱を鎮圧し、前三四三年にメガラに遠征。前三四一年から三四〇年にかけて再びエウボイアに遠征した。前三四〇年にフィリッポスがビザンティオンを攻撃したため、これに対抗してフォキオンは援軍派遣を提案して決議させる。派遣したアテナイ軍がビザンティオン市民と協力関係を樹立できなかったため、翌年に自ら第二陣として出征し、関係改善に成功。共同作戦でマケドニア軍を追い払った。これらの戦いを通じて親マケドニア路線を主張する弁論家のアイスキネスと親しくなり、彼がデモステネスから訴追された際には弁護の論陣を張っている。

前三四〇年、アテナイでギリシア諸国連合軍による対マケドニア全面戦争の動きが高まっているのを知ったフォキオンはこれに反対。長年に亘る戦いでマケドニアの力を熟知しており、勝ち目がないと判断したものと思われる。「私は、戦争になれば私があなたを命令し、平和になればあなたが命令するということを承知の上で、それを主張するのだ」(『プルターク英雄伝(九)』河野与一訳、一九九頁。仮名遣いは現代語に直してある)と唱えるが受け入れられず、デモステネスらの主戦論が勝ちを収め、マケドニアとの決戦が行われる事となった。前三三八年にカイロネイアで行われた決戦でギリシア連合軍が敗れると、革新派はカリデモスを将軍として防戦する方針を唱える。しかしこれによる騒擾を恐れた穏健派はフォキオンに国家の命運を託した。そこでフォキオンはデマデスやアイスキネスと共に和平交渉に当たる事となる。交渉の結果、アテナイ領はほぼそのまま認められた上にテーバイからオロポスを獲得し、アテナイへのマケドニア軍の駐留も免除された。アテナイを盟主とする海上同盟は解散されられたものの非常に寛大な条件であったと言える。

その後もフォキオンはフィリッポスに従属すべきとの路線を採るが、マケドニアを盟主とするコリントス同盟への参加に関してはデマデスと異なり慎重であった。結局、アテナイが同盟に参加し、三段櫂船や騎兵をペルシア遠征のため提供する事を求められた時、市内に不平が高まる。フォキオンは今度は同盟に参加した以上は遵守すべきだとこれをなだめた。また、フィリッポスが暗殺された際に、アテナイ市民の間でデモステネスらに主導された反マケドニア派が神々に感謝の犠牲を捧げたり、暗殺者顕彰決議をするのを諫めてもいる。そしてテーバイがアレクサンドロスに対し挙兵した際には、デマデスと共にアテナイ市内での同調する動きを抑え不関与に導いた。テーバイがアレクサンドロスによって破壊されるとアテナイの立場を守るため、デマデスと共に祝賀の使いとして赴き改めて恭順の意を表す。アレクサンドロスがデモステネスら主戦派の引き渡しを求めた際にはこれに応じるよう主張したが、結局デマデスと共にアレクサンドロスに恩赦を願い出ている。アレクサンドロスはフォキオンを重んじて友人・賓客として遇した。しかしフォキオンはそれに奢ることなく清廉な人物として知られ、アレクサンドロスが多額の金を送った際もこれを謝絶し、代わりに政治犯として捕らえられていた人々の釈放を実現させた。

アレクサンドロスが死んだ際には反マケドニア派が再び勢いを増す中で市民に冷静な判断をするよう宥めるが、結局ギリシア連合軍による反マケドニア戦争が決議される。フォキオンは指揮官レオステネスの力量を危ぶむと共に、余分な金や兵力がないため長期戦には耐えられない事を予告。それでもマケドニア軍がアッティカ北東を荒らした際にはアテナイ軍を率いて出陣し、敵将ミキオンを討ち取っている。アンティパトロスが前三二二年にアテナイに迫った際、市民はカイロネイアの時と同様にフォキオンらに頼る。フォキオンはデマデスらと共にアンティパトロスの下に赴き、和平を請う。アンティパトロスは、デモステネスとヒュペレイデスの引き渡し、参政権を一定以上の資産を持つ市民のみを対象にする政体の導入、ペイライエイス港へのマケドニア軍駐留、賠償を求めた。フォキオンは駐留軍は許してもらうよう願い出るが認められず、条件を受け入れるしかなかった。その後、マケドニア駐留軍を引き上げてもらうよう市民から依頼されるが、フォキオンは見込みがないと考えたのかこれを断っている。

アンティパトロスの子であるカッサンドロスと敵対していたポリュペリコンはアテナイに民主制回復を約束。これを契機にそれまでアテナイ市政を司っていたフォキオンは市民から反発を受けるようになり、前三一八年にはニカノルの謀叛に通じたと疑われ処刑された。しかし数年後にはフォキオンの高潔さと見識は再評価され、名誉回復がなされる。以降、彼の処刑は不当さにおいてソクラテスのそれとになぞらえられるようになった。

フォキオンは、優秀な軍事指揮官としてマケドニアとの戦いでもしばしば戦術的勝利を上げるが、その中で相手の底力を知り、勝ち目がない事を見抜いてむしろこれと結ぶ事で生き延びる道を選ぶ事でアテナイの破滅を防ぎ、平和をもたらした。個人的な高潔さ、軍事的才能、現実的な政治的見識を兼ね備えた得がたい指導者であったのだが、言葉を憚る事無くしばしば毒舌を吐く事も辞さなかったため、尊敬を受けるだけでなく反発も強かった。これが報われない最期を遂げるのに繋がったのかもしれない。フォキオンの最期とその後の名誉回復からは、困難な時代において優れた成果を残した指導者に対し、それに相応しく報いる事の難しさを思い知らされる。

デマデス

前三八〇年頃〜前三一九
Demades
アテナイ　ラトル

デマデスは船乗りの息子として生まれた。正式な教育は受けていないが、弁舌に関する天賦の才があったようで次第に頭角を現す。即席の演説に長じており、才知溢れる警句を多く残したという。テオフラストスはデモステネスをアテナイに相応しい弁論家と表した一方で、デマデスについてはアテナイには過ぎた弁論家としており、またクィンティリアヌスはペリクレスと並び称すべき人物と評価した。

当初はデモステネスと共に反マケドニア的な見解を有していた。前三三八年のカイロネイアの戦いでは捕虜となり、マケドニア王フィリッポスが酔って捕虜達を侮辱しているのを目にして「王よ、運命はそなたにアガメムノンの姿を与えたのに、そなた自身はテルシテスの役回りを演じて恥ずかしいと思わないのですか」（澤田典子『アテネ最後の輝き』岩波書店、六八頁）と窘めてフィリッポスの行いを改めさせ、これを契機にフィリッポスの信任を得る事となる。その縁で、デマデスはフォキオンやアイスキネスと共に和平交渉に当たった。その結果、アテナイ領はほぼそのまま認められ、テーバイからオロポスを獲得、アテナイへのマケドニア軍の駐留も免除された。アテナイを盟主とする海上同盟は解散させられたが、アテナイにとって非常に寛大な条件であった。デマデスはこの交渉を成立させるのに大きな役割を果たし、この和平協定は「デマデスの和約」と通称される。以降、デマデスは親マケドニア路線によりアテナイの生き残りを図る路線へと方針を転換。フィリッポスを盟主として締結されたコリントス同盟に対しても、慎重であったフォキオンと異なり、積極的な加入を唱えている。その直後、フィリッポスが暗殺されるとそれを契機にテーバイを中心に反マケドニアの動きが生じたが、後継者アレクサンドロスは迅速な動きでこれを鎮める。この際、デマデスは民会を動かしてアテナイに市内で同様の動きが一部であった事をアレクサンドロスに謝罪させている。その後アレクサンドロスが北方の反乱に対処し戦死の噂も流れると、テーバイがこれを受けて挙兵。アテナイでもデモステネスを中心にこれに応じる動きが生じたが、デマデスはフォキオンと共にこれに反対し、テーバイへの呼応を防いだ。結局、この決断がアテナイの運命を救った。アレクサンドロスはテーバイを陥落させ徹底的に破壊し、アテナイを始めとするギリシア諸ポリスに大きな衝撃を与える。アテナイは慌ててアレクサンドロスに勝利を祝する使者を送ったが、この際にアレクサンドロスはデモステネスら主戦派の引き渡しを求めた。そこでデマデスは再度アレクサンドロスに使者を送って交渉する事を唱え、フォキオンと共にアレクサンドロスの下に赴き、恩赦を求め認められている。因みにこの時、デマデスは交渉に先立ち引き渡しを求められた人々から手数料を受け取っていたという。

その後、アテナイはマケドニアに臣従し、関係は安定した。アレクサンドロスがペルシアを征服し、新領土統治のため王の神格化路線を採った際もこれに応じてアレクサンドロスをオリンポス十二神に次ぐ神とする動議をして受け入れさせている。

こうしてフォキオンと共に親マケドニア路線によってアテナイの平和をもたらしたデマデスであるが、彼は不道徳な事で知られ、自身も収賄を認めて憚らず「自分は国家の難船を処理しているのだからその点は認めて貰わなければならない」（『プルターク英雄伝（九）』河野与一訳、岩波文庫、一八三頁。仮名遣いは現代語に直している）と述べている。マケドニアの要人アンティパトロスは「儀式の後の犠牲のように舌と胃袋しか残っていない」（同上）とその貪欲ぶりを皮肉り「アテーナイに友人が二人あるが、フォーキオーンの方は物を取らせようとしても聴いたことがないし、デーマデースの方は与えても足りたことがない」（同書、二一五頁）と清廉なフォキオンと対比している。前三二四年、アレクサンドロス側近のハルパドスが公金を横領し、アテナイを訪れて政治家達に賄賂を贈った問題でもデマデスはデモステネスらと共に容疑をかけられたのである。

アレクサンドロス死後、再び反マケドニアの動きがアテナイで高揚。親マケドニア派のデマデスはアレクサンドロス神格化や収賄などの前歴を告発され、市民権を失い、追放される。しかし結局ギリシア連合軍は敗北し、狼狽したアテナイ市民によってデマデスは赦免され、再び和平交渉を委ねられた。デマデスはカイロネイア後やテーバイ反乱後と同様に、今回もフォキオンらと共にアンティパトロスと交渉する。今回は以前とは異なり、厳しい条件が課せられた。主戦派であったデモステネスとヒュペレイデスの引き渡し、一定以上の資産を持つ市民に参政権を限定する政体の導入、ペイライエイス港（アテナイの外港）へのマケドニア軍駐留、そして賠償が定められたが受け入れるほかはなかった。講和直後、和平条件に従ってデマデスはデモステネスらの死刑を民会で動議し、賛同を得ている。結局、デモステネスらは亡命先で非業の最期を遂げた。

市民はマケドニア軍の駐留を不満に思い、アンティパトロスと交渉して駐留軍を引き上げるようフォキオンとデマデスに依頼。フォキオンは望みがないと考え断ったが、デマデスは交渉を受け入れてアンティパトロスの元へ赴く。しかしこれが運の尽きであった。この頃、アンティパトロスは病床にあり、子のカッサンドロスが実権を握っていた。そしてデマデスがアンティパトロスの政敵であるペルディッカス宛でアンティパトロスを嘲っている昔の手紙がカッサンドロスの手に渡っており、デマデスはこれを咎められて息子と共に捕縛・処刑された。

　デマデスは同じ親マケドニアの政治家でも清廉であったフォキオンと異なり、金銭に目がなく収賄の噂も絶えない人物であった。政敵から見れば、主戦派から旧敵への恭順派に転向した事や相次ぐ汚職、名門でない出自から成り上がった事など攻撃の材料には事欠かないといえる。そのせいか、売国奴との非難をされる事も多いようだ。しかし経歴から判断する限り、現実的な見識を持ち基本的に国益を第一とした活動をしている人物といえる。主張や清廉さなどに違いはあれ、デモステネスやフォキオンと同様に最善と信じた道を進む事でアテナイに尽くした愛国的な政治家と評価できよう。私腹を肥やす一方で現実的な国益を忘れない辺り、一九世紀フランスのタレイランに近いタイプかもしれない（身の処し方・保身の巧みさでは及ばないが）。

秦末の動乱概略

中国の統一は秦の始皇帝によって初めて成し遂げられたが、その急激な統一と厳格な法治主義・急進的な中央集権は豪族勢力の反発を買った。その結果、始皇帝が死去して間もなく反乱が続発する。その口火を切った陳勝・呉広は農民出身で、兵役要員として現場に向かっていたものの期日に間に合わず、遅刻は法で死刑と定められていたため反乱に踏み切ったという。

彼等は多くの流民や不平分子を吸収して規模を拡大させ、一大勢力を築いた。秦は名将・章邯を派遣して陳勝らを滅ぼすが、反乱の勢いは留まらず、各地で秦に滅ぼされた諸国の旧王族や豪族が相次いで挙兵。章邯はこれらの反乱勢力も次々に撃破するが、反乱軍の中で最大勢力を誇った楚の若い猛将・項羽相手に敗れ、降伏した。これを契機に秦軍は劣勢に陥り、項羽は秦本国に進撃。また、農民出身の劉邦も楚の別働隊を率いて秦の奥深くに侵入する。

一方、始皇帝死後の秦では宦官・趙高が政治を壟断していた。趙高は丞相（宰相）・李斯と共に本来後継者と考えられていた扶蘇（始皇帝の長男）を謀略で陥れてその弟・胡亥を二世皇帝として傀儡化し、その後に李斯を殺して丞相となり、権力を独占。趙高が鹿を馬と強弁して群臣の反応を見て、正直に「鹿」と答えたものを殺害した有名な逸話はこの頃のものである。

やがて劉邦が武関（陝西）を突破して秦の中央に迫ったため、趙高は望夷宮で斎戒していた二世皇帝を殺害。劉邦に使いを送り、関中を分割して互いに王になろうと申し出たが断られる。『史記』李斯列伝によれば、二世皇帝殺害後に趙高は自ら帝位に就こうとするが誰も従わなかったという。

ともあれ、趙高は後釜として秦王族で人望のあった子嬰を擁立。とはいえ、秦は内憂外患で手詰まりであった。まず秦の政府内部は趙高が専権を振るい、政治が乱れており、更に秦帝国は反乱で再び独立した旧王国群によって分割され、実体を失った上に敵軍が首都に迫っていたのである。

子嬰

?～前二〇六
秦　国王
在位前二〇六

子嬰は『史記』秦始皇本紀によれば二世皇帝の兄の子とされているが、この時点で成長した子が存在しており、始皇帝の孫としては計算上合わないと思われる。李斯列伝には始皇帝の弟とあり、その方が妥当と見る向きもあるようだ。いずれにせよ、始皇帝の近親で王族としては傍流であったろう。即位前の子嬰についてはそれ以上のことは分からない。

楚の項羽・劉邦が率いる軍が秦本国に迫る中、秦の政治を壟断していた宦官・趙高が二世皇帝を殺害して子嬰を後継者に擁立。既に各地が独立し統一帝国としての実体は失われていた事から、統一以前と同様に各国同列として秦王を名乗る事となった。即位直前に趙高が劉邦に内応し、子嬰の首を持参して関中の王になろうとしているとの噂が広まり、子嬰は配下の韓談や子らと謀って病と称して引きこもり、見舞いに参上した趙高を殺害し、その一族を皆殺しにして秦の実権を君主に取り戻す。趙高の圧政は人々の反感を買っており、子嬰のこの挙は歓迎された。こうして子嬰は即位早々に獅子身中の虫を除いて秦国内を掌握。即位時点で既に帝国は崩壊し、旧来の領土も侵食されつつある絶望的な戦況であったが、それでも子嬰は秦の生き残りに全力を注ぎ、最後の防衛線である嶢関の守りを固める。これにより秦の首都防衛体制はどうにか再建されたかに見えたが、時既に遅かった。秦の都・咸陽近くへと迫る劉邦軍の勢いを留める事はもはや出来なかったのである。劉邦は嶢関の守将に和睦の話を持ちかけ、欺いて陥落させ、咸陽の目前である覇上に進出。子嬰は秦朝滅亡が逃れられないと悟り、白い馬・白い馬車・白装束という死人の装飾を身にまとい、首に縄を掛けて処刑される覚悟を示した上で帝王の印である玉璽を持参して劉邦に降伏した。こうして秦は滅亡したのである。天下統一後、三代一五年の治世であり、子嬰の在位はわずか四六日であったという。

劉邦によって子嬰は助命されたが、劉邦に続いて項羽が咸陽に入ると、かつて始皇帝が諸国を滅ぼした罪を持ち出され、一族と共に処刑された。人望もあり、奸臣を自ら除く行動力や気骨のある人物であったが、もはや手の施しようがない段階で権力の座に押し出された報われぬ生涯であったといえる。

晋の呉攻略概略

劉邦によって建国された統一王朝・前漢は二百年の歴史を誇ったが、外戚・王莽によって簒奪される。王莽は儒教国家を理想として様々な改革を行うが現実との解離が激しく各地で反乱を招き、乱世を招いた。その中で前漢皇族の支流であった劉秀が再び天下を統一して漢王朝の再興を宣言。後漢である。後漢もまた約二百年命脈を保つが、早くから地方豪族の台頭に悩まされていた。そして前漢と同様に外戚や宦官の台頭によって政治が乱れ、一八四年に勃発した黄巾の乱を契機として中央政府の権力は失墜。地方豪族が割拠する乱世に突入した。

河北では当初は名門豪族出身の袁紹が有力であったが、後漢の皇帝を保護して権威を手に入れ、台頭しつつあった曹操が二〇〇年に官渡の戦いで袁紹を破って最強勢力となる。一方、江南では孫策が卓越した手腕で広大な版図を築くものの早世し、弟・孫権が継承していた。北方を統一した曹操は全土を平定すべく江南へ出兵するが、孫権は荊州（現湖北省）に身を寄せていた傭兵隊長・劉備と結んで対抗し、二〇八年に赤壁の戦いで曹操軍を破り、その南下を頓挫させる。さて劉備は漢皇族の末裔とされる人物であるが、長年に亘り拠点を得られず各地を放浪していた。しかし、諸葛亮を陣営に加えたのを契機として赤壁の戦い後は急速に勢力を拡大し、荊州・益州（現四川省）を平定。ここに天下は河北の曹操・江南の孫権・四川の劉備に三分された。二二〇年に曹操の子・曹丕が後漢の献帝から帝位を譲り受けたのを契機に、魏（曹丕）・呉（孫権）・蜀漢（劉備）の三国が正式に鼎立する。

とはいえ、国力は先進地域を手中にした魏が圧倒的に優勢であり、呉と蜀漢は辺境でその圧力を耐える地方政権に過ぎないのが実情であった。二一九年に劉備軍の将・関羽が荊州から攻勢に出て曹操に遷都を考慮させるほどの強い危機感を与えた事はあったが、呉が魏と結んで荊州を奪取し関羽を敗死させている。それ以降、魏の圧倒的優勢が揺らぐ事はなかった。

蜀漢は劉備が病没した後も魏に対して攻勢に出ており、諸葛亮・姜維がしばしば北伐を試みるものの国力差を覆す事は出来ず、二六四年に魏の攻勢を受けて滅亡した。一方の魏も、司馬懿が諸葛亮との戦いを通じて台頭し、その一族が国政を握り、二六五年には司馬炎が魏から帝位を譲り受け晋を建国。

江南では孫権が名将・陸遜の助けも得て国を保っていたが、その晩年に皇太子の弟を寵愛して後継者問題に決断を欠いたため国内が分裂。結局、両方の候補者を廃して末子を立てるものの、孫権死後も家臣団内部の対立は引き継がれた。これが地方豪族であった軍人達の分立傾向を引き起こし、呉の政府は彼等を支配下に留める為や自己の権益を固めるために専制傾向を強める。その中で屯田は収奪を強められて疲弊し、これが軍事力の弱体化に繋がったと分析する説もある。そうした中で即位した孫皓は、嫡流から外れていたため権威の確立を焦ったか強権を振るい、誅求や残虐な刑罰によって人々の心を離反させた。それでもしばらくは荊州に陸抗（陸遜の子）が防衛に当たり、晋軍の侵入を許さなかったが、やがて陸抗も死去し呉の防衛を担える人材が不在となる。そして、虎視眈々と呉の併呑を狙っていた晋がやがて動き出すのである。

張悌

?〜二八〇
呉　丞相
在任二七九〜二八〇

『襄陽記』によれば字は巨先で襄陽（現湖北省）の人。子供のときから才知に長けており、諸葛亮から高く評価されたという。若くから道理に通じていると評判であり、孫休の時代に屯騎校尉に任じられる。魏が蜀を滅ぼしたとき、人々は魏の実権を握る司馬氏が人心を得ていないとして、その失敗を予想する中で一人だけ蜀の滅亡を予見していた。もっとも、『呉録』によれば高官になると時流に迎合し、皇帝の側近の利益を図り、評価が低かったともされている（ただし後述するように彼は諸葛亮の評価に恥じない人物であろうとしていたようであり、『呉録』の記録は事実とは即断できない）。孫休が没した後には孫皓が即位し、強権を振るい、誅求や残虐な刑罰を行ったため人々の心が離れた。しばらくは荊州に名将・陸抗（陸遜の子）が防衛に当たり、晋軍の侵入を許さなかったが、彼の死後は晋の軍勢を食い止められるだけの人材がおらず危機的状況であった。そんな中で二七九年、張悌は呉の丞相に昇進する。

同年、郭馬が広州で反乱を起こし、呉は主力を南方に向けざるを得なくなり晋との国境は手薄となった。晋の司馬炎はこの機を逃さず、南征の兵を起こす。晋軍の陣容は以下の通り。司馬伷は下邳から四万の兵で涂中へ向かい、王渾は五万で寿春（安徽省）に出撃した。王戎は予州より三万で武昌に進攻し、胡奮は荊州から夏口（武漢）に二万で進撃する。総司令の杜預は六万で襄陽から江陵を目指し、王濬と唐彬は四万の水軍を率いて蜀から長江を下っていた。

これに対抗すべく、張悌は自ら三万を率いて孫震・沈瑩・諸葛靚を配下にして出陣。中でも沈瑩配下の五千は精兵として知られ、この戦いでも主力として活躍する事が期待された。戦いを前にして、沈瑩が張悌に意見を具申した。曰く、長江沿岸の城では晋水軍を防げず、また長江を渡って戦えば勝てたとしても被害は大きくなるため土地を維持するのは難しい。また、敗北すれば国家の危機は決定的になる。そのため長江を渡るべきではなく防衛に徹するべきであると。現場を熟知した前線指揮官として妥当な見解であったと思われる。

　これに対し張悌は、以下のように応じた。


「呉が滅びかかっているのは周知である。だが、このまま敵の進撃を許せば、都近くに敵を迎え民に不安が広がり混乱を呼ぶ。そして兵も士気が崩壊し分解して戦うどころではなくなる。長江を渡って決戦して勝利を掴み脅威を除いてから次に敵水軍と戦う事で活路を見出すべきである」


　すなわち、純軍事的な観点に留まらず人心の向きも考慮すると、守勢一方では民や兵の心が動揺し抵抗すら不可能になる。呉の命脈を保つには、危険は承知で決戦による勝利に賭けるしかないと判断したのである。こうして呉軍の基本戦略は決定した。

　翌二八〇年二月、王濬が長江を降り、呉は巫山で鎖を渡して水軍の通行を止めようとしたが効果はなかった。その後、丹陽を攻略し、杜預も南下し北岸の城を攻略していく。四月には江陵が陥落し、戦わずして降伏する城も出る。晋軍が本格的に動き出したのである。これを既定方針通りに迎え撃つべく張悌は渡江し、まず楊荷で張喬軍七千を降伏させた。次いでその勢いに乗って版橋で王渾軍と決戦を挑む。沈瑩が猛攻をかけるが、晋軍は耐え抜く。最精鋭部隊の攻撃が通じない事で呉軍に動揺が走り、それを見た晋軍は攻勢に移る。疲労もあって呉軍は劣勢に陥り、さらに張喬軍が再び寝返って攻撃を加えたため呉軍は壊滅した。

　もはやここまでと判断した諸葛靚が使者を送っ

て張悌に退却を勧めたが、張悌はその場を動かなかった。諸葛靚は自ら張悌のもとに赴き、再度逃亡を促したが、張悌は「私は子供の頃、あなたの家の丞相（諸葛亮）に評価して頂いた事があった。それ以来常に死所を得ないで賢人の知遇にそむく事を恐れてきた。身をもって国に殉じる覚悟である」と答え、敵軍に身を躍らせて戦死した。この言葉から張悌は諸葛亮に評価された事を誇りとしてそれにふさわしい人物であろうと努めてきた事が分かり、一国の宰相として国を守る事が出来なかった以上は滅び行く国に殉ずる道を選んだのも理解できる。張悌が宰相を務めた時期の呉は、対外的にも河北に加え四川も併呑して圧倒的な優勢を誇る晋相手に対抗する術を失いつつあり、加えて、国内でも長年の政争や孫皓の悪政による疲弊と人心離反を呈しつつあり人材も払底。手の打ち様がない状況であった。その中で戦術的勝利によって何とか国家の延命を図った張悌であったが、やはり成功は望み得なかった。既に命脈の尽きた国家を背負わされたが故の悲劇であった。

さてこの決戦で主力を失った呉軍は次々に降伏。晋軍では南方の疫病を恐れての慎重論も出たが、杜預は竹を割る時の事を譬えに持ち出し、勢いに乗って一気に攻める事で勝利を得られると主張し、攻撃継続が決定された。孫皓は南方から帰った陶濬に迎え撃たせようとしたが、士気は奮わず、戦う前に兵が逃亡する始末である。次いで張象も迎撃を命じられたがやはり戦わずして降伏。ついに五月一日、王濬軍が建業北の石頭城に迫ったため、万策尽きた孫皓は降伏した。ここに呉は滅亡し、三国時代が終結し、晋による統一が完成されたのである。

第二章　近世前期

靖康の変概略

北宋は北方の契丹（中国風に「遼」の国号を名乗っていた）に軍事的に圧迫され、国境付近の中国領土（燕雲一六州）も遼によって占拠されていた。北宋は貨幣経済の発達もあり、経済的繁栄を謳歌していたが、軍事費や侵入を防ぎとめるため遼・西夏（タングート族の国家）へと多額の金品（歳幣）を支払っていた事もあり、財政危機に直面。王安石による改革によって財政再建や軍事力再編が目論まれたが、改革派と守旧派の対立により政治的分裂が生じていた。一一世紀後半に即位した徽宗の時代には、皇帝の寵臣である宰相・蔡京や宦官・童貫らが新法（王安石による改革）を利用して厳しい徴税を行い、自分たちの私腹を肥やし奢侈に流れる。その結果、徽宗が芸術的才能に恵まれていた関係もあって首都・開封に富が集積し、爛熟した文化が花咲いたが、地方は荒廃して江南で大反乱が起きている。一方、当時の中国東北部は変動の時期で、遼は新興の女真族によって建国された金の圧迫を受けていた。

一一一一年に童貫が遼へ使節として赴いた際、遼へ恨みを抱く馬植という人物から女真と海路で交渉して同盟し、遼を挟撃するよう勧められ徽宗に提案。余談ながらこの際、童貫は宋朝廷を説得するため遼帝・天祚帝に亡国の相があると人相見に証言させたとも言われる。ともあれ一一一七年、これを受けて金から遼への攻撃に乗じる意志を伝えるため使節が送られた。交渉の結果、一一一九年には宋が金から燕京などを譲り受ける代わりとして、遼に支払っていた歳幣を金へ贈る条件で密約が成立した。しかし宋は出兵が南方の反乱への対応で遅れ、一一二二年になってようやく童貫が北上するが、軍が疲弊していた事もあって逆に遼に撃退されている。一方で金は燕京に侵攻し遼を滅亡させた。宋は自力で燕京を奪取する事が出来なかったが、以前に約束した歳幣四〇万に加えて燕京一帯の税の六分の一である百万貫を収める条件で燕京と山前六州を譲られる（燕山府路として設置）。童貫らは手柄を国内に吹聴するが、燕雲一六州の主要地域は金の手にあり、譲られた地域は荒廃していたのが実情であった。

一方で童貫らは遼の残党と結んで金を討つ事で残りの領土も回復しようと目論み、これは金を刺激する結果となる。金は宋への不信を募らせると共にその弱体を知っていた事から、太宗の時代になると一一二三年に宋相手に攻勢に出て、山西と河北を割譲し、黄河を境界とするよう要求。窮地に陥った徽宗は己を罪する詔書を出し、勤皇の兵を募った。徽宗は李綱らの主張で退位させられ、子に位を譲り南方に逃れる。これが欽宗である。欽宗は、強敵が首都に迫るという局面で責任放棄した形の父帝から政権を譲り渡され、難局への対応を迫られたのである。

欽宗

一一〇〇～一一六一
北宋　皇帝
在位一一二五～一一二七

欽宗は北宋の第九代皇帝（在位一一二五～一一二七）であり、第八代皇帝徽宗の子である。姓名は趙桓。少年期から父帝やその側近達の振舞いに批判的であったようだ。二〇歳で皇太子に立てられたが、父にしばしば直言したため煙たがられ、弟を擁立する動きが出た事もある。

一一二五年、首都開封に金軍が迫ったときに、徽宗は恐れて、道観参拝を口実に江南に逃れ、留守を皇太子に任せようとした。以前より徽宗に批判的であった若手政治家の呉敏・李綱は指揮権の所在を明確にするため、譲位の上で移動するよう皇帝に強く迫る。こうして国家存亡の危機を前に突然帝位が趙桓に廻ってきたのである。

　即位直後に宗望が率いる金軍が開封に迫る。一一二六年に入ると、開封では呉敏や李綱らを中心に欽宗が金と対抗。攻防戦で北宋軍は義勇軍も加えてある程度の奮戦はするが、帰趨は明らかであり、また和平派・主戦派の対立から統一した戦争指導が不可能な状況であった。また徽宗時代に軍政が乱れており、高官が首都の禁軍（近衛軍）を私用の労役に廻したり、俸給を流用していたため本来一五万いた禁軍は三万にまで減っていた。因みに前線の軍も損害が報告されず補充されていなかったため、兵力が減少していたという。こうした事情から結局、主戦派の李綱を抑えて李邦彦ら降伏派の意見を入れ和議を結んだ。和平交渉中に北宋軍が金に夜襲をかけ、しかも撃退されるという大失態があったものの、①金五百万両・銀五千万両、牛馬一万頭、帛百万匹を贈る　②金が伯父で宋が甥の関係を保つ　③中山・河間・河北・山西の割譲　④宰相と親王を人質とするという条件で何とか和議が成立した。もっともその条件を履行する見通しは立たず、開封の財貨を集めても金二〇万・銀四〇万がせいぜいであったという。一方で金軍も太原包囲軍が苦戦していた事と各地から宋の勤皇軍が集まりつつあったため、一旦本国へ引き上げた。

　北宋側ではとりあえずの危機を逃れた欽宗の下で、新体制構築が試みられた。まず徽宗時代に権力を握っていた蔡京や童貫らが国家の危機を招いた責任を問われて失脚し処罰される。一方、一一二六年四月に南方に逃れていた徽宗が開封に帰ってきた。欽宗としては、彼を手元にひきつけることで旧政権側が擁立するのを避ける狙いがあったようだ。この時期にも欽宗は徽宗との間に確執を残していたようで、既に退位した父の誕生日を祝うため訪問した際、喜んだ徽宗が酒食でもてなしたところ欽宗は毒殺を恐れ、手を付けず帰ったという逸話が残されている。

　さて、政府内部では敵が引き上げた以降は主戦派が勢いを取り戻し、割譲地の明け渡しを施行しなかった。また太原に援軍を送ると共に契丹の残党と結ぼうとした。こうした行動は金の敵愾心を再び買う事となり、同年末に再び開封が包囲される。四〇日の戦闘で開封は陥落し、欽宗は降伏した。今回は金も強硬で、金軍は開封を略奪し、宋臣の張邦昌を傀儡国家「楚」の皇帝として擁立した上で徽宗・欽宗らや重臣を捕虜として北方へ送った（靖康の変）。二人はハルビンの東である五国城で軟禁状態となった。

　外部条件が悪すぎて乗り切るのが至難な情勢であったのに加えて、経験不足からか指導力を発揮できず、政争に伴って方針が揺れ動くなど欽宗の動きには不手際も多い。これが敵に付け入る口実を与えると共に交渉相手として不信感を持たせる結果となったのも過酷な結末を迎える一因となったであろう。

　一方、欽宗の弟が江南に逃れて即位し（高宗）、宋を再建した。南宋である。南宋は岳飛ら主戦派を秦檜ら和平派が抑える事で和平工作を行うが、その際に徽宗・欽宗の処遇が問題となる。しかし、高宗はあくまで緊急措置で即位したという建前であり、正統性に不安を残していたため、宋の嫡流である欽宗の帰還を内心では望んでいなかったとされる。そのため、徽宗は死後に遺体が金から南宋へと返還されるものの、欽宗は幽閉生活の下で生涯を終える事となったのである。

　経験不足なままで、敗北必至な情勢の舵取りを余儀なくされた末の不遇な生涯であったといえる。

モンゴルの南宋攻略

河北を支配していた金が一二三四年に北方遊牧民であるモンゴル帝国によって滅ぼされた後、南宋はモンゴルと直接国境を接する事となった。当初、騎馬部隊を主力とするモンゴル軍は河川・水田など湿潤・多様な地形を持つ華南の環境に慣れず、南宋軍相手に苦戦を余儀なくされる。しかし、モンケ・ハーンがモンゴル帝国大ハーン（皇帝）となると、モンゴルは周辺国の攻略による南宋孤立化を優先させる戦略に転換。一二五三年、まずは雲南の大理国を併合したのを手始めに、一二五八年にはインドシナ半島の安南国を服属させた。そして一二五九年には三〇年近くに亘り抵抗を受けていた朝鮮半島の高麗を降伏させている。

同じ一二五九年、モンケ・ハーンはいよいよ南宋遠征に踏み切り、フビライ（モンケの弟）に鄂州攻撃を命じた。南宋の都・臨安からは賈似道が救援の将として向かい、モンゴル軍と睨み合いになる。折りしもモンケが死去したため、フビライは急遽引き上げた。この顛末は南宋本国には勝利として伝えられ、賈似道は英雄として一二六〇年に宰相と任じられた。賈似道はこの際に和議の可能性も選択肢に入れてフビライと交渉していたようであるが、鄂州戦役の実態が漏れるのを防ぐため使者を幽閉している。一方で彼は理宗の皇太子（後の度宗）擁立に功を上げてこれと密着して権力を握り、国内改革に尽力した。まず宦官の発言力を抑えると共に、吏部七司の法により官吏任用規定を改めている。また彼は前線の指揮官の不正を熟知していたため、公金横領の甚だしい者を処分し、綱紀粛正を行った。学生に対しては学費の補助や試験の緩和によって支持を得る。公田法を実施し豪族の専横を抑えると共に、小農民救済・軍への米穀給与を円滑化することにある程度成功。不換紙幣や現金手形の健全化にも手を出している。そうした一方で反対派を追放し、自らの派閥で政界・軍部を固めてもいるため悪評を買っているが、その政治手腕は高く評価すべきであろう。

一二六二年、北方の漢人諸侯と内通して反乱を起こさせたのを契機にフビライ（モンゴル高原・中国北部を拠点としてモンゴル帝国大ハーンとなり、中国王朝として「元」の国名を名乗っていた）の再侵攻を招く。襄陽攻防戦が一二六八年に開始され、長期戦となった。賈似道は積極的な行動に出ず、自らの地位を守る事に汲々とし始める。襄陽は五年の攻防に耐えるが、十分な援軍が得られないまま一二七三年に降伏。フビライは臨安攻略のため水軍を組織すると共に、バヤンを総大将として一二七四年に大軍を南下させる。その直後、南宋では度宗が崩御したのを受け、四歳の皇太子が即位（恭帝）し、太皇太后謝氏が実権を握った。この頃には元軍の攻撃の前に鄂州をはじめ主要地点が次々に陥落、有力将軍には進んで元軍を迎え入れるものが多かった。賈似道は臨安の人士の強い要求に押されて自ら出陣するも丁家洲で大敗し、揚州に逃亡。臨安では勤皇の檄を飛ばすが大きな効果はなく、政府周辺の人物としては張世傑や陸秀夫が目立った程度である。賈似道は助命を請うたが責任を質す声はやまず、流罪とされた上で道中において処刑された。

南宋が元軍の攻撃の前に崩壊に直面し、人材が払底する中で、若い頃から秀才として名高く忠義の念に篤い人物としても知られていた文天祥が表舞台に押し出される事となる。

文天祥

一二三六～一二八二
南宋　宰相
在任一二七六

文天祥は吉水（江西省吉水県）の出身。二〇歳で進士に第一位で及第し、この際に試験官を務めた王応麟は理宗皇帝に人材を得たことを祝したという。一二五九年にモンゴル軍が四川に侵入し、遷都説が強まると、一地方官にすぎなかった彼は強くこれに反対し、官を追われた。のち復職したが賈似道と対立して辞職。七六年元軍が首都・臨安に迫ると、義勇軍一万人を率いて奮戦したが効果は上がらなかった。同年、人材が払底した南宋政府によって右丞相兼枢密使、すなわち宰相に任命されるが、強硬論を唱え朝廷内部で孤立する。そこで講和交渉の使者として元軍に赴き、皐亭山で元の丞相バヤンと口論して拘留され、その間に恭帝が降伏し臨安は陥落した。文天祥は北方へ護送される間に鎮江で脱出して真州に入り、福州で益王を奉じ、宋の残兵を集めて転戦した。一二七八年に再び元軍に捕らえられ、大都（北京）に送られる。厓山に追い詰められた宋の残党への降伏を勧告するよう求められるが断り、宋が完全に滅んだ後もその才能を惜しんだフビライから仕官するよう繰り返し説得されるが応じなかった。この時に詠んだのが『正気の歌』であり、天地に満ちた「正気」が形を取って史上の忠臣となるという内容である。フビライは文天祥が反乱分子にとっての象徴となっていることから、やむなく文天祥を処刑。文天祥は南宋の方角を拝して死去。享年四七歳であった。

若くして才を認められ、忠義の念にも篤かったが複雑怪奇な外交・政治情勢を渡るだけの現実感覚には問題があったのは否めない。加えて、表舞台に出た時期が余りに悪く、手の施しようがなくなっていた。報われない生涯であったが、その生き様は同時代・後世の人々に感銘を与え、忠臣の鑑とされる。敵国の君主であったフビライが同時代で最も彼を評価したのは皮肉としか言いようがない。

南宋滅亡期の幼帝たち

恭帝

一二七〇〜一三二三
南宋　皇帝
在位一二七四〜一二七六

度宗の子。二歳で左衛上将軍・嘉国公の称号を受けている。三歳で即位し謝皇太后が朝廷を握っていた。即位した時点で既にバヤンが杭州に迫っており、一二七六年、太皇太后謝氏は降伏し、バヤンは少数の軍勢で杭州を接収した。その後、上都へ移送されて丁重に扱われたという。僧侶としてチベットに送られ、一三二三年に自殺したともいわれるが、一方で元の順帝（トゴン・ティムール）は彼の子であったという伝説もある。

端宗

一二六九～一二七八
南宋　皇帝
在位一二七六～一二七八

恭帝の庶兄。建国公に任じられる。恭帝が降伏した後に陸秀夫と張世傑によって擁立され、福州に拠点を置く。元軍が迫ると泉州へ逃げ、宰相・陳宜中は海上に宮廷を移し抵抗。その際に海難に遭い、病に倒れる。香港沖のランタオ島で没した。

帝昺

一二七二～一二七九
南宋　皇帝
一二七八～一二七九

端宗の弟。永国公に任じられていた。端宗の病没後に陸秀夫と張世傑が擁立したが、頼みとしていた福州の有力者・蒲寿庚が元に寝返ったため、崖山に立て篭もり千隻の船で抵抗。三週間に亘る戦闘の末に陸秀夫に抱かれて入水した。ここに南宋残存勢力は完全に滅亡したのである。

恭帝が降伏した時点で南宋は実質的に滅亡したと見ることも出来るが、その後も残存勢力は恭帝の兄弟を擁立して抵抗を継続した。彼ら幼帝たちは年齢から言っても情勢から言っても主体的な行動を起こす余地はなく、厳密には「敗戦処理首脳」と呼ぶには問題があるのであるが、敗戦必至な状況で「元首」として担ぎ出され、本人の意思や資質に関係なく時代に翻弄された人物であるといえる。

カイドゥの乱概略

一三世紀初頭にモンゴル高原を統一したチンギス・ハーンは中央ユーラシアを征服して、広範な帝国を建設する。チンギス死後も子孫達によってモンゴル帝国の拡大は継続し、中国や中近東、ロシアを含んだユーラシア全域へと影響力を及ぼすようになった。さて、モンゴル帝室はチンギスの息子達であるジュチ、チャガタイ、オゴディ、トゥルイの系統に分かれ、第二代大ハーン（皇帝）には人望厚い三男オゴディが選ばれる。この帝位継承自体は周囲の異議なく行われたが、モンゴル族は遊牧民族として末子相続の慣習を有していた事からトゥルイの子孫に不満が生じ、次世代以降に禍根を残す結果となった。

第三代のグユク・ハーンが死去した後、一二五一年にモンケがトゥルイ家から即位する。その際、オゴディ家とチャガタイ家は大ハーンを決定するクリルタイ（会盟）に参加せず、その即位を認めない態度を示した。

そこでモンケはオゴディ家の弾圧に乗り出し、他自立の動きを見せたシラムシの反乱を鎮圧し、他の静観していた者たちも領地を細分された。こうして弱体化したオゴディ家の中で相対的に立場が浮上したのがカヤリク方面を与えられたカイドゥである。

一二六〇年、モンケの死去を受けて、その弟であるフビライとアリクブカの間で帝位継承争いが起こる。カイドゥはアリクブカに付く形でこの戦いに介入し、オゴディ家の再統一・再興を目指すが、フビライが短期でアリクブカを破ったため果たせなかった。この後、フビライは正統な中国王朝として国号を「元」と名乗り、中国全土の征服を完成させていく。

一二六六年、チャガタイ家ではバラクがチャガタイ家首領の座を乗っ取り、フビライに反抗。そして一二六九年、チャガタイ家とオゴディ家、ジュチ家が独自にタラス河で会盟し、中央ユーラシアを分割し、大ハーンに対しある程度自立的な動きを見せ始める。カイドゥはこの会盟で西中央ユーラシアに基盤を獲得し、オゴディ家の勢力拡大に成功。この時点で大ハーンであるフビライに正面から敵対したわけではないとする説もあるが、いずれにせよカイドゥはフビライの影響外で勢力扶植を図っていくようになった。一方、バラクは西への勢力拡大を目論みイル・ハーン国（フビライの弟フラグが中近東に建国したモンゴル人国家）に攻撃をかけるがカラ・スラ平原で大敗。結果、チャガタイ家は再び分裂し、カイドゥに身を投じた。

さて一二七〇年代にフビライは子のノムガンを大将として西中央ユーラシアに大軍を派遣し、各分家に圧力をかけていた。しかし従軍していたトゥルイ家の非フビライ系が反乱したためノムガン軍は崩壊。反乱はフビライが名将バヤンを派遣したため間もなく鎮圧されたが、フビライの中央ユーラシアへの圧迫が利かなくなる。これに乗じてカイドゥは天山北麓にまで勢力を伸ばし、チャガタイ家をも支配下にいれて「カイドゥ・ウルス」を建設。反乱軍残党もカイドゥに身を寄せた。この時点でもカイドゥは正面からのフビライへの敵対は避けていたが、一二八七年に極東に勢力を有していたフビライの盟友・東方三王家が反乱した際にはカイドゥはこれに呼応しようと図っている。しかしこれもフビライが自ら出陣して反乱を早期鎮圧したため、カイドゥは動きを示せていない。

カイドゥが元に積極的な敵対姿勢を示したのはフビライ死後である。後継者テムルの力量がフビライに劣るのに付け入ろうとしたためであった。しかしもう一つの切迫した理由があった。カイドゥの「帝国」自体がフビライへの敵対者を受け入れる事で大きくなった側面があり、フビライ死去により共通の敵を失う事で、放置すれば空中分解する危険が生じた。そのためそれを防ぐため殊更に攻勢をとらざるを得なかったのである。カイドゥは元軍にカラ・コルム方面では苦戦を強いる事に成功したが、一三〇〇～一三〇一年にかけての激戦を経て、最終的には戦力に劣るカイドゥが敗北。カイドゥ自身も一三〇一年に負傷しそれが原因で死去した。

ドゥア

一二八二～一三〇七
Dua
カイドゥ・ウルス　副盟主
一三〇一～一三〇六

ドゥアはチャガタイ家のバラクの子であり、漢字では都哇と表記される。父バラクがイル・ハーン国を攻撃して敗北した後、オゴディ家のカイドゥによって西チャガタイ家の家長に据えられた。カイドゥがオゴディ家・チャガタイ家の勢力圏を支配下に置き、フビライに対抗できるモンゴル第二の勢力を築いていた間、名目上の第二人者として表面上重んじられたものの実際的にはカイドゥの勢威の前に鳴りを潜める事を余儀なくされる。

しかし一三〇一年にカイドゥが元と戦って敗北・死去すると、ドゥアはカイドゥ陣営の年長者として存在感を示し始めた。カイドゥは後継者としてオロスを指名していたが、ドゥアはこれを差し置いて敢えて凡庸なチャパルを一三〇三年に擁立し、その実権を握るに至る。そして秘密裏に大ハーン（モンゴル帝国首長）である元朝の皇帝と交渉し、一三〇四年に完全和平を成立させ、元朝に臣従を表明した。そもそもチャガタイ家・オゴディ家の連合による元への対抗が可能となっていたのには、カイドゥの力量やカリスマによるところが大きかった。またカイドゥが峻厳なフビライへの反発を利用して味方を増やしていた面も多分にあり、フビライとカイドゥの両者が亡くなった今となっては、旧カイドゥ勢力が圧倒的国力を有する元と戦い続ける事は難しかったのである。元としても、中央ユーラシアに勢威を張る旧カイドゥ勢力が服従の意を表した事は大きな前進であった。ここに、旧カイドゥ勢力は元の軍門に降り、モンゴル勢力内部での敵対関係は消失。これが、ユーラシア大陸の東西交通活発化に寄与した事は言うまでもない。

旧カイドゥ勢力の実権を握ったドゥアは一三〇六年にチャパルを打倒してチャガタイ家の中央ユーラシアでの優位を確立し、アフガン・インド北部から旧ウイグルにかけての地域を保有するチャガタイ・ハーン国を建国した。一方、チャパルは元に逃れ、オゴディ家は歴史の表舞台から姿を消す。ドゥアはチャガタイ・ハーン国を打ち立てた翌年に死去したが、彼の死後に国は東西に分裂。東は遊牧民の伝統を保ち、西は都市文明の盛んなトルキスタンを中心に保有し、次第にムスリム化。やがて西からティムールが台頭する事になる。

ドゥアは器量に勝るカイドゥが健在のうちは雌伏し、自身と家の地位を確保しつつ保全する事に専念。カイドゥが亡くなると活動を開始して主導権を握り、長年に亘る紛争状態を終結させ、対外的にも安定した地位を確立した。派手な成果を残す華やかな才幹を有するタイプではなかったが、最後に中央ユーラシアの覇権を握る姿は我が国の徳川家康を思わせるものがある。彼はいわゆる「英雄」ではなかったが、分裂したモンゴル内部の争いを収め、東西交流の便宜に寄与する事となった。

コソボの戦い概略

セルビア人がバルカン半島にその姿を見せるのは七世紀以降であるが、しばらくは族長達が乱立して内部抗争が続き統一には至らず、政治的にもブルガリアとビザンツ帝国の間で争奪されていた。しかし九世紀中頃になるとヴラスティミルが一時はブルガリアを破ってこの地方の最有力者となる。同じ頃にビザンツの影響を受けてキリスト教国化。その後、セルビアは再び分裂するが一一六八年にステファン・ネマーニャがビザンツの混乱に乗じてその勢力下から脱して独立し、ネマニッチ朝を創設。ネマニッチ朝によってセルビアは統一され、国内は安定に向かう。ネマニッチ朝は一四世紀前半のステファン・ドゥシャン王の時代に最盛期を迎え、バルカン半島南部を制圧したが、その死後は再びセルビアは諸侯国に分裂。

そうした中、小アジアを制圧し、バルカン半島に勢力を伸ばし始めたオスマン帝国がセルビアに迫った。これに対しセルビアの有力者であったセルビア公ラザルはボスニア王らと連合し、オスマン帝国相手に決戦を挑んだ。一三八九年六月二八日、コソボ平原が決戦の地に選ばれ、ラザル率いるバルカン連合軍とムラト一世のオスマン帝国軍が激突。日の出の勢いであったオスマン帝国の勢いは激しく、ブルガリア・アルバニア・南セルビアの諸侯には既に臣従してオスマン軍に加わっている者も少なくなかった。それでも数の上ではバルカン連合軍が勝っており、当初はラザルらは優勢に戦いを進める。またセルビア騎士のオルリッチがオスマン軍のテントに侵入して、ムラト一世を刺殺したといわれている。しかしその皇子バヤズィットが指揮を引き継いで卓越した力量を発揮したためオスマン軍は崩壊に至らず、かえってバルカン連合軍を撃破。ラザルは捕らえられ、バヤズィットによって処刑された。

この戦いは後世のセルビア人によって伝説化され、キリスト教と祖国を守るべく戦って殉じたラザルは国民的英雄として語り継がれる。例えばある叙事詩によれば戦いの前にラザルは「現世の王国」と「天上の王国」の選択を迫られて後者を選び、部下の将兵を守るため命を捨てたと伝えられている。ともあれ、地上の歴史においてセルビアがこの戦いでオスマン帝国に抗う力がない事が明らかとされ、残された者たちはこの困難への対応を余儀なくされていく。

ミリカ公妃

?～一四〇五
Queen Milica
セルビア　公妃・摂政
摂政在職一三八九～一三九三

ミリカ公妃はセルビア公妃でラザルの妻。夫がコソボの戦いで戦死した後、オスマン帝国と和議を結んで臣従し、セルビアの形式的独立を保つ。子のステファン・ラザレヴィッチが幼少であったため、夫の死後四年に亘り彼を補佐してセルビアを統治。一九世紀には民族英雄となった夫と共に民族的な伝説の存在としてセルビア人の間で語り継がれるようになる。

ステファン・ラザレヴィッチ

一三七五〜一四二七
Stefan Lazarevic
セルビア公
在位一三八九〜一四〇二
デスポテース
在位一四〇二〜一四二七

セルビアの統治者でセルビア公ラザルの子。母であるミリカ公妃の補佐を受けて公位を継承、オスマン帝国に従属する。しばらくして妹オリベイラをバヤズィットに差し出し、服従の証としている。彼は成人後にはオスマン帝国のワラキアやハンガリーへの征服戦に参加している。一三九六年のニコポリスの戦いでフランスやブルゴーニュによる十字軍と戦い、一四〇二年にはティムールとのアンカラの戦いに従軍。アンカラでオスマン帝国が敗れ、混乱に陥った間隙を縫って自立した。この頃から「デスポテース（君主）」の称号を名乗り始める。

一三九五年前後にコソボの大半を手に入れ、一四〇九年には弟の反乱を鎮圧。オスマン帝国から独立を果たした後も、正面から敵対する事はなくハンガリーとオスマン帝国を両天秤にかけた。都をベオグラードに移したのも彼の時代である。また、ステファン・ラザレヴィッチはギリシア文学に興味を抱く芸術の保護者としても知られた。

ラザレヴィッチの死後は甥が地位を継承したが、再び勢力を取り戻したオスマン帝国に服属を余儀なくされ、最終的にメフメト二世が一四五九年にセルビアを併合する。その後、セルビアは四百年に亘りオスマン帝国の支配下に置かれる事になるが、セルビア正教会や民族叙事詩を通してその民族性を保つ。一九世紀初頭にはオスマン帝国に対して蜂起し、戦いの末に公国としてその自治を認められたのは一八三〇年の事であった。

　ミリカ公妃は夫の死後に敵国への服従を認めると共に何とか独立維持を認めさせるという現実的な形で国を守り抜いた。子のステファン・ラザレヴィッチもその路線を受け継ぎ、オスマン帝国が強力な際には軍役を果たすなど臣下として働き、混乱に陥るとその隙を衝いて独立するも正面からの敵対は避けるという巧みな処世術をみせている。正面から戦って散ったラザルのような派手さはないが、したたかな母子であったといえよう。しかし、これもやがてはオスマン帝国の圧倒的な勢力に再び服属を余儀なくされ吸収されていくのである。

南北朝動乱概略

一一世紀頃より、日本は自給自足的に勢力を伸ばした寺社・貴族や各地の地方豪族が連合して形式的に朝廷を奉ずる形を採り始める。一二世紀末に源平合戦を経て鎌倉幕府が成立して以降、東を幕府・西を朝廷が支配する二重政権の体制となり、承久の乱以降は武力で勝る幕府が朝廷に対し大きく優位に立つ。更に一三世紀後半になると、元寇を契機に幕府は国防のため東のみならず、全国に広範で強力な支配を及ぼすようになる。この頃、領地を分割により相続していた地方豪族たちの間で領地の細分化や本家・庶子の分裂傾向が一族争いの火種になりかねない状況になっていた。折からの貨幣経済の発展に伴う支出の増大も豪族たちを苦しめており、彼らの庇護者たる幕府への不満を募らせる事となった。また、畿内や瀬戸内海を中心に商業・運送業・芸能を生業とする非農耕民が実力を貯えつつあり、その力は侮れないものとなっていた。農業民中心の政権である幕府の支配が及ばない彼らは、貨幣経済の発展を背景に畿内周辺の農村にも入り込み、幕府の武力をも脅かす存在となっていたのである。幕府を動かしていた北条氏も彼らを取り込むことで自分たちの権力を強化しようとするが、十分な支持が得られないばかりか旧来の豪族たちからの反発も受ける結果となった。更に朝廷では支配力を弱めたのみでなく皇室が持明院統・大覚寺統に分裂、それに合わせて貴族達も争い、幕府の調停が不可欠な有様であった。しかし当時の北条氏当主・北条高時は力量不足でこうした事態に十分な対応が出来ない。そうした中で一四世紀前半に大覚寺統から即位した後醍醐天皇は親政を行い、やがて非農業民や没落豪族を味方に付けての鎌倉幕府の打倒を目論む。皇位継承に干渉する幕府を倒し、大覚寺統の中でも傍流である己の血統に皇位を受け継がせるため、そして全国支配権を朝廷に取り戻すために。一三三一年、後醍醐は挙兵したが幕府の大軍により敗北、持明院統の光厳天皇に譲位させられ隠岐に流された。しかし、後醍醐の誘いに応じて河内で挙兵した楠木正成が一三三三年に幕府軍を翻弄した上で金剛山の千早城に篭もり、幕府の大軍相手に奮闘。これを受けて各地で幕府に不満を抱く勢力が蜂起し、後醍醐も隠岐から脱出、そうした情勢下で幕府方の有力者である足利高氏（尊氏）も朝廷方に寝返り、京の幕府拠点・六波羅探題を攻略。時を同じくして関東の豪族・新田義貞が鎌倉を滅ぼし、後醍醐天皇による全国政権が成立した。後醍醐天皇は商工業を背景に台頭する非農業民を味方に付けることで中央集権的な専制体制を志向したが、急速で強引な改革は混乱と反発を招き、朝廷や当時の非農業民はそれを抑えきるには余りに力不足であった。豪族たちの期待は彼らの中で最大の名門である足利尊氏に集まる。尊氏は関東での反乱鎮圧をきっかけに朝廷に反旗を翻し、一進一退の末に後醍醐政権を打倒、持明院統・光明天皇を擁立し、対抗した（北朝）上で京に自らの政権（室町幕府）を樹立した。一方で後醍醐天皇は吉野に逃れ、自らが正統の朝廷であると主張（南朝）。ここに南北朝の動乱が始まる。武力で大きく勝る尊氏は南朝との戦いを優勢に進めつつ、弟・直義と共に政権安定を図る。足利政権は後醍醐政権よりもいくらか保守的で、商工業中心の新興勢力を取り込みつつも農業を基礎に置く旧来の豪族たちにも配慮したものとなる。しかし今度はこれが裏目に出て、足利政権は主に新興勢力から擁立される尊氏と保守派豪族に支持される直義の派閥に分裂して内紛状態に陥り、それに乗じて一旦は没落した南朝も息を吹き返した。足利政権の内紛は尊氏が直義を滅ぼす形で終わるが、この頃になると各地の有力者がその利害に応じて思い思いの陣営に付き、都合に応じて寝返るのが常となっており、南朝は勿論として足利政権にもそれを抑えきるだけの力はなかった。

南朝は足利政権の内紛に乗じて何度か京を奪回する事に成功はしていたが、全体として圧倒的劣勢にあった。南朝・後村上天皇と足利政権の間に何度か和平の試みはなされ、成立寸前まで達した事もあったが、合意には至らないまま一三六八年に後村上天皇が崩御。後継者の長慶天皇は主戦派とされており、以降は強硬路線が採られる。各地で南朝方が振るわない中で九州のみは懐良親王（後醍醐天皇の皇子）を擁する菊池氏が勢いを振るっており、彼らの来援を頼みにしたものであったろう。しかしその九州も今川了俊の手で足利政権の手に落ちる。同じ頃に南朝の拠点に近い伊勢の北畠氏も敗れ、南朝方は軍事的崩壊に直面した。こうして南朝内部でも再び和平派が有利になり、一四八三年頃に長慶天皇は和平派が擁立する弟・熙成親王に譲位。これが後亀山天皇である。後亀山の下で、足利政権との和平交渉（実質的には降伏交渉）が行われるに至る。

後亀山天皇

?〜一四二四
南朝　天皇
在位一三八三頃〜一三九二

後亀山天皇は南朝第四代の天皇（在位一三八三頃〜一三九二）であり、現在の皇統譜によれば第九九代に相当する。名は熙成といい、後村上天皇の第二皇子として生まれた。生年は不詳で母も未詳であるが、阿野実為の女ではないかと推定されている。

彼が成長した頃、南朝は圧倒的な軍事的劣勢に立たされていた。既に父・後村上天皇の時代にも事態を打開すべく南朝の有力武将である楠木正儀を通じて何度か足利方との和平交渉がなされており、最終的に決裂したものの一度は成功寸前に達した事もある。しかし後村上が崩御し、兄・長慶天皇が即位すると主戦派が主導権を握り、強硬な態度に出たようで、この時期には和平交渉は行われなくなる。和平を主導していた楠木正儀も南朝での立場が微妙になったのか、足利方に降伏。長慶としては弱みを見せて内部分裂を起こすのを防ぐと共に、唯一優勢であった九州の懐良親王の勢力からの来援を期待する方針であった可能性は有る。しかし、その強攻策は南朝が直面する厳しい現実が改めて突られる結果を招いた。足利政権は、一族の有力武将である今川了俊を派遣して九州を制圧。そして伊勢で南朝を支えた北畠氏が敗れ、畿内の南朝本拠地も攻撃を受け、避難を余儀なくされている。こうした中、南朝では再び和平派が勢いを得て一三八三年（南朝弘和三年・北朝永徳三年）頃に長慶天皇は熙成に譲位したと考えられている。

後亀山が即位した後も情勢は相変わらずであった。一三八三年（弘和三年）には楠木正儀が再び南朝に帰参したが、平尾で山名氏清に敗れて赤坂に逼塞。同年には九州の懐良親王や伊勢の北畠顕能が没し、南朝を支える人材がいなくなっていく。この時期における南朝の勢力圏は、発給文書の分布から勢力圏は大和・河内・紀伊の山間部に限られていたと思われる（長慶天皇の時代に既に畿内の南朝勢力圏は制限されており、長慶の即位が確認されたのも二〇世紀に入ってからであった）。そして再び、南北の交渉が持たれる。圧倒的優位にあった足利方も、奉ずる北朝が神器を持たず正統性に問題があることを気にしていたため神器の回収に必死であった。そして反乱分子が南朝を旗印にする傾向があったため、南朝を平和的に接収する必要を認めた。したがって、足利政権も何とか和平を成立させる事を希望していたのである。一方、退位した長慶は後亀山らとは別の思惑で動いていたようだ。一三八五年（元中二年）に丹生神社へ「今度之雌雄思ひの如くんば、殊に報賽を致すべし」（訳：今回の決戦で望み通りの結果が得られましたら、特別に御礼を致します）と願文を捧げている。この「雌雄」が意味するものは南朝内部での後亀山との対立とも足利方との決戦とも言われるが、いずれにせよ和平派の後亀山と彼が方針を異にしていたのは間違いない。

さて一三九二年(南朝元中九年・北朝明徳三年)には大内義弘が和泉・紀伊の守護として南朝に接する位置にあることや、南朝方であった前歴があることから下交渉の役割を受け持つ。北朝からは吉田兼煕、南朝からは吉田宗房・阿野実為が代表として交渉に当たった。最終的に合意した条件は以下の通り。

・譲国の儀式で神器を後亀山から後小松(北朝)に渡す
・今後は南朝・北朝の皇室が交互に即位
・国衙領(公領)は南朝が、長講堂領(皇室領の最大のもの)は北朝が所有

南朝方の面目が一応立つ条件であったといえた事もあり、後亀山はこれを受諾。南朝方には戦力がなく、条件を守られない危険が高くともここで手を打つ他ないと判断したようだ。後の事になるが、後亀山は吉田兼敦に対して「天道・神慮に任せ、民の憂いを除くため合体に踏み切った」と述懐している。十月二八日、後亀山は吉野を出る。奈良を経て閏十月日に大覚寺到着。後亀山が率いた行列は廷臣一七名、伯耆党六人、楠木党七人、和泉の和田某、宇陀郡の秋山・井谷ら一六人などを含む小規模なものに過ぎなかった。南朝がその実質を失いつつあった事を如実に示すものといえよう。因みに長慶はこの一行には加わっておらず、足利方に降るのをよしとしなかった可能性が考えられる。閏十月五日には神器のみが土御門東洞院の内裏に納められ、内裏では源平合戦後に三種の神器が戻った前例に倣って神楽が奉納されたという。こうして南朝と北朝は合一し、後醍醐天皇が吉野へ逃れて以来六〇年に亘った南北朝の対立は一応の幕を閉じた。

しかし、合併条件は結果として反故にされたも同然となる。まず、最初の「譲国の儀式」に関しては足利政権を率いる足利義満も実際問題としては不可能であった。南朝が正統であると公式に認めることになり、それはすなわち従来の北朝やその北朝によって権威付けされた足利政権の正統性を否定する事に繋がるためであった。そして一三九四年（明徳五年）二月、後亀山は「不登極帝尊号」として特例扱いで太上天皇の号を贈られた。つまり一応は元天皇としての待遇を与えられたものの公式には即位を否定された事になる。さて次の条件である南朝・北朝の交互即位に関してであるが、義満の生前には後小松天皇の皇太子については判断が保留されている。義満が後亀山に対して北朝皇族と比べても丁重な扱いをしていた事も考慮すると、彼がこの条件を守ろうとしていた可能性はある。しかし、義満の死後に後小松天皇の皇子が立太子され（後の称光天皇）、結局はこの条件も満たされる事はなかった。そして最後の条件である国衙領を南朝が所有する約束は一応守られている。しかし、長い戦乱で朝廷の権力が著しく衰微しており、国衙領支配の実体はほぼ失われていた。失意の後亀山は一三九七年（応永四年）に出家し、太上天皇号を辞退している。法名は金剛心であり、居住地から大覚寺殿と呼ばれた。

そして義満が没すると、後を継いだ足利義持や後小松天皇によって後小松の皇子躬仁（称光天皇）の立太子が図られる。それを察知した後亀山は一四一〇年（応永一七年）に吉野へ脱出し、一四一五年（応永二二年）には旧南朝の有力者である北畠満雅や楠木氏が挙兵した。足利政権は関東を支配する分家・鎌倉公方と対立関係にあり、旧南朝と鎌倉公方が結ぶのを恐れて後亀山を説得、翌年九月に後亀山は嵯峨に帰還した。その後の後亀山は大覚寺で隠棲し、一四二〇年（応永二七年）の義満一三回忌に馬を贈るなど表面上は足利政権と融和的な関係を保っている。没年は不明であるが、一説によれば一四二五年（応永三一年）四月一二日に七五歳で崩御したとも言われる。御陵は大覚寺近くにあり、嵯峨小倉陵と称する。

後亀山死後も、旧南朝皇族は一応は皇位継承権がある皇族として遇されていた。しかし旧南朝の蜂起が相次いだ事や反足利政権派の旗印になる傾向があったため、第六代将軍足利義教の時代に南朝皇族は断絶する方針に転換される。以降、旧南朝は散発的な抵抗によって歴史に姿を現すものの徐々に歴史から姿を消していくのである。

タンネンベルクの戦い概略

一三世紀前半、ポーランドはバルト系のプロイセン人・リトアニア人といった非キリスト教系異民族を相手とした戦いに苦しめられていた。そこで彼らをキリスト教化させ服従させるため、マゾフシェ侯コンラートは一二二六年にポーランドへドイツ騎士団を招く決意をする。ドイツ騎士団はチュートン騎士団とも呼ばれ、元来はリューベックなどの巡礼病院を起源に持ち、中近東で十字軍に参加していた。しかし十字軍の勢いが後退を余儀なくされる中、この招きに応じて東欧に活動拠点を移し、勢力扶植に図るよう方針転換を行った。こうして騎士団長ヘルマン・フォン・ザルツァが神聖ローマ皇帝やローマ教皇の許しを経てプロイセン（バルト海南岸、現在のロシア飛び地）への駐在を開始し、一二三〇年にトルニ要塞を根拠として独立勢力を築いた。一二四九年にはプロイセン人がクリストブルクの和約でキリスト教を受け入れ、騎士団の支配下に入った。しかしリトアニアはその後もキリスト教を受け入れず、騎士団と長く対立関係を続けた。

一方で一二九一年にアッコンが陥落すると、騎士団は活動の比重を完全にプロイセンに移し、一三〇九年にはマリーンブルクに拠点を置いた。騎士団は十字軍の理想を掲げて完全に独立国の様相を呈してポーランドとも戦うようになり、ポンメルンの支配権を確保。更にメーメル川までの西側地域も現地諸侯から手に入れる。ポーランドは自ら求めて強敵を招き入れた形となり、マゾフシェ侯コンラートの決断は「ポーランド史上最も破滅的な失策」と評されるようになる。

騎士団が全盛期を迎えたのは一四世紀後半であり、穀物貿易で莫大な富を築くと共に軍事的にはボヘミアと組む事でポーランドやリトアニアのバルト海進出を阻んでいた。これに対抗するためポーランドとリトアニアは一三八六年に同君連合となり、ここにリトアニア人はキリスト教を受け入れる。

それでもしばらくはポーランドとドイツ騎士団の間には小康状態が保たれていたが、ポーランドはリトアニア人の反乱を援助したため騎士団との対立が高まり、ついに一四一〇年七月一五日に両者は軍事的衝突に至った。ポーランド国王ウワディスワフ二世は五万のポーランド・リトアニア・ルーシ連合軍を率いてタンネンベルクで三万二千のドイツ騎士団軍を撃破。ドイツ騎士団は多くの騎士を失い、戦力的に大打撃を受けると共に騎士団長ウルリッヒ・フォン・ユンギンゲンも戦いで落命した。ここに騎士団は存亡の危機に直面したのである。

ハインリヒ・フォン・プラウエン

一三七〇～一四二九
Heinrich von Plauen
ドイツ騎士団　騎士団長
在職一四一〇～一四一三

ハインリヒ・フォン・プラウエンは一三七〇年に生まれ、一三九一年にプロイセン地方に到来して騎士団に参加した。数年後には騎士団の指揮官クラスとなり、一三九八年にはダンツィヒの騎士分団長の副官を務めるに至っている。一四〇二年にはナッサウの分団長となり、一四〇七年には要地であるシュヴェッツの城を守る役割を果たすなど騎士団の中でも幹部となっていた。

タンネンベルクの戦い直前の一四一〇年六月にはシュヴェッツで三千の兵を率いて西からのポーランド軍の攻撃に備える役割を果たしていた。しかしギルゲンブルクで前哨戦に敗れた事を知った騎士団長ユンギンゲンは激怒して敵軍との決戦を決意し、プラウエンに手持ちの三千の兵と共に騎士団の本拠地マリーンブルクへ赴いてこれを守るよう命じた。タンネンベルクの戦いで騎士団の主力が壊滅的打撃を受け、騎士団長も戦死した後、プラウエンはマリーンブルクでポーランド軍を迎え撃ち、城を守り抜いている。

ユンギンゲンが戦死したのを受けて騎士団長の座を受け継いだプラウエンは、事態の収拾に当たる。彼は海外のキリスト教徒にリトアニア人たちを「悪魔の従僕たち」であると宣伝しこれと戦うため援軍を出すよう求めるが、まともな援軍を得るには至らなかった。

そこでポーランド軍との間に一四一〇年一二月十日から一四一一年一月一一日まで休戦の約束を取り付け、ポーランド王と会見して講和条件に関する交渉を行ったが合意に達しなかった。休戦期間が終了すると、プラウエンはドレヴェンツを経てドブジンに攻め込み、圧力をかける。その後、再び行われた交渉では騎士団が持つ国際的な人脈を駆使し、かつての「客員騎士」との繋がりも利用した。

その結果、一四一一年にはトルン条約でポーランド・リトアニア連合との講和に漕ぎ着ける。条約では騎士団がサモギティアをリトアニア総督であるヴィトロンに彼の生きている間は割譲する事が決められたが、それ以外には一四〇九年以前の領土を保全する事が認められた。人脈を駆使した成果かプラウエンが軍事的に意地を示したのが効いたか、敗戦の程度の割には失った領土は少ない。しかし八一五万ポンド相当の莫大な賠償金を課せられており、騎士団はこれによって破産に直面する。何しろ当時におけるイングランド王の一年辺りの収入の十倍であったのだから。

敗戦によって大打撃を受けたものの、プラウエンの働きで何とか騎士団は生き延びた。とはいえ賠償金支払いのため領内の税金は莫大なものとなる。そして敗戦で二百人の騎士や数千人単位の歩兵を失っており、軍事的にも弱体化していた。そうした中でトルンとダンツィヒが税の支払いを拒否するという出来事があり、これに対しプラウエンは激怒して両都市を封鎖して鎮圧。中でもダンツィヒは先の戦いにおいてもポーランドになびいた経緯があったので、これも彼の怒りを買った要因であったろう。

その後も騎士団員ゲオルク・フォン・ヴィルスベルクが騎士団長の地位を狙い、ボヘミア王と密約を結んで彼に反抗するといった事件もあったが露見し、事前に捕らえている。しかし一四一三年には結局騎士団長の座から失脚し、十年に亘り獄中生活を余儀なくされた。

その後、騎士団はプロイセンの都市同盟との内乱などで更に衰退し、一四六六年には騎士団はポーランド王の宗主権を認めざるを得なくなる。

異教徒であった強敵に対抗するためポーランドから招かれたドイツ騎士団であったが、結局はポーランドに対する強敵となり、ポーランドは本来敵であったはずのリトアニアと結んで対抗するという皮肉な流れとなった。

こうした「夷を以って夷を制する」方策は結んだ相手を育て、乗っ取られる危機に陥る事が多いのだが、さし当たっての軍事的脅威に対し止むを得ない選択肢と判断する例も少なくないようだ。何にせよ、ポーランドは騎士団を招いた事でかえって面倒にあったのは否めない。一方、ドイツ騎士団はといえば中近東での活動が行き詰まっており、新天地に賭けていた。彼らは彼らで生き残りに必至だったのである。両者の激突は不可避であった。

こうして敗戦した騎士団を生き延びさせるべく軍事的に意地を示し、交渉でも人脈を活用する事で失地を最低限に済ませたプラウエンは戦場の勇士であるだけでなく、相当な外交巧者とも言える。ただ、その後の厳しい状況での国家運営において は成果を残せたとはいいがたかったが。敗戦後逆境の中で騎士団を何とか存続させたプラウエンの生涯は後世において文学者たちの興味を惹いたようで、多くの作家によって題材にされている。

土木の変概略

一三世紀にモンゴル人は中国を征服して元王朝を樹立していたが、一四世紀になると漢民族王朝である明が成立し、モンゴル人を北方へと追いやる。その後も明とモンゴル人との対立は継続するが、明が太祖・世祖と軍事的才能に恵まれた皇帝を輩出したこともあり、しばらくは明が優位に立っていた。

一五世紀前半になると北方からタタール部がしばしば中国へ来襲するようになり、明の政府ではその対応に関して意見が割れていた。権勢を振るっていた宦官・王振が積極策を唱える一方、于謙のように兵糧欠乏を解決すべく経済開発・屯田を重視する慎重派も存在した。というのは明は甘粛行省を設置するなどで対抗措置を取っていたが、この頃には屯田兵が弱体化し、将軍は屯田を私物化するなど防衛体制にほころびが出始めていたからである。

一四四〇年頃より、オイラート部のエセンがモンゴル大ハーン家にして元の末裔であるトクトブハを形式上擁立し、タタール部も支配下に入れて全モンゴル高原を手中にし、太師淮王と称し勢いを振るい始める。エセンは天山山脈東端のオアシス都市ハミを確保して東西貿易に力を入れる事で経済力を付けようと図っていた。まず明への朝貢という形式を採り大同で交易し、馬・駱駝と引き換えに明より絹織物・食糧を賜与品として輸入。そして手に入れた品をウイグル商人と手を組んでティムール帝国に輸出する事で財を成していたのである。

従来、オイラートの明への朝貢使は五〇人までと決められていた。しかしエセンは使者の人数を増やして二千人を派遣し、下賜される品を増やそうと目論む。また、明の皇女降嫁を求め、自らの地位確立をも狙った。しかし明はこれに応じず、また使者の数にも制限をかける。献上される品より高価な下賜品を与える習慣であったため、貿易が財政を圧迫しつつあったためである。一四四九年、エセンは三千人近い使者を派遣、献上品も駄馬ばかりであった。そこで明は賜与品を減らすと共に馬の値段を下げて対応したが、これに対し同年七月にエセンは遼東・直隷・山西の三路から南下して明に侵攻する。明の防衛体制は弱体化しつつあり、あっけなくエセン軍の侵入を許した。一説によれば王振が禁制であった銅鉄の鏃を輸出して私腹を肥やしていた事でオイラートの軍事力強化に繋がっていたという話もある。

ともあれ明の皇帝英宗は王振の進言によって五〇万の軍勢を率いて親征を決定。于謙ら慎重派の反対を押し切って出陣を強行したが、前線の味方が大敗しているのを知り撤退を決意。エセンは明本隊の接近を知って占拠していた大同から軍を引き上げていたため、大同奪回によって明の面子は一応立ったと判断が成立したのである。さて明軍が撤退を始めるや否や、エセンは電光石火で再び南下。軍の崩壊に直面した英宗は土木堡で味方の集結を待つが、ここで敵に追い付かれて本隊が壊滅し、英宗自身も捕縛された。皇帝が戦場で捕らえられるという異例の事態を受けて、明の首都北京は恐慌状態に陥る。そうした中で留守政府において気を吐いたのが対外慎重派とみなされていた于謙だったのである。

景帝

一四二八～一四五七
明　皇帝
在位一四四九～五七

景帝は、英宗の弟であり諱は祁鈺《きぎょく》。郕王に封じられていたが、英宗がオイラートとの戦いで出陣した際には首都を任され、皇帝代理となっている。英宗が捕虜になった際、群臣の動揺を防ぐべく兵部侍郎（国防次官）于謙の勧めで監国（皇帝代理、後見人）となり、次いで皇帝に即位した。元号が景泰であった事から景帝と通称される。土木の変における最大の責任者である王振一族を粛清し、于謙の主導の下で北京防衛戦を戦い抜いた。オイラートとの戦いを通じて敵将エセンから英宗の返還が繰り返し打診されたが、それを口実にした中国侵略の可能性を警戒し、また英宗帰国により二重権力状態が生じて政治的動揺が生まれるのを恐れて景帝はこれに消極的であった。しかし立場上、兄を見捨てる事は出来ず、何度か使者を派遣せざるを得なかった。とはいえこの際に、使者を通じて英宗に帝位移譲を認めさせ、自身の正統性を確立するという強かさを見せている。一年に及ぶ攻防の末、英宗の身柄を持て余したエセンは無償で英宗を返還。あるいはこれによる明の政治的動揺を期待した面があったかもしれない。景帝は兄英宗を表向きは丁重に迎え入れたが、自らの立場が微妙になるのを恐れてこれを軟禁し、政治権力から遠ざけている。また、景帝は当初は英宗の子を皇太子としていたが、自らの系統に帝位を継承させたいと望むようになり、廷臣達を懐柔して自身の子を立太子した。だが、この新皇太子は間もなく病没し、景帝の後継者を巡る問題が再び浮上する事になる。

さて景帝は于謙と共に国防体制の再建に取り組み、減税・黄河護岸工事などの民力回復や大同南方の雁門関を始めとする砦の増設、土壁・塹壕や山を削った防護壁の新設を行った。ただしエセンが和平後も規定人数を越えた朝貢使を送り込んできた際にはこれを認めざるを得ず、事実上のオイラートへの屈服を余儀なくされる。余談であるが、エセンはこの成功に驕ったのか間もなく擁立していた大ハーンを殺害して自らハーンを称するものの、人心を失う結果となり暗殺されている。

一四五七年に景帝は病に倒れ、この期に乗じた英宗側近は英宗を無血クーデターで復位させた。景帝は再び郕王に戻され、数日後に病没した後も親王の礼で埋葬された。そして景帝時代を支えた于謙も間もなく処刑される。英宗は自らが不在のうちに成立した景帝の即位とその治世そのものを否定したのである。英宗が没した後の一四七五年、初めて景帝はその即位が認定され、諡号は「恭仁康定景皇帝」と定められた。因みに廟号は「代宗」である。

景帝は本来なら帝位を望みにくい立場の皇族であったが、兄である英宗が敵の捕虜となるという緊急事態を受けて即位し、于謙の補佐により危機を乗り切った。その後も精力的に防衛体制の再建に取り組んだが、病気に付け入られる形で兄に帝位を奪回され、その治世を否定された。即位の経緯から正統性に弱点を抱えていたのが最後に響いた格好である。于謙ともども、英宗の失策の尻拭いに奔走した苦難の割に、明からは正当な評価を受けられなかった不運な生涯と言わざるを得ない。

于謙

一三九八～一四五七
明　兵部尚書
在職一四四九～一四五七

于謙は銭塘（浙江省杭州）の出身で、幼少時に国を救う宰相となると予言された。一四二一年に科挙に合格して進士となり、宣徳帝の下で御史を務める。この際、音吐が朗々としており皇帝から評価された。その後、江西や陝西で地方官として治績を上げ、河南・山西を巡撫。一四三〇年に兵部侍郎となり、一四四八年にオイラートが侵入した際には英宗皇帝の出陣に反対しているがこの進言は容れられていない。皇帝が捕虜になったという知らせが入り、首都が恐慌状態に入ると、群臣を激励して混乱を防ぐと共に宮廷の期待を受けて兵部尚書（長官）に昇格し、防衛体制を築く。この際、北京を棄てて江南に逃れようという意見も出たが、河北を失った南宋が最終的に滅亡した事例を引いて反対し、徹底抗戦の方針を確立。当初は皇太子を擁立し、英宗留守中の皇帝代理であった皇弟郕王を監国（後見人）として乗り切る方針であったが、于謙はこの体制では危機に十分対応できないとみなして群臣を動かし、郕王即位の流れを作る。この時点で帝室の家長であった皇太后は必ずしもこれを望んでいなかったが、緊急事態としてこれを認める。こうして郕王が即位し（景帝）、その下で于謙主導の防衛戦が行われたのである。

エセンは英宗の身柄を交渉材料として有利な交易条件を引き出そうとするが、于謙はこれに応じない。敵に屈した前例を作らないためでもあったが、英宗帰国の手助けを口実にした中国本土への侵略を警戒したというのもあったようだ。エセンは交渉が成立しないと見るや再び南下して北京を攻撃するが、結集した義勇軍の働きも借りて于謙は一歩も譲らない防衛戦を展開。約一年が経過すると、エセンも（元来、皇帝捕縛は想定外の戦果であったため）英宗の身柄を持て余し始め、その帰国を繰り返し明側に要請する。明としては、景帝が即位した現状では英宗帰国が景帝の正統性に問題を生じさせ、政治的動揺が生じる要因となるため望ましくなかったが、戦いが長期に亘ると明政府内でも和平を求める声が高くなった。また北方との紛争を永続させるのは于謙としても避けたかったため、最終的に無償での英宗帰国を条件として講和が成立した。

その後、于謙は減税・黄河護岸工事など民力回復を図るほか、大同南方の雁門関を始めとする要地に砦を増設、土壁・塹壕を設け、時には山を削って防護壁とするなど防備体制を強化。また中央政府の兵から精鋭を選抜して強化している。なお、この戦いの後もエセンは明に対し形式上は臣下の礼を取り続けたが、この後も規定を超えた数千人単位の朝貢使を送り込んでおり、于謙はそれを受け入れざるを得なかったようだ。エセンは北京攻防戦では苦戦を強いられたが、朝貢に関する無理を通す事に成功し、最終的な目的は果たしたのである。一方、明にとっては事実上の屈服であった。これ以降、明は北方民族に対し守勢を余儀なくされる。

さて英宗は帰国後、政治的影響力を警戒した景帝・于謙によって幽閉されていたが、一四五七年に景帝が病に倒れると曹吉祥・石亨を中心として英宗側近が無血クーデターで英宗を復位させる。この際、于謙は謀叛の罪を着せられて処刑された。于謙は無実の罪で処刑されるのを嘆き、「皇天后土、皇天后土（父母なる天地よ、父母なる天地よ）」と慨嘆したと伝えられる。于謙の死後、英宗は彼の無実を知り、後悔したが及ばなかった。間もなく石亨も処刑されているのはそのためであるかもしれない。とはいえ、クーデターで政権を奪回した以上は英宗の立場としては前政権を支えた于謙を除く事自体は避けられず、内心はともあれ面子の上からは彼を謀反人として扱わざるを得なかったであろう。于謙の名誉回復がなされたのはその死から二〇年後であり、憲宗の時代となっていた。

　于謙は地方官として業績を上げ、国防に携わるようになった後も地方官時代の経験から内政・防衛体制の再建が急務と主張し、対外出兵には慎重であった。しかし一旦国家に危機が及ぶや、果敢に防衛戦の指揮を採って首都を守り抜き、最低限の威信を保っての講和を成し遂げた。見識と勇気を兼ね備えた名臣であったといえよう。しかし彼は事があると「この身体にたぎる血をどこに注ごうぞ」と慨嘆する熱血漢であった一方で非妥協的・強権的な政治運営を行ったため、かつての部下であった石亨を始めとする文武官の内に敵を作る結果となった。また、緊急避難的に強引な景帝政権樹立をした事も、英宗周辺から疎まれる原因となり、こうした要因が絡み合って非業の最期を遂げた。明は太祖の時代から功臣が報われない傾向があるが、于謙はその最たるものといえよう。

コンスタンティノープル陥落概略

　四世紀末にローマ帝国が東西に分裂した後、西ローマ帝国はゲルマン諸族が各地に侵入・定着した事もあり早期に滅亡した。その一方で、東ローマ帝国はエジプト・シリアなど肥沃な地域を支配していた事もあり、比較的強力で安定した国家運営がなされていた。六世紀半ばにはユスニティアヌス帝が地中海沿岸の大部分を再び支配下に入れるものの、やがてスラブ人やイスラーム勢力によって侵食を受けるようになる。中でも七世紀前半から始まったイスラームとの戦いによりエジプト・シリア・メソポタミアなど重要地域が失われ、首都コンスタンティノープルも脅かされるに至った。

　そうした中で七世紀頃より地方領地の自給自足体制を旨とするテマ（軍管区）制度を導入し、効率的な軍事的対応を可能とする事で帝国は危機を乗り切る。これは地方豪族の成長及び地方支配を促し、中央集権体制から地方豪族との連合体へと帝国も変質。以降の帝国を一般にビザンツ帝国と呼ぶ事が多い。十世紀後半から一一世紀前半にかけてはニケフォロス二世やバシレイオス二世といった有能な皇帝が続出し領土を拡大したが、次第に大土地所有者が成長してテマを牛耳り、中央政府の地方への影響力は低下した。ビザンツ帝国はやむなく大豪族と妥協してその協力を求める体制を採り、一一世紀末のアレクシオス一世時代には再び国力を増大させるものの皇帝権力はその後低下していく。

　また、外圧に苦しんだビザンツ帝国はヴェネツィアを始めとするイタリア商業都市に援助を依頼し、代償として貿易特権を与えたため帝国経済はイタリア商人に支配されるようになった。そうした中、一三世紀初頭の第四回十字軍によってコンスタンティノープルが攻め落とされ、ビザンツ帝国は一旦滅亡。しかし残存勢力が周辺地域に亡命政権を樹立、その中でも有力であったニカイア帝国は一二六一年にミカエル八世の下でコンスタンティノープルを奪回する。

　だがその後のビザンツ帝国は内紛もあって振るわなかった。やがて小アジアに成立したオスマン帝国が台頭し、ビザンツは経済的にはイタリア商業都市に支配され、軍事的にはオスマン帝国に屈するようになる。例えばマヌエル二世は皇太子時代にオスマン帝国の人質となり、オスマン帝国皇帝バヤズィット一世の命で地方都市フィラデルフィア（ビザンツからオスマン帝国に譲渡されたが抵抗を継続していた）の攻撃に参加させられている。やがてマヌエル二世はオスマン帝国からの要求が強まるにつれて臣従を取り消してオスマン帝国と対立路線を採ったが、やはり軍事的に対抗する事は出来ず西欧に救援を求めた。それに応じてハンガリー王ジギスムント一世が十字軍を組織して援助したが一三九六年にバヤズィットによって敗北。この時にコンスタンティノープルも包囲され、その最中の一三九九年にマヌエルは脱出して自らが使者となり、西欧へ直接援軍を求めるが成果は上がらず。しかしビザンツ帝国の命運は風前の灯に思われた一四〇二年、ティムールがオスマン帝国を破ってバヤズィットを捕虜にしたのを契機にオスマン帝国は分裂状態となった。これで辛うじてビザンツ帝国は小康状態となり、テッサロニキなどの支配を一旦回復するものの、それ以上の有効な手を打つ事はできなかった。一四二一年にヨハネス八世はオスマン帝国内部の反乱を教唆する事で領土回復を図るが、既にオスマン帝国は態勢を立て直した後であり、オスマン帝国皇帝ムラト二世はビザンツが擁立する対立スルタンを破ってコンスタンティノープルを包囲する。この時はヨハネス八世の父マヌエル二世が外交によって何とか危機を乗り切ったものの、ビザンツがオスマン帝国に対抗する事が二度と適わなくなったのを象徴する事態であった。ヨハネス八世は西欧からの援軍を促すべく、一四三八年から三九年にかけてフィレンツェで開催されたカトリックの公会議に出席し、東西ヨーロッパで分裂していたキリスト教会、すなわちビザンツ帝国の国教ギリシア正教と西欧のカトリックとを統合する事に同意する。これはビザンツにとって最大限の譲歩であったが、それでも西欧からの援軍は届かなかった。既に西欧諸国にとってビザンツの危機は遠い世界の出来事であり、彼ら自身の国内情勢に追われて援軍どころではなかったのである。

ビザンツ帝国はこの頃には領土が首都コンスタンティノープルとミストラとトレビゾンドに限られた弱小な存在となり、オスマン帝国に臣従する事で辛うじて余命を繋いでいるものの、相手の気分次第でいつ滅亡に追いやられるか分からない状況であった。そうした中で一四四九年にヨハネス八世は失意のうちに没し、弟のコンスタンティノス一一世が即位したのである。

コンスタンティノス一一世

一四〇四～五三
Konstantinos XI Palaeologos（Dragases）
ビザンツ帝国　皇帝
在位一四四九～五三

コンスタンティノス一一世はビザンツ帝国パレオロゴス朝皇帝であるマヌエル二世の四男として一四〇四年に生まれた。セリュンブラとトラキア周辺を領地として与えられ、帝国配下であるモレア専制公の君主としてギリシア方面に勢力拡大を図る。一四二七年にはペロポネソス半島に進出、二八年にカルロ・トッコの姪と結婚し、ペロポネソス半島における彼の領地を相続。三〇年にはアカイア公国を滅ぼす。

更にアテネ・テーベにも手を伸ばし、テッサリアに進出し、四一年にはレスボス島の諸侯の娘と結婚。しかし四六年にオスマン帝国軍に敗れ、ムラト二世に対する臣従・貢納を余儀なくされた。それでも滅亡に瀕したビザンツ帝国にとっては英雄としての素質を有するこの皇子は頼みの綱であり、ヨハネス八世が一四三八年から三九年にかけてフィレンツェ公会議に出席し、東西教会合同を認めた際には、コンスタンティノスはコンスタンティノープルを代理で守備しており、彼の後継者とみなされるようになっている。

ヨハネス八世の死去を受けてヘレナ太后はコンスタンティノスを後継の皇帝に決定し、コンスタンティノスは一四四九年一月六日にミストラスで即位し、三月にコンスタンティノープルに入った。それまで彼が統治していたモレアは弟二人に引き継がれている。オスマン帝国のムラト二世もその即位を公認して平和条約を締結。一四五一年にムラトが死去し、メフメト二世が即位した後もしばらくはその条約が引き継がれ共存路線が採られた。

しかしコンスタンティノスはここで対応を誤り藪を突いて蛇を出す結果を招いてしまう。メフメト二世がカラマン侯国がオスマン帝国に侵入した機会を捉えて、より良い待遇を引き出そうと預かっているオスマン皇族オルハンの身代金引き上げを要求。これはメフメトを刺激する結果となり、オスマン帝国はビザンツへの態度を硬化させた。

恐らくメフメトはこれを機会として、方針を本来の希望であったビザンツ征服へと切り替えたものであろう。一四五二年四月から八月にかけてオスマン帝国はボスポラス海峡のヨーロッパ側に城砦（ルメリ・ヒサル）を建設、これを知ったコンスタンティノスは抗議するが相手にされなかった。オスマン帝国が牙を剥けば、一たまりもない事を熟知していたコンスタンティノスは、同年末に西欧からの援軍を引き出すため以前合意に達していた東西教会合同を実現にこぎつける。

バチカンから派遣された枢機卿イシドロスが一二月一二日に聖ソフィア教会で合同を記念した儀式を行うが、これは熱心なギリシア正教教徒の反発を買い、例えば大公ルカス・ノタラスは「枢機卿の四角帽を見るよりスルタンのターバンを見るほうがましだ」（井上浩一・栗生沢猛夫『世界の歴史11　ビザンツとスラブ』中公文庫、二五四頁）と吐き捨てたという。

一方で同じ頃、メフメトは父以来の老臣である大宰相ハリルに「朕が欲するものはただひとつ」「朕にコンスタンティノープルを与えよ」（ランシマン『コンスタンティノープル陥落す』護雅夫訳、みすず書房、一一五頁）と表明し、ビザンツ征服の意図を明らかにした。

五三年三月、オスマン帝国軍は十万の陸軍と百二〇隻の艦隊でコンスタンティノープルを包囲し、四月五日にはメフメト二世もこれに合流。オスマン軍はハンガリー人ウルバヌスによる巨大大砲を城壁前に据えて攻撃態勢を整えた。戦いに先立ちオスマン帝国側から降伏が勧告されたが、コンスタンティノスは安全なところへ逃れるのを拒否し、首都を守り抜く決意を表明する。守るビザンツ側の兵力は大臣のスフランゼスの計算によればギリシア人で戦える者が四七七三人とヴェネツィア人を中心とする二千の外国人部隊、そして二六隻の軍艦であった。

圧倒的劣勢ではあったがビザンツ軍は金角湾を鎖で封鎖して海からの侵入を防ぎ、ヴェネツィアやジェノヴァの援軍を頼りに籠城する方針を採る。孤立無援の中でビザンツ軍は善戦し、四月二〇日の海戦では勝利して士気を上げた。しかしやがてオスマン海軍は山を越えて金角湾に侵入、これによって直ちに金角湾内の制海権がオスマン艦隊に奪われたわけではなかったが城壁は海からも激しい攻撃を受けるようになる。

こうした苦境の中、コンスタンティノス一一世は自ら陣頭指揮を採り、夜には教会で祈りを捧げる毎日を過ごしていた。この時期にもメフメトによる降伏勧告はあり、コンスタンティノスの側近も退去して身の安全を図る事を進言したが、都と運命を共にするという皇帝の決意は動いていなかった。

　こうした皇帝の決意と献身もあってかビザンツ軍はその後も奮闘力戦し、二ヶ月以上に亘る粘りを見せる。思わぬ苦戦でオスマン帝国側にも動揺が生じ、ハリルのように撤兵を主張する者もいた。長期戦によるオスマン帝国の威信低下やヴェネツィア・ハンガリーによるビザンツへの援軍を心配する必要が生じてきたためである。しかしメフメトは撤退を拒否し、総攻撃を決意。

　五月二七日夕刻、総攻撃を前にメフメトは将兵を休ませる。ビザンツ側も最後の決戦が近いことを察し、翌日にコンスタンティノスは将兵を集めて演説を行った。この演説は二人の書記によって記録されたが、書記のそれぞれが自己流の記録をしており、引喩や警句を付け加えているため正確な言い回しは不明である。ただし大体の内容は以下の通りであったようだ。

「いよいよ時は来た。……兄弟諸君、君たちはよく知っているであろう。命よりも大切にしなければならないものが四つある。第一に我らの信仰、第二に故郷、そして神に塗油された皇帝、最後に肉親や友人である。それらのうちのひとつのためでさえ我らは命を賭けて戦う。このたびの戦いにはこの四つすべてがかかっている。……もし神が我らの罪ゆえに不信心なる者どもに勝利をお与えになるなら、……我らは最愛の妻や子供たち、肉親とも別れなければならなくなるのである」（井上浩一・栗生沢猛夫『世界の歴史11　ビザンツとスラブ』中公文庫、二五八頁）

　その後、皇帝はイタリア人たちにこれまでの尽力を感謝し、今後の戦闘にも全幅の信頼を置くと言明。その上で全ての人々に敵がいかに意気盛んでもいかに優れた兵器を持っていようと決して恐れないよう求め「意気よさかんなれ、みな勇気凛々、泰然たれ、神の加護により、勝利はわが手にあらん」（ランシマン『コンスタンティノープル陥落す』護雅夫訳、みすず書房、一九三頁）と結んだ。これは臣下たちに別れを告げる演説であり、帝国の最後を弔う演説でもあった。温厚な人柄で誰からも慕われていた皇帝の言葉を耳にした人々は涙ながらに信仰のため、故郷のため命を捨てることを誓う。

こうしてギリシア人・外国人を問わず、コンスタンティノープル内の人々の心は一つになった。それを表すかのようにその夜の礼拝では、全ての人が共に参加した。東西教会合同の儀式が行われて以来、ギリシア正教の熱心な信者は聖ソフィア教会に足を踏み入れなかったのであるが、ここに至ってそうした蟠りは消滅。対立を続けていたカトリック枢機卿イシドロスと正教大主教も同席して共に祈りを捧げたのである。

この日の深夜、オスマン帝国軍による総攻撃が始まり、夜明け前に城壁が突破される。コンスタンティノス一一世はオスマン帝国の中へ突撃して戦死したというが、その最期の詳細は不明である。一説では首級が敵の手に渡り晒されたともソフィア教会に葬られたとも言われるが証拠は明らかでない。こうしてコンスタンティノープルはオスマン帝国の手に落ち、ビザンツ帝国はローマ帝国以来の長い歴史に幕を下ろしたのである。

コンスタンティノス一一世は温厚な人格者として知られ、またモレア専制公時代に示した手腕からは英雄的器量の持ち主であった事も読み取れる。しかしビザンツの頽勢は覆うべくもなく、その力量を発揮する余地すらもはやなかった。外交での軽率な失策がオスマン帝国に口実を与えてしまった格好であるが、若く覇気に満ちた君主が敵国にある限り、いずれ何らかの大義名分で滅ぼされたものと思われ、時間の問題であったろう。

コンスタンティノスは帝国存続のため全力を尽くしたが、ビザンツとして取り得た戦略は何とか西欧の好感を得て援軍を求め、それによって首都を防衛する事しかなかった。そのため国教であり、ビザンツのアイデンティティーでもあったギリシア正教をカトリックの下風につかせる屈辱を甘受してでも西欧諸国の歓心を買おうとしたが、如何ともしがたかった。絶望的な戦況の中で分裂しがちの雑多な人々の心をまとめ上げ、歴史ある帝国の最期を辱めなかった事がせめてものコンスタンティノスの意地であったと思われる。

ブルゴーニュ戦争概略

スイス南部の一地方貴族であったハプスブルク家が歴史の表舞台に登場したのは一三世紀後半にルドルフ一世が政治的均衡の結果として神聖ローマ皇帝に擁立された時であった。そして一四世紀半ばには再びハプスブルク家からフリードリヒ三世が神聖ローマ皇帝に選出されたものの、ハプスブルク家自体は依然として中央ヨーロッパの弱小貴族に過ぎなかった。そのため、フリードリヒ三世は帝国の運営に苦慮し、富裕な君主との縁戚関係を望むようになる。これがブルゴーニュ公国との縁談の背景となった。

一方、ブルゴーニュ地方では代々フランス王家の分家が領主となっていたが、ブルゴーニュに留まらずフランドルやネーデルラントへと勢力を伸ばし、半独立国の様相を呈し始めていた。当時のブルゴーニュは毛織物産業によって得られた経済力により華やかな宮廷文化が花開いており、ネーデルラントは芸術の中心地域にもなっていたのである。バロア・ブルゴーニュ家の第四代シャルル大胆公はフリードリヒ三世の嫡子マクシミリアンと娘のマリーとに縁談が持ち上がったのに興味を持ち、これを利用して自らが神聖ローマ皇帝継承者となる事も目論んだ。シャルルを後継者と明言する事にフリードリヒ三世が難色を示したため縁談はシャルルの生前には正式決定には至らなかったが、シャルル大胆公はマクシミリアンをマリーの婿に迎えて神聖ローマ皇帝と縁戚関係を結ぶ事を決意していたようだ。

さて、フランス王ルイ一一世にとって、ブルゴーニュ公国は王権を確立する上で取り潰す必要のある強敵であった。ルイ一一世はブルゴーニュ公がフランス王国の宗主権を名目上認めており、国王の司法権が及ぶ事を最大限に利用する。ブルゴーニュ公家支配領の各地で紛争を起こさせ、王家裁判所への上訴を誘導する事でブルゴーニュ公家を消耗させる「司法戦争」に出たのである。

これに業を煮やしたブルゴーニュ公は一四六五年、不平派諸侯と連合してフランス王相手に対抗し、ルイ一一世にノルマンディーを割譲させる。しかしその後ルイは巧みな外交でノルマンディーを取り戻す。一四六八年、シャルル大胆公はペロンヌでルイ一一世と会見し、これを捕虜とするものの、その後もルイ一一世は巧妙に各個撃破で諸侯の不満をなだめて味方に付け、シャルルを孤立させていく。一四七二年、ついにシャルル大胆公はフランスから離脱して独立王国を実現しようと動き出し、領内の経済力を動員して全面戦争に突入した。ブルゴーニュ軍は金羊毛騎士団を主力とする騎兵が主であり、フランス軍はスイス歩兵部隊が主力であった。一四七六年にフランス王に味方するスイス兵がブルゴーニュ領に乱入し、略奪したためシャルルは出撃し、グランソンで決戦するが敗北。これによってブルゴーニュ公の威信は著しく低下し、シャルルの威勢を恐れていた周辺諸侯も国王に明白になびき始める。続くシャルル大胆公はモラの戦いでも敗北。そして七七年にスイス軍がロレーヌに侵入するとこれを迎え撃とうとするが大敗し、シャルル自身も戦死したのであった。ブルゴーニュ公家に残されたのは一人娘のマリーのみであり、ここにブルゴーニュ公国は風前の灯となる。マリーは婚約者マクシミリアンを頼る事で危機の打開を図った。

マリー・ド・ブルゴーニュ

一四五七～一四八二
Marie de Bourgogne
ブルゴーニュ公国　ブルゴーニュ公
在位一四七七～一四八二

マリー・ド・ブルゴーニュはブルゴーニュ公シャルル（「突進公」と通称される）とその妻イザベラの間に生まれた。ヨーロッパでも富裕なブルゴーニュ公家の子として幼少時から政略結婚話は多く、一六歳の時点で父の思惑によって既に七回に亘る婚約を経験していた。

一方、ハプスブルク家は神聖ローマ皇帝位を手中にしていたものの、中央ヨーロッパの弱小貴族に過ぎなかったため、富裕な君主との縁談を望んでいた。一方、シャルル突進公は富裕である反面で、身分は形式上フランス王の家臣に過ぎなかったため、ハプスブルク家と縁戚関係になる事で帝位継承権を手にする事ができる事を期待した。しかしシャルルの帝位継承者要求をフリードリヒ三世は受け入れる事が出来ず、交渉は難航。神聖ローマ帝国の帝位継承は有力諸侯の意思が強く反映されるため、皇帝の一存では決められなかったためである。業を煮やしたシャルルは神聖ローマ帝国の本国であるドイツに侵入するが撃退された。そしてフランスとの戦いが劣勢になるにつれて、シャルルは折れてマクシミリアン（神聖ローマ帝国皇帝フリードリヒ三世の子）を婿にしようと望むようになる。

一四七七年、父シャルル突進公がナンシーで戦死すると、マリーは唯一の実子として後継者の立場になる。しかし、彼女は若年であり、また当時における女性の社会的地位の低さから領有地に十分な支配力を発揮する事はできなかった。フランダース地方のゲント、ブルージュ、イープルといった有力都市からの抵抗を受け、フランドルからの支持を繋ぎ止めるために財政・司法の中央組織の現地有力者達による合議での運営や地方の自治を認めざるを得なくなる。その際の協定で定められた委員会による後見をマリーは受け入れざるを得ず、その権力は大きく減退した。その後、ルイ一一世は王太子シャルルとマリーの結婚を掲げてブルゴーニュに派兵、ピカルディーとブルゴーニュ、アルトワを獲得してフランドルに進軍。こうしたフランスからの圧力に対抗するため、マリーは父の遺言に従う形でハプスブルク家のマクシミリアンとの結婚に踏み切る。マクシミリアンはこれに応じて旅立つがケルンで路銀が尽き、マリーの義母の援助でガンまで到達。一四七七年八月一九日に結婚し、両者は仲の良い夫婦として知られる事になる。一四七九年ギヌグットでマクシミリアンはフランス軍を破る。こうしてマリーはひとまずフランスからの圧力を切り抜けたのである。マリーとマクシミリアンはしばしば乗馬・狩猟・舞踏を共に楽しみ、フィリップやマルガレーナの二子を儲ける。彼女は美貌で知られており、領民の人気も高かったようだ。こうしてブルゴーニュ公国のネーデルラントにおける支配は安泰になったかに見えた。しかし好事魔多し、マリーは一四八二年三月に狩猟の際に落馬して死去する。二五歳の若さであった。マクシミリアンにとってマリーは生涯に亘る最愛の妻であり、神聖ローマ皇帝即位後にイタリア進出を目指し、ミラノのスフォルツァ家からビアンカを再婚相手として迎えているがその後もマリーを想い続けていたという。

さてマリーの死後、ブルゴーニュ公の地位は子のフィリップ（「美公」と通称される）に受け継がれるが、フランドル地方は外来者であるマクシミリアンの介入を拒否し、フィリップ美公のみを君主と主張する。この背後にはネーデルラントをも支配下に置こうとするフランスの策謀があり、マクシミリアンは一時撤退を余儀なくされた。フランスはマリーの娘マルガレーナとフランス王太子シャルルを婚約させ、ネーデルラントの支配権を手に入れようとするが、マクシミリアンは北ネーデルラントから再び進出を開始。粘り強い交渉や戦闘を通じてネーデルラント全域の支配を回復、ネーデルラントはハプスブルク家の支配下に入った。こうして中央ヨーロッパの弱小貴族であったハプスブルク家は西欧有数の富裕な経済力を手に入れ有力者となる。更にマクシミリアンはスペイン王家とフィリップ・マルガレーナ双方とも婚姻関係を結ぶ事に成功、フィリップの子カールが後にスペイン王となる事でハプスブルク家は最大版図を誇るようになるが、これはまた別の話である。

ヨーロッパ有数の富裕さを誇ったブルゴーニュ公シャルルであったが、建前上は一諸侯に過ぎなかった事もあり、名目上の君主で老獪なフランス王ルイ一一世の前に予期せぬ挫折を強いられた。唯一の継承者であったマリーは若年で実務経験がなく、この危機を乗り切る力はなかった。そこで父の定めた婚約者の力を借りて当面の危機を乗り切ったのである。これによって事態は収まるかに見えたが、彼女の早世を予測する事は誰にも出来なかった。結果として、この結婚によりハプスブルク家は一躍ヨーロッパ再有力者の一人にのし上がり、その後も婚姻政策によって勢力を広げた。そうして獲得した力を背景にして、ハプスブルク家は以降の神聖ローマ皇帝位を独占する事になる。また、経済力や洗練された文化だけでなくフランス王家との敵対関係をもハプスブルク家はブルゴーニュ公家から受け継ぎ、その後は三百年弱に亘りヨーロッパ大陸の覇権を廻り両者の対立が続くのである。その意味で、ブルゴーニュ戦争は西欧史において大きな意味を持つ戦争であったといえよう。

スウェーデン独立戦争概略

スウェーデンに統一王国が形成されたのは一一世紀の事であり、一三世紀中頃から一四世紀には王権が確立され始める。しかし一四世紀中頃には国王と貴族との争いが生じ、それにデンマークが乗じて一三九七年には摂政マルグレーテは甥のエーリクを擁立してデンマーク・ノルウェー・スウェーデンを合同させた。その後、デンマーク人官僚が主導権を握り、スウェーデン人を圧迫した事もあり、一五世紀前半に大規模な反乱が起こる。デンマークはスウェーデン貴族と妥協して農民の行動を抑える事で反乱に対処し、スウェーデン人摂政が統治するという形で落ち着けた。

しかしスウェーデンの独立を目指す動きは収まらず、摂政ステン・ステューレは一四七一年十月十日にブルンケベルイでデンマーク軍を破った。この日は現在でもスウェーデンの国民的祝日とされている。しかしデンマーク軍は全体的には優勢を保ち、一四九七年にメーラレン湖上でステン・ステューレは戦死。

その後裔である小ステン・ステューレもデンマークへの抵抗を続けるが、彼も一五一七年にデンマーク軍に敗れ、二〇年に戦死する。デンマーク王クリスティアン二世はステューレと大司教との対立に乗じてスウェーデンを再度制圧し、スウェーデン王位を兼任する事を夢見ており、彼を討ち取った後はストックホルム攻略に動き出す。小ステン・ステューレ夫人であるクリスティーナ・ユレンシェルナは残されたステューレ派の頭領として事態の対処に迫られた。

クリスティーナ・ユレンシェルナ

一四九四～一五五九
Kristina Nilsdotter Gyllenstierna
摂政夫人
一五二〇

　クリスティーナ・ユレンシェルナはスウェーデン貴族の中でも独立を目指す人々の有力な家系に生まれ、一七歳で摂政の家柄である小ステン・ステューレと結婚した。小ステン・ステューレが一五二〇年にデンマーク軍相手に戦死すると、二六歳のクリスティーナはストックホルムに篭城。この際、ダンツィヒやポーランドに援軍を求めて乗り切ろうとするが断られている。

　同年春、ストックホルムを包囲したクリスティアン二世は有力者に寛大な処遇を約束して篭絡し、クリスティーナを孤立させた。それでも彼女は最後まで抵抗を続け、ストックホルムが開城を余儀なくされたのは同年秋となる。最終的にクリスティアン二世はクリスティーナおよびその子に対しても完全な恩赦を約束して降伏させ、ストックホルムを手に入れる。

　この年一二月、クリスティアン二世はストックホルムでスウェーデン王として戴冠式を行った翌日に貴族たちを集め、ステューレ派を非難。そこでクリスティーナは夫はスウェーデン人民の意思を代表したものであるとして、行動に間違いがなかったと反論して夫の弁護に努めている。その際に同志が誰々であるかを問われ、求めに応じて王に同志の名が記されたリストを手渡した。クリスティアン二世がそのリストに従って大規模なステューレ派の殺戮を行った（「ストックホルムの血浴」）ため、彼女の行いは後世から非難される。彼女がこのような裏切りとも思える行動に出た意図は不明だが、大勢の支援者がいる事を示す事で交渉を有利に運ぶと共に、報復を思い留まらせるのが狙いだったと思われる。ただし、結果として完全に裏目に出たのであるが。

その後、彼女はデンマークに連行され、現地で王の側近であるスーレン・ノルビュと恋仲になる。これも、一説では自身の子を彼の勢威を利用してスウェーデン王位に就けるための布石という側面があった可能性が指摘されているが真偽は不明だ。

さてこの頃、スウェーデン本土では彼女の甥グスタフ・ヴァーサが勢力を伸ばしつつあった。彼は地方におりストックホルムの血浴で粛清されるのを免れ、ストューレ派の生き残りとして挙兵したのである。グスタフ・ヴァーサはやがてスウェーデン王を名乗るようになり、子をスウェーデン王位に就けようと目論んでいたクリスティーナは警戒される。そこで彼女は一五二六年には富豪と結婚し、ノルビュとの関係を否定して王位に野心がない事を示し、グスタフ・ヴァーサと和解した。以降は政治の表舞台には姿を現さず、一五五九年に没している。


クリスティーナ・ユレンシェルナは夫の死後に奮戦して首都を守り、敗れた後も夫や同志の名誉を守るべく陳弁すると共に、同志の数を見せ付ける事でクリスティアン二世を威嚇しようとした。しかし相手を甘く見たか最悪の結果に終わる事となる。

その後も子をスウェーデン王位に就かせるべく画策したとされるが、自ら戦場で奮戦し、国土を解放した甥が最終的に独立を勝ち取る英雄となった。彼女もスウェーデン独立期に活躍した女傑であったが、何とも間の悪い人生であったといえる。

第三章　近世後期

アルカセル・キビールの戦い概略

　イベリア半島は八世紀初頭から長らくムスリムによって支配を受けていたが、やがてキリスト教徒は反撃を開始し、次第に勢力を回復させていく。そうした中で一一四三年、ポルトカレ伯アフォンソ・エンリケはポルトガル王国を建国。その後もムスリムとの戦いで王国は領土を拡大し、一三世紀半ばには地中海に到達。一四世紀後半に開かれたアビス王朝の時代になると、富裕海商の支持を背景に海外進出政策を採るようになる。西アフリカ探検を指揮したエンリケ航海王子やインド航路発見に成功したバスコ・ダ・ガマらの活躍によって代表される、こうした積極策によって従来イスラーム圏を通じて輸入していたインドの香料を海路で直接ヨーロッパに輸入する事が可能になり、空前の経済的繁栄を実現。しかしその繁栄は一六世紀半ばには陰りが見え始め、隣国スペインに圧倒され始める。そうした情勢下において若年で即位したセバスチャン一世は、内政よりも外征に強い関心を示しており、宗教的熱情に駆られ、異教徒を征服する事を夢見ていた。あるいは華々しい対外的戦果によって威信発揚する事で情勢の改善を目論んでいたかもしれない。一五七四年にはいとこのアントニオをタンジールの知事に任じ、征服計画を大おじであるエンリケ枢機卿らに打ち明けている。

　そして一五七八年、モロッコのスルタンであるムレイ・ムハンマドはおじのムレイ・アフド・アル・マリクに追放され、ポルトガルに助けを求めた。以前から遠征の契機を求めていたセバスチャン一世はこれに応じる形での出兵を目論む。国王は各地から遠征費用を借り入れると共に、国内の貴族や都市に兵や馬の供出を命じている。ポルトガルの動きを警戒したモロッコのムレイ・アフド・アル・マリクはララーク港の返還を申し出て和平を図るがセバスチャンは応じない。セバスチャンは準備に当たっておじに当たるスペイン王フェリペ二世から期限付きで船や兵を借りる事に一旦成功したが、リスクを危ぶんだフェリペは自国の内乱を口実に援助を打ち切る。しかしセバスチャン一世はフェリペ二世やエンリケ枢機卿らの反対を押し切り、エンリケ枢機卿を留守中の国王代理とした上でグレゴリウス一三世の後押しと教会からの財政的援助を受け、四千～五千の傭兵を連れて出兵。軍勢は一万五千の歩兵と千五百の騎兵からなり、その後に九千の非戦闘員が続いていた。

セバスチャンはララシュ港周辺のモロッコ軍が弱体と判断しており、その南西であるアルカセル・キビールに上陸。その上で軍を進軍させるが、日照りや不十分な補給のため軍は疲弊しやむなくララシュに立ち寄る。再び進撃し、マカーク川を渡河しようとしていた八月三日、四千のモロッコ軍と遭遇。セバスチャンは側近からララシュに引き上げるか、軍が疲労から回復するまでマカーク川とルーラ川の合流地点で陣を築いて防戦する事を進められるが、これを退け翌日に決戦を行う。迎え撃つモロッコ軍は半月形に布陣してポルトガル軍を包囲しようとした。これに対応するポルトガル軍であったが、練度の低い新兵も多く混乱、劣勢に陥る。しばらくは激しい反撃でモロッコ軍を苦しめるものの壊滅し、わずかの人数のみが逃れる有様であった。国王セバスチャンは生死不明となり、モロッコ前スルタンであったムレイ・ムハンマドも逃亡を試みるが落馬し、川で溺れたという。

ポルトガル軍壊滅の悲報が本国に伝ったのは一週間後であった。国王は生死不明であったが、国内が混乱に陥るのを避けるため空位状態を避ける必要があった。庶子を除く王家の男性唯一の生き残りであったエンリケ枢機卿が高齢ながらも即位し、事態の収拾に当たる事となる。

エンリケ一世

一五一二〜一五八〇
Henrique I
ポルトガル王国　国王
在位一五七八〜一五八〇

　エンリケ一世はポルトガル王マヌエル一世とマリア（スペインのフェルディナンド王とイザベラ女王の娘）の間に生まれた。彼は聖職者の道を選ぶ事と定められ、一四歳で叙階したのを皮切りに順調に昇進していく。一五三四年にはブラガ大司教となり、三九年にはポルトガルの宗教裁判長を務めている。翌年からはエローラ大司教となり四六年には枢機卿に昇進。六四年には首都リスボンの大司教も兼任するようになった。

　そして一五五七年に大甥のセバスチャン一世が若くして即位すると、王家の年長者として摂政の任に当たっている。この時期になると聖職者としてだけでなく、王家の長老格としても重きをなすようになっていたようである。一五七八年にセバスチャン王がモロッコの内紛に乗じて出兵をした際はこれに反対したが留める事はできず、王の留守中の代理を任せられた。やがてセバスチャンがアルカセル・キビールでモロッコ軍に大敗し生死不明となったのを受けてポルトガルの貴族たちの推戴により即位した。この時、いまだ聖職者のままであった事から「枢機卿王」とあだ名される事となる。

　エンリケが王としてまず取り組まねばならない問題は敗戦に対する戦後処理であった。この戦いで多数の貴族がモロッコ軍によって捕虜とされており、彼らの解放交渉を行わねばならなかったのである。交渉の末、まず捕虜のうち主だった八〇人を身代金四〇万クルザードと引き換えに解放する事を交渉で約束を取り付けた。しかし国庫は破綻しており、要求額を揃える事ができなかった。

やむなく宝石や装飾品・馬などを売り払って金策を行ったものの、二八万クルザードまで調達するのがやっとの始末である。そこで残り一二万クルザードを後に支払うという保証人として大使のフランシスコ・ダ・コスタがモロッコの捕虜となる事で八〇人の解放を実現させた。しかしこの支払いの約束は果たされず、ダ・コスタは八年後に異郷で捕虜として死去している。一部の捕虜だけでこの始末であったから、残りの捕虜解放をいかに果たすかが大きな課題となっていく。

そして、それにもましてエンリケ王にとって重大な課題は後継者確保であった。セバスチャンが戦没した今、エンリケは王家男子直系の最後の一人であったのである。そして彼自身は病弱で高齢であり、ポルトガルはこの敗戦で王家断絶の危機に直面する事となる。エンリケは還俗して結婚する事で世継ぎを設ける事も考慮したが、果たせなかった。そこで王家の縁戚から後継者を選ぶ事となったのであるが、候補としてはエンリケの兄弟ドゥアルデの子でブラガンサ公爵夫人であったカタリーナ、母がマヌエル二世の娘であるスペイン王フェリペ二世、クラート修道院長でベジャール公爵（エンリケの兄弟）の庶子に当たるアントニオであった。しかしアントニオは庶子の身分である事に加え、エンリケと対立関係にあり、更にアルカセル・キビールで捕虜となった際には身分を偽って安い身代金で解放された事から批判を受けており、継承者争いにおいては不利な立場であった。なお､他にもパルマ公やサヴォイ公､カトリーヌ・ド・メディシス（アルフォンソ三世の子孫）にも王位請求権があったが、この時の王位争いには加わっていない。エンリケはカタリーナを意中の後継者候補と考えていたが、十分な指導力を発揮できず貴族たちから同意を取り付けるには至らなかった。かくして継承者選定に結論を出せないまま、一五八〇年一月三〇日にエンリケ一世はアルメイリムで病没。こうしてポルトガル王家の直系は断絶し、縁戚関係にあるスペイン王フェリペ二世がスペイン軍を侵入させ、ポルトガル王を兼任するに至ったのは同年六月の事であった。

　エンリケは本来王位継承権のない立場として聖職者の道を選んだはずであったが、数少ない王家直系男子の年長者として表舞台に出る事となり、次いで運命のいたずらにより王位に就いた。彼が直面した問題は破綻した財政状況での捕虜達の救出と王位継承者の確定という極めて困難かつ国家の命運を傾けかねない代物であった。エンリケは祖国存続のため力を尽くしたのであるが、この難局を乗り切る事はできなかった。

　スペインに屈従し、誇りを傷付けられたポルトガル人の間に、いつしかセバスチャン王に関する伝説が流布するようになった。セバスチャンはあの戦いで生き延びて姿をくらまし、ある霧の朝にポルトガルに帰還してスペイン人を追い出し、ポルトガルに栄光を回復するという内容である。戦後処理と王家断絶防止に腐心したエンリケ王が忘れ去られ、ポルトガルの没落を決定的にした張本人であるセバスチャンが救世主として崇められる現象は理に適わない感を否めない。無論、目前の危機に有効な手を打てず、短期間で没したエンリケが評価されず、若くして壮絶な最期を遂げたセバスチャンが国民から同情の目を向けられるのは自然といえば自然なのであるが、世間の人気が存外当てにならないという一事例といえるかもしれない。

沖田畷の戦い概略

　龍造寺氏は元来九州北部の地方豪族で、大宰府（九州の統括や外交を担う役所）の官人を輩出する家柄であった。肥前国佐嘉郡小津郷龍造寺（現・佐賀市）に居住し、源平合戦直後に肥前龍造寺村の地頭職を得て龍造寺氏を称した。南北朝動乱期には足利氏に付き、その後は情勢によって九州北部の大豪族少弐氏と大友氏の争いの中で次第に頭角を現し、家兼の時代に少弐家中で存在感を増すようになる。

　そうした中で、一六世紀半ばには分家の水ヶ江龍造寺家から出た龍造寺隆信が勢力を伸ばし始めた。本家が断絶すると龍造寺氏の当主となり大内氏と結んで肥前平定に乗り出し、少弐氏と対立するようになる。一五五八年（永禄元年）に少弐冬嗣を討ち、その後は少弐氏の後見であった大友氏ともしばしば戦った。一五六九年（永禄一二年）には毛利氏と結んで大友氏に対抗したが、根拠地佐賀城を包囲され、一旦和議を余儀なくされる。しかし一五七〇年（元亀元年）に今山合戦で大友氏を破ると、以降は肥前から外部勢力を駆逐して島原に進出。一五七八年（天正六年）には島津氏と結んで大友氏に対抗し、肥前北部にも勢力を伸ばす。そして翌一五七九年（天正七年）には肥前を統一し、在地豪族と相互盟約を基本とした関係を結び、その盟主として君臨した。急速な勢力拡大の背景としては、佐賀平野干拓による生産力向上、経済力を利用した大量の鉄砲使用、隆信の卓越した調略能力が挙げられよう。

　大友氏が一五七八年（天正六年）に耳川で島津氏に敗れ勢威を著しく後退させると、筑前の秋月氏のように大友氏に背き、龍造寺に付く地方豪族が続出。それに乗じて隆信は筑後・筑前・肥後や北豊前にも勢力を伸ばし、壱岐・対馬も帰順した事から「五州二島の太守」といわれるようになる。『歴代鎮西要略』はこの時期の彼について「旗下に属し、その指揮に従う兵馬二〇万騎に及ぶ」と記しており、ルイス・フロイスは彼をカエサルに準えるなどここに龍造寺氏は全盛期を迎えた。既に隆信は一五八〇年（天正八年）に家督を嫡男政家に譲っていたが、この時期も厳然たる実力者として君臨している。一五八一年（天正九年）ごろから本格的に肥後へ勢力を伸ばし始め、北上する島津氏とぶつかるようになる。また同十年には有馬氏が島津に呼応し、ここに龍造寺と島津の対立は避けられなくなった。一五八三年（天正一一年）、両氏の対立による大友氏の復権を恐れた秋月氏が仲介したため一旦講和が成立したが、一五八四年（天正一二年）に再び龍造寺と島津は対立。島津氏は有馬氏と連合して軍勢を北上させ、肥後に島津義久、有馬に島津家久が進軍。隆信はこれに対応して二万五千の大軍を動員し、島原でこれを迎え撃った。三月二四日、両軍は戦闘に入り、一万七千の島津・有馬連合軍に対し数で勝る龍造寺軍は三手に分かれて攻勢をかけ、優勢に戦いを進めるが、家久は家臣を励まして中央突破に成功。

この時に隆信は戦死し、龍造寺軍は総崩れとなった。総大将が野戦で直接討ち取られる例は珍しく、元来支配力の弱かった龍造寺氏の威信は失墜し、その支配力も弱体化。有馬氏は勢力を伸ばし筑前・筑後でも大友氏が勢力を回復するに至った。龍造寺氏の当主であった政家と重臣・鍋島直茂がこの難局に立ち向かう事となる。

龍造寺政家

一五五六～一六〇七
龍造寺氏　当主
在位一五八〇～一五九〇

幼名長法師丸。通称太郎四郎。一五五六年（弘治二年）に龍造寺隆信の嫡男として生まれる。一五八〇（天正八年）に家督を譲られ鍋島直茂の補佐を受けるが、父隆信が依然として実権を握っていた。しかし一五八四年（天正一二年）に隆信が戦死すると領内が動揺、有馬氏は勢力を伸ばし筑前・筑後でも大友氏が勢力を回復。更に島津氏からは伊集院忠棟が渡海し、島原の諸城を接収している。政家は独力ではこうした危機に十分な対応をする事が出来ず、直茂に政治を委任するようになる。隆信が戦死した直後、早くも龍造寺家の重臣一一人が直茂に誓書を提出しており、更に政家自身も直茂に誓書を書き、家臣たちに平時・戦時とも直茂の下知に従うよう述べている。

隆信戦死で勢いを取り戻した大友氏は同年九月に島津氏と結んで龍造寺を圧倒しようとしたが、十月には政家・直茂は秋月氏の仲介を利用して肥後の権益を島津氏に認め、実質上その支配下に入る形で島津との和議を成立させた。こうして龍造寺は島津に従属する事でさしあたっての危機を乗り切る。以降、九州の戦局は島津と大友の対立となるが、大友宗麟は豊臣秀吉と結んで対抗。この頃、中央では織田信長とその勢力を継いだ豊臣秀吉によって統一が回復されつつあり、大友氏はその勢威を利用して危機を乗り切ろうとしていたのである。そして秀吉は大友氏の力を利用して九州制圧に手を付け、一五八七年（天正一五年）に自ら出陣して筑前・肥後路を南下（日向路は弟の豊臣秀長が担当）。島津氏に従属していた政家もこの時に秀吉に降伏した。その際に政家は秀吉から旧領を安堵されるが、三年後に家督を嫡男高房に譲っての隠居を余儀なくされ、直茂が補佐する事となった。これ以降は、秀吉は政家や高房でなく鍋島直茂親子をこの地の大名として扱うようになる。例えば朝鮮出兵の際に直茂らは龍造寺家家臣を率いて出陣を命じられているのに対し、政家自身は負担を免じられている。その後も大名としての形式は保たれ直茂に養われていたが、一六〇七年（慶長一二年）に高房が没したのに次いで病没。龍造寺氏の嫡流は絶え、鍋島氏に取って代わられた。

隆信の辣腕によって短期間に広大な勢力を築き上げた龍造寺氏であるが、その支配体制は脆弱であり、強固な体制を作る暇のないまま隆信は急逝。家臣団を構成する豪族の大半は嘗て同格以上の存在であり、龍造寺氏の立場も豪族連合体盟主以上ではなかった。したがって劣勢となると崩壊するのも早く、政家にはそれを留める事は難しかった。彼自身の力量が及ばなかった面はあろうが、こうした組織が崩壊の危機に直面した際にそれを防ぐ事は難しく、第一の実力者に依存せざるをえなかったのは止むを得ないであろう。しかしそれは新たな盟主を生む結果となり、無力な旧盟主が不要となる事を意味し、龍造寺本家の没落はこれで決定的になった。その意味で政家の器量不足だけに原因を求めるのは酷であり、本質的には龍造寺家の構造的問題が露呈した結果であろう。急激な膨張をした直後であったが故の不運な巡り合わせというしかない。

鍋島直茂

一五三八～一六一八
龍造寺家　執政
在位一五八〇～一六〇七

幼名彦法師丸。通称孫四郎。「信生」と名乗っていた期間が長く「直茂」と改名したのはかなり後の事であるが、本文では一貫して通りの良い「直茂」の名で呼ぶ事とする。鍋島氏は少弐氏の末裔と称しているが、実際は佐々木氏の流れを引く長岡宗之を祖先とし、肥前国佐賀郡鍋島村に土着した。鍋島清房の子として一五三八年（天文七年）に生まれ、三年後に西千葉家の養子となるが、更に十年後には召還され、龍造寺隆信に仕える。一五五六年（弘治二年）に隆信の母が清房と再婚したため隆信と義兄弟関係となった。一五七〇年（元亀元年）に今山合戦で大友氏を破る際に活躍した事で龍造寺家での地位を不動のものとし、以後は常に先陣を務めた。

一五八四年（天正一二年）に隆信が沖田畷で島津氏に敗れ、戦死すると龍造寺家の権威は失墜。隆信の後継者である政家は独力ではこうした危機に十分な対応をする事が出来ず、領内の動揺を防ぐため直茂に政治を委任する。例えば隆信が戦死した直後、早くも龍造寺家の重臣一一人が直茂に誓書を提出しており、更に政家自身も直茂に誓書を書き、家臣たちに平時・戦時とも直茂の下知に従うよう述べている。この頃、直茂は島津に使者を送り、隆信の首級に「薩摩へ出向いて弔い合戦をする」と語りかける形で島津側に牽制したという逸話がある。恐らくは島津氏に虚勢を見せ付ける事で交渉を少しでも有利にしようとしたものであろう。

隆信戦死で勢いを取り戻した大友氏は同年九月に島津氏と結んで龍造寺を圧倒しようとしたが、十月には政家・直茂は秋月氏の仲介を利用して肥後の権益を島津氏に認め、実質上の従属という形で島津氏との和議を成立させた。こうして龍造寺氏はさしあたっての危機を乗り切ったが、一五八七年（天正一五年）には豊臣秀吉が大友氏と結んで九州遠征を行う。筑前・肥後路を南下してきた秀吉に対し、政家・直茂は他の豪族と共に降伏した。この際、直茂は秀吉と以前より連絡を取り通じていた事もあって肥前の二郡を与えられている。秀吉は政家に替えて事実上龍造寺家を取り仕切っていた直茂にこの地域を任せる方針を採り、一五八八年（天正一六年）には長崎代官となり、同年に秀吉の命で政家が家督を嫡男高房に譲るとその後見を行っている。一五九〇年（天正一八年）には秀吉から肥前神埼郡四万五千石を与えられ、龍造寺家臣でありながら独立大名でもあるという身の上になった。また朝鮮出兵の際には直茂は龍造寺家家臣団を率いて出陣している。そうした中、一五九三年（文禄四年）には直茂の子である鍋島勝茂が従五位下信濃守を授けられ大名扱いとなり、翌年には龍造寺家の重臣たちが勝茂に起請文を提出し服従を誓った。こうして龍造寺家の実権が秀吉公認の下で着実に鍋島氏に移っていった。

秀吉の死後、徳川家康が中央政府で権勢を握るようになり、関ヶ原の戦いで石田三成ら反対派を破って第一人者の地位を確立させる。直茂はこの時には反徳川方に付いたが、徳川方が勝利すると同じく反徳川方であった立花宗茂と戦う事で家康から所領の保証を勝ち取った。翌年には家康に恭順の意を表し、徳川政権成立後もしばらくは龍造寺高房を養い、形式上擁立する事で主家の嫡流を保とうとしている。しかし一六〇七年（慶長一二年）に龍造寺家の嫡流が断絶、勝茂が正式に佐賀藩主となった。その後、佐賀藩は約三五万石の石高で徳川時代を通じて存続し、幕末には有力諸侯の一つとして明治維新に参加している。

鍋島直茂は九州北部で急速に成長した龍造寺隆信の重臣として活躍し、主君の戦死によって龍造寺家が崩壊の危機に直面した際には事実上の大黒柱として空中分解を防ぐ事に成功した。これは主家に変わって豪族連合の盟主となった事を意味しており、秀吉が直茂を大名として扱ったのはそれを理解していたためであろう。彼が盟主となって間もなく日本の乱世が終了し、大名としての地位を確保したままで太平の世を迎えることが出来た。嘗ての主家と比べると幸運という他ないが、主家を支え、その崩壊を阻止する功績と実力あってのものなのは言うまでもない。

デカン戦争概略

一六世紀初頭のインドではデリー・スルタン諸王朝を始め様々な勢力が割拠していたが、中央ユーラシア方面から侵入したバーブルが一大勢力を築く。ムガル帝国である。

ムガルの勢力は一時インドから放逐されるが、やがて再征服を果たし、第三代アクバルの時代にインドへと定着を果たした。アクバルはスンニー派ムスリムであったが、支配領域の多数を占めるヒンドゥーに対してもジズヤ（イスラーム国家で異教徒に課される人頭税）を廃止するなど宗教的に寛容な政策を採り、人心を掌握。以後の皇帝たちもこの路線を踏襲し、ムガル帝国はインドにおける勢力を拡大した。

しかし一七世紀後半に入るとアウラングゼーブ帝は、厳格にイスラームの規定を領内に適用し、非ムスリムへの高率関税やヒンドゥー寺院破壊、宗教的賜与地の没収、ジズヤの復活を導入した。

これらの政策はムスリム貴族層を結集させるという効果をもたらす事には成功したものの、ラージプートらヒンドゥー教徒豪族の反乱を誘発。そこでアウラングゼーブは王子アクバルを大将として派遣してこれらの反乱を平定しようとしたが、逆にアクバルは彼らと結んで挙兵する。アウラングゼーブは自ら出陣して、反乱を鎮圧した後にデカン高原へ勢力を伸長。一六八六年にはアーディル・シャーヒー朝を、八七年にクトゥブ・シャーヒー朝を滅ぼしてムガル帝国の最大版図を実現した。

続いてアウラングゼーブはデカンの最大勢力を誇る、西ガート山脈周辺のマラーター王国の征服を目指す。当時のデカン高原にはマラーターと呼ばれるヒンドゥー教徒の現地豪族が台頭しており、ニザーム・シャーヒー朝やアーディル・シャーヒー朝は彼らの現地支配を容認して成り立っていた。

そうした中で一七世紀にアーディル・シャーヒー朝の有力武将であったシヴァージー・ボーン

スレが台頭し、シンハガド城を拠点に土豪たちを支配下にいれて勢力を拡大。アーディル・シャーヒー朝を破るが、ムガル帝国とも対立を余儀なくされ、アウラングゼーブ帝の軍に追い詰められる。シヴァージーは一六六五年にプランタル条約で多くの城をムガルに割譲し一時は服従し、六六年にアウラングゼーブに拝謁するためアグラを訪れた際にはアウラングゼーブによって幽閉されるが脱出を果たした。

その後しばらくは情勢を静観してシヴァージーだが、一六七〇年にデカン高原のムガル軍が混乱しているのを見て旧領を回復。西ガート山脈の東西に勢力を広げ、一六七四年にマラーター王国を成立させた。上記のようにアウラングゼーブがラージプート諸侯の反乱を鎮圧した後にアーディル・シャーヒー朝、クトゥブ・シャーヒー朝を征服したのはシヴァージー死去直後のことである。

さてアウラングゼーブは再びマラーター王国を追い詰め、サンバージー王を戦死させる。王弟ラージャーラームは南に逃れ、即位し、抵抗を続ける。またマラーターの武将たちはゲリラ戦でムガル帝国軍に対抗して苦しめ、ヒンドゥー教徒の豪族達に帰属を促して徐々に勢力を回復。やがてムガル相手に優勢に戦いを進めるようになる。

アウラングゼーブは泥沼化したマラーター王国との戦争を打開すべく、豪族達を懐柔するため給与地を与えたが、これは深刻な給与地不足を招き、貴族の宮廷内抗争や重税に苦しむ農民反乱の一因となった。万策尽きたアウラングゼーブはマラーターと講和して捕虜にしていたマラーターの王子を解放して、王位に就けることを考えていたが実現しないまま没した。

その後、マラーターの王子シャーフーはムガルの手から逃れて王位に就く。シャーフーはマラーターの実情を知らなかったため次第に実権はペーシュワー（宰相）の手に移るようになり、一方でアウラングゼーブ死後のムガル帝国は宮廷内権力闘争が盛んになり、皇帝もこれを抑える力は持たなかったため、求心力を急速に失いつつあった。
両勢力が変質を余儀なくされる中、長期に亘る戦いの後始末が模索されていた。

フサイン・アリー・ハーン・サイイド

?〜一七二〇
Hussain Ali Khan Syed
デカン総督

フサイン・アリー・ハーン・サイイドは兄アブドゥッラー・ハーンと共に一八世紀初頭のムガル帝国で専権を振るった人物である。サイイド家はメソポタミア地域から渡来したとされているが、彼ら自身はインド系と自己認識していた。

彼らの父はビジャプールやアジマールの領主であった。アブドゥッラー・ハーンは若い頃から皇族に仕え、フサイン・アリーはアジマールとアグラを統治する。更に一七〇八年にフサインはビハールの知事に任じられ、一七一一年にアブデュッラーはアジム・アス・シャン皇子の意向でアラハバード地方を皇子の代理として治めた。

当時のムガル帝国は宮廷内での党派争いが激しく、しかも各党派は国益より自分達の利権を優先させていた。その結果としてムガル帝国は次第に空中分解に向かっていくのであるが、この党派は大きく二つに分けられた。一つはツラニ党であり、軍の中枢を占め、一六八〇年ごろからデカン高原で戦争を進めるにつれて勢力を伸ばしていた。彼らはアラブ人・黒人・アフガン人や西洋人など外来者からなり、シャー・ジャハーン時代には冷遇されていたがアウラングゼーブ時代に宮廷内で一大勢力となっている。もう一つのヒンドゥースタニ党はインドに土着した人々が多く、マラーター（デカン高原の新興土豪）やラージプート、ヒンドゥー教徒の地主層、更にムスリムの主流派と対立するシーア派からなっていた。そのためアウラングゼーブの厳格なイスラム重視政策に反発し、アクバル帝時代の宗教的平等を志向していたのである。サイイド兄弟はシーア派であった事もあり、ヒンドゥースタニ党の指導者的立場であった。

彼らが中央政界にその名を轟かせたのは一七一二年。サイイド兄弟は皇子ファッルフ・シャルを擁立するため都に上り、皇帝ジャハーングール・シャーを廃位・殺害した。この功績から兄は宰相、弟は軍務大臣となった。以降、彼らはムガル政府を牛耳り皇帝を傀儡として権力を振るうようになる。

この時期、アウラングゼーブ時代以来続いていたマラーター王国との戦争は重大課題の一つであった。一八一五年にフサイン・アリー・サイイドはデカン総督に任命され、一七一八年にマラーター王国と交渉の末に以下の条件で合意に達した。

①シヴァージーが獲得した領土をマラーター王国のものとして認める。
②ムガル領デカンの六州は税金の四分の一をマラーター王国の取り分として認め、更に税金の十分の一を別途に取り立てる権利を与える。

③必要が生じればマラーター王国は出兵してムガル帝国を助ける

ムガルの形式的な宗主権は保持しつつも実質的にマラーター王国の独立と権益を認め、軍事的同盟関係を樹立するという、双方にとって面子の立つ講和条件であった。サイイド兄弟が宗教的寛容を旨とするヒンドゥースタニ党領袖であった事も相手の態度を軟化させ、交渉に持ち込みやすかった一因であろう。こうして戦争状態を一応の終結に持ち込む用意を調えたフサイン・アリーはペーシュワー（マラーターの宰相）と共にデリーへ赴くがムガル皇帝ファッルフ・シャルはこれを認めなかったのである。

さて当初はサイイド兄弟を恩人として信任していたファッルフ・シャルであるが、やがて実権を握るため兄弟を除こうとするようになった。そのためにフサインをラージプート討伐軍の将やデカン総督に任じた上でその赴任途上で暗殺しようと謀ったり、アブデュッラーを襲撃を行ったりするがいずれも失敗。こうした陰謀の失敗は皇帝の命取りとなり、身の危険を感じたサイイド兄弟は一七一九年にクーデターを決行して皇帝を廃位。その後、サイイド兄弟は二人の傀儡の擁立・廃立を繰り返した後に一七一九年九月、ムハンマド・シャーを即位させた。新皇帝はまだ若年であったため実権は引き続き二人が握る事となる。なお、上述のマラーターとの講和条件は、ファッルフ・シャルを追放した後に傀儡皇帝から認可を引き出している。

しかしやがてムハンマド・シャーも二人を除こうとし、ニザム・ウル・ムルクと連絡して陰謀を目論む。ニザムはフサインが総督として管轄している領域に侵入し、その甥たちを殺害。フサインは皇帝を伴って南下して出陣し、アブドゥッラーが首都を守る体制に決定するが、途上でフサイン・アリーは一七二〇年十月にツラニ党によって殺害される。アブデュッラーも捕らえられ一七二二年に獄死。以降はツラニ党が主導権を握るが、この頃になると宰相アーサフ・ジャーもムガル帝国を見放し、一七二四年にニザーム領を作り、半ば独立するなど有力者は地方で自立傾向を見せ、ムガルの分解は防ぎようがなくなっていく。

サイイド兄弟はこの時代の帝国を私的に牛耳ったとして評判が芳しくない。しかしその施政には評価すべき点も多々見られたという。まず彼らは知識人に対して自由で寛大な態度を取っており、また社会的インフラを整備し貧民や未亡人らに金・穀物を施すなど民政に留意していた。穀物商人とのパイプがあったことがこうした施策に幸いしていたようだ。またアクバル帝の時代に倣って宗教的寛大さを示し、非ムスリムにもジズヤ（人頭税）を廃止している。こうした政策はラージプートらに好意的に受け取られており、更にマラーターに対してもフサインは懐柔に成功していた。泥沼化の末に劣勢に追いやられていたムガル帝国であるが、その面子を保ち、マラーター側も満足できる形での講和へと持ち込めたのは社会の安定化へ向けた大きな貢献であろう。もしファッルフ・シャルが講和条件を受け入れていれば、ムガルは良き同盟者を手に入れていた可能性がある。サイイド兄弟は自分達の党派を強化するため動いていたのは否定できないが、現地の豪族達と強く結び付いた存在であり、政治的安定を現出しつつあった。一部の論者からは、もし彼らの時代が長く続いた場合には結果として帝国の空中分解が防がれていた可能性すら指摘されている。

しかし、皇帝を蔑ろにしての専権は諸侯の反発を買っていた。君主の権力が衰えると有力者がこれに取って代わろうとするのは世の常であるが、彼らは聊か露骨過ぎたように思われる。またサイイド兄弟は自らの党派を強化するため諸侯を昇進させ歓心を買おうとしたが、それにより力を付けた諸侯たちから裏切りで応じられる結果となった。何よりその専権ぶりと度々皇帝を廃位・殺害していた事が諸侯の人心を失い、反対党派に追いやる事となる。そして彼らは皇帝と結びつきサイイド兄弟排除に向かったのである。

　サイイド兄弟は、ヒンドゥー教徒地主や民衆にとっては悪くない為政者であり、自らのためであったにせよ、長きに亘った泥沼の戦争に区切りを付けた大きな業績の持ち主であった。しかし皇帝や敵対派閥、貴族たちにとっては憎むべき奸臣であったのも事実であった。露骨な権力志向が敵対者に口実を与え、己の政権の中途での挫折と帝国の空中分解を招いたのは否定できない。ムガル帝国が崩壊し、デリー周辺の小勢力に過ぎなくなった後、イギリスが侵入するまでインドは群雄割拠状態が続く事を考えると、色々な意味で惜しまれる人材だったと言える。

　※フサイン・アリー・サイイドが就いていたデカン総督職は国家首脳では本来ないが、彼ら兄弟はこの時期において皇帝の地位さえも容易に左右できる状況であり、皇帝は完全な傀儡であったため事実上国家首脳と呼んで差し支えない存在であった。そのためここで取り上げた次第である。

大北方戦争概略

スウェーデンはグスタフ・アドルフ以降、次第に領土を広げ、一七世紀中にはバルト海沿岸一帯を支配する大国となっていた。これはデンマークやポーランドといった周辺諸国にとって非常な脅威であり、バルト海への出口を求めるロシアにとっても大きな障害であった。スウェーデンにとって、ポーランドとデンマークは恐れるに足りなかったがロシアは強大化しており、警戒が必要な相手であった。一六九八年、デンマークとポーランドが同盟を結び、翌年にはロシアもこれに加わる。スウェーデン王家がホルシュタイン・ゴットルプ家と姻戚関係を結んだことも、同家領の領有を主張するデンマークにとってはスウェーデンへの感情を悪化させる要因となっていた。

連合軍はスウェーデン王位を若年のカール一二世が継承したのを好機と捉え、一七〇〇年三月にポーランドがリガに、デンマークがホルシュタイン・ゴットルプ家領に攻め込んだ。しかしカール一二世は果敢にこれを迎撃し、シェラン島に上陸してデンマークを撃破し、リガを救援してポーランドの攻撃も払いのける。そして返す刀でロシア軍をナルヴァで破った。この戦いは三万五千人に上るロシア軍を一万人程度の軍勢で大勝したものであり、カールの武名を大いに高めた。一七〇二年三月にはカール一二世はワルシャワを陥落させ、更に逃亡したポーランド王を追ってクラカウに入り一七〇六年にはザクセン（ポーランド王がザクセン選帝侯を兼任していた）を攻略する。この間にロシア軍は態勢を立て直し、再び西へ勢力を伸ばす動きを見せたため、カールは一七〇七年にロシアに進軍したが、厳しい冬の寒さに悩まされモスクワへの進撃を断念して標的を南のウクライナに変更。この時、ウクライナにおけるコサックの頭領であるマゼッパと組んでピョートルを倒す計画であったが、マゼッパがロシア軍の奇襲を受けて敗北し果たせずに終わった。そうした中で一七〇九年六月二八日にポルタヴァでロシア軍に敗れる。敗北したカールは僅かな近臣と共にオスマン帝国に亡命。スウェーデンの圧力を払いのけたロシアはポーランドやバルト海沿岸方面への支配を確立し、バルト海に面した新しい都ペテルブルクの建設に入った。

一方、カールは捲土重来を狙い、オスマン帝国を動かす事に成功、一七一一年にオスマン帝国軍はプルート川でピョートルを破り、彼を捕らえる寸前までいく大戦果を上げる。カールはオスマン帝国とロシアの講和に反対したためオスマン帝国からも次第に疎まれるようになり、一七一四年に二週間で長距離を踏破してスウェーデンに帰国した。

ポルタヴァの戦い以降、デンマークとポーランドが再び攻勢に出ており、一七一五年にはプロイセンとハノーバーも参戦し、バルト海南岸のスウェーデン領に侵攻していた。また、ロシアもフィンランドを制圧し、バルト海の制海権を握ろうとしている。帰国したカール一二世はスウェーデン軍を再建すると共にロシアとの講和交渉に入る。その一方で一七一八年にカール一二世はノルウェーに遠征したが、フレデリクスハル要塞を攻撃している最中に流弾により戦死。優秀な指揮官であり、近隣に勇名を轟かせていた国王の突然の死は、困難な国際情勢下で戦争を遂行していたスウェーデンにとって大きな衝撃であった。

ウルリカ・エレオノーラ

一六八八〜一七四一
Ulrika Eleonora
スウェーデン王国　国王
在位一七一八〜一七二〇

　ウルリカ・エレオノーラはカール一二世の妹である。カール一二世には子がなかったため、後継者として妹ウルリカ・エレオノーラと夫であるヘッセン・カッセル地方伯の子フレデリック、そしてやはり王室と縁戚関係にあるホルシュタイン・ゴットロプ公カール・フレデリックが考慮されていた。ヘッセン・カッセル家はスウェーデンとロシアが単独講和すると西欧で孤立するためフレデリックらは親西欧であり、一方ホルシュタイン・ゴットルプ派はデンマーク・ポーランド・ザクセンと組むと実家が危うくなるのでロシア寄りの外交志向を有していた。

　カール一二世が一七一八年に戦死するとすぐ、ヘッセン・カッセル派はすばやく行動し、カール・フレデリックの側近ゲルツを逮捕し、ロシアとの単独講和路線を阻止した。ヘッセン・カッセル派が主導権を握った事によりホルシュタイン・ゴットルプ家のカール・フレデリックは王位を断念せざるを得ず、ウルリカ・エレオノーラが王位継承する事となった。王族女性にスウェーデン王位継承権が認められるのは未婚の場合のみとされており、ウルリカ・エレオノーラには本来王位継承権はない。また彼女の夫もカルヴァン派信徒であったため、ルター派を国教とするスウェーデンの王としては問題があった。しかし上記の政治的策謀の結果として、ウルリカ・エレオノーラは「臨時」の女王として即位し、議会の権力を強め国王の力を制限した新統治法（憲法）を承認した上でウプラサ大聖堂で戴冠した。彼女の容姿は兄カール一二世に似ており、謁見した人は女王にカール一二世の面影を見たといわれている。

さて女王が即位した後、デンマーク・ポーランドと和平交渉が行われる一方でロシアとの戦いは継続された。しかしカール一二世亡き今は苦戦を強いられており、一七一九年六月にはロシア艦隊がストックホルム以北を攻撃するに至る。スウェーデンは地理を利用して何とか撃退したものの長期戦になると勝算がないと考えられた。一七二〇年、西欧諸国との和平が成立し、ポンメルンの一部をプロイセン、ブレーメン周辺をハノーバーに割譲している。彼女は政治的な実権をほとんど持たず、一七二〇年に夫のフレデリックに譲位。ロシアとの和平交渉は夫の治世に委ねられた。ウルリカ・エレオノーラが没したのは一七四一年であり、実子はなかった。

フレデリック一世

一六七五～一七五一
Fredrik I
スウェーデン王国　国王
在位一七二〇～一七五一

カッセル・ヘッセン伯の子として生まれ、カール一二世の妹であるウルリカ・エレオノーラと一七一五年に結婚した。カール一二世が後継者のないまま一七一八年に戦死すると、長い戦争に倦んでいた人々は絶対王政を廃止する機会と捉え、ウルリカ・エレオノーラに国王の権力を制限した新憲法を承認させ、女王とした。フレデリックは妻から一七二〇年に国王の位を譲られたが、即位後も政治にほとんど関心を持たず、議会の傀儡に甘んじていた。彼の時代にロシアとの和平が成立し、一七二一年のニスタット条約ではカレリアの一部、インゲルマンランド（フィンランド南部）、エストニア、リボニアをロシアに割譲。こうして長きに亘った大北方戦争が終結したが、スウェーデンは多くの領土を失い、バルト海の覇権国家から北欧の一国家へと転落した。フレデリック一世は一七五一年に後継者のないまま没し、ホルシュタイン・ゴットルプ家のアドルフ・フレデリックに王位が継承された。

ウルリカ・エレオノーラの即位から五〇年ほどは「自由の時代」と呼ばれ、貴族・僧侶・都市市民・農民から代表を出していた議会が主導権を取っており、国王は顧問会議で二票を持つ程度の存在でしかなかった。そして議会はフランスとの友好を重んじ重商主義を取る「ハッツ」と、イギリス・ロシアとの協調を重視し政府の経済介入を好まない「キャップス」の二大政党が争い、国内政治はしばらく混乱する。

こうした政治情勢が改善されるのはグスタフ三世による王権強化まで待つ必要があった。一九世紀のベルナドット王朝成立後は、立憲体制で安定した国家経営がなされるようになる。

名将として名高い国王が前線で戦死。大北方戦争におけるカール一二世と三〇年戦争のグスタフ・アドルフはこの点で共通しているのであるが、その後の処理が大きく異なっていた。グスタフ・アドルフ死後には名宰相オクセンシェルナが幼い女王クリスチーナを補佐してスウェーデンを勝利へと導いたのであるが、カール没後のスウェーデンでは議会に政治主導権が移るものの国内対立もあり、強力な力量を発揮する政治家は出ることがなかった。ウルリカ・エレオノーラもフレデリック一世も実際のところ敗戦処理に当たって主導権を発揮したとは言いがたいのであるが、苦難の時代にもかかわらず彼らに代わって和平交渉を担った人物の名が挙がらない点はこの時代を象徴しているといえる。スウェーデンが大北方戦争で敗北した背景として無論、長年の戦争により国内が疲弊していた事情を考慮する必要があるが、国王死後の政治的な情勢も影響はしているであろう。

　とはいえ、これは国王による専制から貴族や市民に政治的実権が移っていくための必要な段階であった。それが国難の時期に当たったのが不運ではあったが。スウェーデンは政争や政治腐敗に悩みながらも、何とか祖国の独立は保持し、新たな時代を模索していったのである。

第四章　近代前期

ナポレオン戦争概略

ブルボン王朝の下で欧州屈指の大国として繁栄したフランスであったが、繰り返される戦争もあり、一八世紀には極度の財政難に苦しんでいた。そのため免税特権を有していた貴族からも徴税しようと図るが、貴族たちは既得権放棄を強く拒む。また重商主義政策の影響で都市商工業者が社会的実力を付けつつあり、それに相応した権利を求めるようになる。そうした中で税制改革を議論するため一七八九年に僧侶・貴族・平民からなる三部会が開催され、平民議員を中心とする一派は権利拡大を求めて憲法制定に動き出す。保守派貴族はこれに反発して武力鎮圧も辞さない動きを見せたため緊張は高まり、同年七月一一日にパリ市民がバスチーユ牢獄を襲撃。ここにフランス革命が幕を開ける。

当初、革命派は国王の下で市民の権利拡大を目指すが、国王ルイ一六世一家が革命の進行に不安を感じ、国外逃亡を図った事から王制廃止を求める声が高まる。また、この頃に革命の波及を恐れたオーストリアがフランスに軍事干渉。革命政府はこれに対抗すべく一七九二年には国民の愛国心を煽ると共に王権を停止し、国民公会を結成して共和制を宣言。翌年には国王が処刑され、革命の過激化を恐れたイギリスを始めとする周辺諸国が対フランス包囲網を結成した。また農民反乱や軍事的劣勢、食糧問題でフランス国内は混乱していた。

その中でロベスピエールらに代表されるジャコバン派が主導権を握り、国民の政治的・経済的平等を目指す急進的政策を推進しながら反対派を恐怖政治によって排除。彼らの政権によって周辺諸国や反乱軍相手の戦況も改善に向かっていたが、恐怖政治によって不安と反感を募らせた国民公会議員たちによる反乱でジャコバン派は打倒された。その後はブルジョア層を中心とする総裁政府が成立するが、政情は安定せず対外的にも苦戦を強いられていた。

その中でコルシカ島出身の軍人ナポレオン・ボナパルトが台頭。当時のフランス軍では革命によって国民国家が成立し、徴兵制が採用された事で、傭兵が主であった時代には兵の脱走を招くため難しかった迅速な進軍や消耗を恐れない苛烈な追撃が可能となっていた。その長所を最大限に生かした用兵をしたのがナポレオンであり、主要戦場に兵力・火力を集中し、一気に突破する戦術を採る。加えて彼は主要戦場を突き止める勘が鋭く、敵に最大限の打撃を与える事が出来ていた。イタリア戦線で卓越した戦術的能力を示し、戦局を打開して声望を得たナポレオンは、続くエジプト遠征では失敗に終わるものの一七九九年に帰国し、クーデターで総裁政府を打倒し、自らを首班とする統領政府を結成する。統領政府の強力なリーダーシップは国内改革や対外戦争に成果を上げ、ナポレオンの信望を更に高め、一八〇四年にナポレオンが皇帝に即位するに至る。

周辺諸国はナポレオンの軍事的脅威に対抗するため再び連合してフランスに当たる。またナポレオンも自らの権力・権威の源泉が軍事的勝利に起因している事を理解していたため、積極的に対外戦争を行った。イギリス上陸作戦こそ一八〇五年のトラファルガー海戦における完敗によって頓挫したが、陸上ではナポレオンは無敵を誇り同年のアウステルリッツ会戦で勝利し、ドイツを支配下に収める。その後もナポレオンはプロイセンやオーストリア、ロシアを相手に軍事的勝利を重ね優位を保つが、宿敵イギリスへの経済封鎖を意図した大陸封鎖令は対イギリス貿易に依存していた各国の反発を買う。また一八〇八年に内乱に乗じて侵入したスペインでは戦況が泥沼化するなど、その勢威にも陰りが見え始めていた。

一八一二年、ナポレオンは対立を深めつつあったロシアへ大軍を率いて遠征するが補給が続かず、焦土作戦と冬の寒さもあって壊滅的打撃を受ける。プロイセンなど周辺諸国はこれに勇気付けられて再び対仏包囲網を結成。ナポレオンはこれに対し再度五〇万の兵士を集めドイツに出撃した。しかし連合軍はナポレオンとの正面衝突を避け、配下の軍を叩く方策を採る。一方のフランス軍はナポレオン個人の戦術能力に大きく依存し、部下の将軍たちはしばしば敗北した。また軍隊の規模が大きくなるにつれナポレオン一人で全軍を把握するのが難しくなっていた。なお、軍隊の規模拡大は連合軍にとっても問題であったが、中央から明確な基本方針を定めた上で細かい点は前線の指揮官の裁量に委ね、指揮官が参謀とよく相談して方針を決定する方針で克服している。ナポレオン自身は戦術的勝利を上げ続けるものの決定打を与える事が出来ず、逆に連合軍に引きずり回されて消耗。八月上旬には五〇万だった軍が九月中旬には二五万に減っている。十月一六日ライプチヒに到着したときは一八万になっていた。更にザクセン軍が寝返った事で勝利が不可能になり、十八日にライプチヒで行われた決戦では大敗。ロシアでの大敗で騎兵を失い、練度の低い新兵が主力であったのも響いた。ここでオーストリア外相メッテルニヒはプロイセンやロシアに備えるためフランスの国力をある程度保つ形で終結させようと考え、ライン西岸・ベルギーを含む自然国境の維持とナポレオン王朝の継続という条件でナポレオンに和平を呼びかけたがナポレオンは拒否。局地的な勝利をしばしば得ていたため、より良い条件を欲して戦いを求め、かえって有利な講和のチャンスを逃したのである。ナポレオンの戦術能力には衰えは見られなかったが、それが戦局全体に対しては逆に作用したと言える。連合軍は攻勢を保ち、戦場はフランス国内となった。

この段階でもナポレオンは戦術の冴えを見せ、一四回戦い一一回の勝利を挙げる。しかしある段階で連合軍はパリからの物資欠乏・人心離反の情報を掴み、パリを落とした時点で勝利である事と目標を定める。そこでナポレオンには一万の騎兵を当てて牽制し、残りのプロイセン軍・オーストリア軍は一八一四年三月二五日にパリへ向かって進撃した。二八日になってナポレオンはようやく連合軍がパリを包囲していることを知り、翌日に急いで引き返す。しかしとき既に遅く、三〇日にはパリは開城。翌日午前二時にロシア皇帝アレクサンドル一世の許可により停戦協定が結ばれ、同日朝にアレクサンドルやプロイセン王らが入城した。

敗れたナポレオンは退位し、エルバ島を与えられる。フランスではルイ一八世（ルイ一六世の弟）が即位し、ブルボン王朝が復活したが国民の支持は得られず、連合国も戦後処理をウィーンで協議するも紛糾。一八一五年、その間を縫うようにしてナポレオンはエルバ島を脱出してフランスに上陸、支持者を糾合してパリに入り、再び皇帝となる。これに対し連合国は再びナポレオンとの決戦を決める。フランス軍の戦備は十分でなかったが、ナポレオンは連合軍の体制が整う前の早期決戦に活路を求めた。ナポレオンは敵主力がプロイセンと見抜き、イギリス軍と共にベルギー方面にいるプロイセン軍を叩けばイギリス・オーストリアも和平に応じると見込む。そして一八一五年六月、シャルルロワとリニーでプロイセン軍を追い散らし、配下のグルーシーに追撃させた。その上で残りのイギリス軍を叩くべくウェリントンと戦う（ワーテルローの戦い）が、激戦の最中にプロイセン軍がグルーシーの追撃をかわして戦場に到着。これで形勢は決し、フランス軍は潰走に移る。これに対しプロイセン軍は手を緩めず追撃し、ナポレオンは軍を立て直す暇もなくパリに逃走した。こうして再挙を賭けたナポレオンの戦いは敗北に終わる（百日天下）。

シャルル・モーリス・ド・タレイラン・ペリゴール

一七五四〜一八三八
Charles Maurice de Talleyrand-Perigord
フランス臨時政府　首班
在職一八一四

　タレイランは一七五四年二月一三日に生まれた。彼の生家は裕福ではないが由緒ある貴族の家系であり、男子は軍人となるのが慣例となっていた。しかしタレイランは右足を痛めたため軍人の道を断念。四歳の時に転落事故にあったためとされているが、先天的であったという説もあるようだ。ともあれ彼は軍人以外に栄達の可能性がある道として聖職者となる事が期待され、サンシュルピス神学校に送られる。そこでタレイランは論理学・哲学などを学び、卒業後は家柄の力もあってサン・レミ修道院の神父やランヌの司祭などを経て一七八八年にブルゴーニュのオータンの司教となった。とはいえ彼は模範的な聖職者ではなく、神学生時代から恋愛・博打・書物・美食を愛する快楽主義的な生活を送り、借金まみれで金銭に眼がない人物であったのである。この頃、彼はカロンヌやオルレアン公といった政界の要人に知遇を得て政治に興味を抱くようになり、三部会では第一身分代表議員となっている。フランス革命勃発後は立憲君主主義者として革命指導者ミラボーに協力し、人権宣言草案にも関与したという説もある。一七八九年、国家財政再建策として教会財産国有化を提案し、教皇に破門された。九二年には外交官としてイギリスに派遣されるが革命の激化を憂慮してそのまま英国に滞在し、後にアメリカに渡航。ジャコバン派が失脚し、総裁政府が成立すると一七九六年に知人であったスタール夫人の仲介を得て帰国し、翌年には外相に就任した。九九年には政争の影響もあり一旦辞任し、同年にはナポレオンらと共にブリュメール一八日のクーデターで総裁政府を打倒。直後に成立した統領政府の下で再び外相となった。

　以降、タレイランはナポレオン政権の重鎮として外交を担い、帝政成立後も侍従長を兼任するなど重きをなす存在となるが、ヨーロッパの勢力均衡と、それによる平和を重視するタレイランと、軍事力によるフランスの覇権を目指すナポレオンとの間で次第に路線対立が目立ち始める。一八〇七年にタレイランは外相の地位を離れ、この頃から反ナポレオン的な活動に踏み切るようになった。社交界でナポレオンの政策を批判して世論醸成を図ったほか、翌年のエルフルト会談でナポレオンに同行した際には、ナポレオンの意思に反した内容をロシア皇帝に密かに入れ知恵したり、同年末にはフーシェと組んでナポレオン死後にその義弟を擁立する陰謀を廻らしている。特に最後の陰謀はナポレオンを激怒させ、タレイランは侍従長を解任されると共に公衆の面前で痛罵された。

　この後、タレイランはオーストリアと通謀して情報を流す事すら辞さなくなる。しかしタレイランはあくまでもフランスの国益が第一である事を忘れる事はなかったし、ナポレオンもその能力は依然として高く評価し、外交的な助言を求める事があった。

　ナポレオンがロシア遠征に失敗した際にはフランスの対外支配領域を放棄して和平し、フランス一国の君主として生き残りを図るようナポレオンに進言するが、ヨーロッパの覇権を断念していないナポレオンはこれを容れることなく新たに軍を編成してドイツ戦役に突入し、再び敗北した。この頃になるとナポレオンは疑心暗鬼に陥っておりタレイランに対しても自分を破滅させようとしていると不信の目を向けるようになっていた。タレイランが反ナポレオン的な動向を示していたのは事実であったが、それでもタレイラン自身は「ナポレオンに対して危険な陰謀を企てる陰謀家は、ナポレオン自身しかいなかった」（鹿島茂『ナポ

レオン　フーシェ　タレイラン』講談社学術文庫、四一一〜四一二頁）と評していた。曰く、彼が如何に努力して外交成果を上げてもナポレオンは軍事的勝利の可能性に捉われて無にしてしまう、と。事実、彼はナポレオンから求められればナポレオン王朝をフランス一国に限定して残す方策を進言するつもりはあったようだ。しかしナポレオンが飽くまでも戦争による挽回に固執し、フランス本土決戦に入るに至り、タレイランは本格的にナポレオン後の体制に向けて動き出した。

さて連合軍がパリ占領を目前にした時点になっても、オーストリア外相メッテルニヒもロシア皇帝アレクサンドル一世もナポレオン後の体制としてのブルボン王朝復活が適切か懐疑的であった。メッテルニヒはローマ王（ナポレオンの子）の即位と皇后マリー・ルイーズ（オーストリア皇女）摂政による親墺的体制を考慮していたし、アレクサンドルは国民が共和制を望むなら敢えて反対はしないと発言していた。そしてタレイランもナポレオンが失脚した後に備えてルイ一八世との連絡を行う一方で、ナポレオンが戦死した場合にローマ王を即位させ、終戦に持ち込む方針も選択肢に入れていたようだ。

さてパリに連合軍が迫る中で、ナポレオンの留守を守るフランス政府は混乱に陥る。皇后を擁する摂政会議では紛糾した末に、皇后とローマ王がパリを去ってブロワに移る事が決定。この時点でナポレオンは連合軍から切り離されており、タレイランはナポレオンの戦死がありえなくなったと判断してブルボン王朝復古に方針を絞っていた。タレイランが戦後処理で手腕を振るうには、皇后らをパリから遠ざけ、しかもタレイラン自身はパリに留まる事が望ましかった。そこで、彼は皇后が自分に不信感を持っているのを逆に利用し、摂政会議では皇后・ローマ王のパリ残留を敢えて強く主張した。この結果、皇后はそれに反発する形でブロワへ政府を移動させる方向に傾く。こうして、皇后の意見を巧みに誘導したタレイランは政府をパリから切り離す事に成功したのである。

　三月三〇日、皇帝代理のジョゼフ・ボナパルト（ナポレオンの実兄）はこれ以上の抵抗は困難と判断しパリ開城を指令。タレイランは工作してパリに残留し、連合軍を待ち受ける。翌日にロシア皇帝の許可により停戦協定が結ばれ、連合軍がパリに入城した。さてタレイランは連合軍入城前の段階で既にロシア外相と話し合い、声明文を練り上げていた。すなわち、

・連合軍は、ナポレオン及びその家族を交渉相手とすることはない
・連合軍は、かつてフランスの正統な王朝の下にあった国土を保全する
・連合軍は、フランス国民が自ら制定した憲法を尊重する
・連合軍は、フランスの政治的空白を埋めるため元老院が憲法制定のための臨時政府を作る事を認める

というものである。この声明により、ナポレオンを排除した正統な政府が休戦したという形が成立するため軍政を免れる事が出来、歴史的正統性復活を掲げる事で旧王朝時代の領土保全が可能になり、憲法を制定する事で旧勢力の野心に掣肘を加える事が出来るというのが彼の狙いであった。またタレイランは長年の交わりでアレクサンドルの信任を得ており、フランスが強国である事を望み、原則として寛大な処置を取るという宣言をロシア皇帝から引き出す事に成功する。その上でタレイランは大至急でパリ市内にその宣言を張り出させた。これにより、フランスの主権を尊重した占領方針が明文化され、プロイセンなどによる領土分割を避けることが出来たのである。

　さて連合軍君主達は、この時点でも王政復古に懐疑的であった。というのはこれまで見聞したブルボン家王族たちの人格に疑念を抱いていたのと、一度は国王を処刑したフランス国民が旧王朝復活を受け入れるかにも疑問を持っていたためである。

しかしタレイランは、歴史的正統性を根拠にして君主達を説得し、王政復古を受け入れさせた。こうして戦後処理はタレイランの描いた筋書き通りに進んだ。四月一日、元老院議員は臨時政府樹立を可決し、タレイランが首班に指名される。そして翌日、臨時政府はナポレオンへの忠誠の宣誓を解除し、廃位を宣言。三日には立法院もこれに従った。こうしてパリでは戦後体制への移行が進み始めていたのである。

さてフォンテンブローに駐屯し、パリ奪回を狙っていたナポレオンはパリに使者を送り、連合軍と交渉を求めたがアレクサンドルは取り合わなかった。そこで三日、ナポレオンはパリ進撃を決意し翌日に出撃しようとしたが兵士の士気は上がらず、元帥達も戦いに倦んでいた。結局、ネーら元帥達の説得によりナポレオンは息子への譲位を条件とした退位を決意し、使者をアレクサンドルに送る。アレクサンドルはそれを受け入れる気分になったため、ナポレオンの政治的命脈が保たれる事によりフランスと欧州の安定が乱されるのを恐れてタレイランは必死で説得し、思い留まらせるという一幕もあった。五日、ナポレオンが最後の切り札と頼む精鋭の第六軍がロシアに降伏し、ナポレオンの命脈は絶たれた。こうしてナポレオンはこれ以上の抵抗を断念し、無条件退位宣言をパリに送った。曰く、

「連合国が、ヨーロッパの平和の唯一の妨げとなっているのが皇帝ナポレオンであると断言する以上、皇帝ナポレオンは、みずからの誓いに忠実に従い、彼自身および子供たちに対して、フランス帝位とイタリア王位を放棄することを宣言する。さらに、フランスの利益のためとあらば、彼自身の生命を含めて、いかなる犠牲も厭わないことを誓う」（同書、四五三頁）

こうして、ナポレオンによる第一帝政は一旦の終了を迎えたのである。

ナポレオンの退位を受けた四月六日、立憲憲章を元老院で可決して立憲体制を確立。これには旧体制復活を防ぐと共に、王政復古を法的に裏付ける効果があった。この時期、タレイランはブルボン王家が市民から受け入れられるよう心を配り、王弟アルトワ伯（後のシャルル十世）がパリに入城した時の言葉を気の利いたものに作り変えて流布させている。その一方で保身にも心を配り、過去に自身が反ブルボン的行動に加担した証拠を隠滅するなど抜け目のなさも示した。さて戦後体制としてナポレオンにエルバ島、マリー・ルイーズとローマ王にパルマ公国・ピアチェンツァ公国・グアスタッラ公国を与える事が決定した。これを受けて二〇日にナポレオンはフォンテーヌブローを去り、エルバ島へ向かう。二三日に休戦協定が臨時政府の下で正式に結ばれ、二九日にはルイ一八世がコンピエーヌに到着した。タレイランはこれを出迎え、タレイランの変わり身の早さを皮肉る新国王に対し「私の中にはいわく言い難いなにものかがございまして、私をないがしろにする政府に対しては災いをもたらしてしまうのでございます」（同書、四七四頁）と述べて脅しをかけ、自身の政治的地位の確保のため釘を刺している。五月二日には、国王によって自由主義的憲法の採用、革命によって認められた政治的自由・言論の自由・信教の自由・所有権の不可侵などを守るという宣言がなされ、六月四日にはその路線に沿った欽定憲法が発表された。タレイランは王政復古政府の下で外相に任命され、五月三〇日に連合国とパリ条約を結ぶ。そこでは革命戦争開始前（一七九〇年一月）の領土を保全する事が取り決められ、フランスはフランス革命開始前（一七八九）より多くの領土を確保する事ができた。そしてタレイランは悪いのはナポレオンであり、彼を放逐し王政復古させたフランス国民は連合国の友人であると主張し、友人からは賠償を取らないという約束を取り付けた。その延長戦でナポレオンが獲得した美術品・財宝の返却も不要であると同意を獲得している。タレイランは敗戦国の外交とは戦勝国も納得せざるを得ない理屈を考える事によって被害を最小限にする事であるとの考えを持っていたが、この見事な処置はその真骨頂を示したものであるといえよう。敗戦処理を担う事となったタレイランは「被害者」を新政府に擁立する事で加害責任から祖国を逃れさせ、戦争責任から救って見せたのである。

そして九月、戦後体制を本格的に決定すべくウィーン会議が開催された。当初、フランスはやはり「敗戦国」であるため参加権はあるが発言権はない扱いと決められていた。しかしタレイランはここでも寝業師ぶりを見せたとされる。ロシア・オーストリア・プロイセン・イギリスの四大国と弱小国の利害が対立しているのに目を付け、連日晩餐会を開いて弱小国代表を招待し、彼らに主権国家として大国と同等の発言権があると主張するようそそのかしたのである。パリ条約の規定にある事であるため大国もそれを認めざるを得なくなり、タレイランはどさくさにまぎれて新たに加えられた弱小国代表の一つとしてフランスの発言権も確保。それに留まらずロシア・プロイセンの領土拡張要求にオーストリア・イギリスが反発したのに付け込み、ロシアの領土拡大によってもたらされる危険を説いてオーストリア・イギリスをフランスの味方に抱き込んだ。こうして一参加者に留まることなくフランスの大国としての外交的影響力すらも確保したのである。更にタレイランはお抱えシェフのカレーム（フランス料理大成者とされる）を連れて行き、各国代表を供応、更に美貌の姪二人により各国代表をたらしこんだという伝説も残る。この結果、タレイランはアレクサンドルとメッテルニヒを恋敵として両者に楔を打ち込むのに成功し、ロシアとオーストリアが手を組んでフランスの敵になるのを回避したという。事実であれば、自らの快楽趣味をも最大限に動員し、本来は敗戦国でオブザーバーにすぎないフランスを戦後体制に欠かせない発言力を持つ大国の地位を奪還して見せたタレイランの手腕は人間離れしているとしか言いようがない。

さてこの頃、ルイ一八世の政府は親ナポレオンの軍を解散させ、旧貴族の財産を回復させようと図っていた。そのため新政府への反感が高まり、それを察知していたナポレオンが脱出して味方を糾合し、パリに進軍して再び帝位に就く（百日天下）。これを受けて、ウィーン会議で戦後処理を巡って紛糾していた各国は反ナポレオンで足並みを揃えた。その際、タレイランは敵はナポレオンであってフランスでなく、その領土は保全されると共同宣言に署名させる事を忘れていない。

ナポレオンがワーテルローの戦いで連合軍によって再び敗れ、逃れていたルイ一八世が七月八日にパリに戻った際、タレイランは王党派の過ちがナポレオンの復活を招いたと国王・王族に苦言を呈した。こうして自由主義的な立憲体制を守る約束を取り付けた上でタレイランは再度の王政復古政府で首相となり、百日天下後の臨時政府首班であったフーシェがタレイランの仲介で警察大臣となっている。しかし八月の選挙で王党派の勢力が強くなったため、タレイランは後ろ盾を失う形で九月二四日に退陣。後継のリシュリューは比較的穏健な政策で議会制を尊重し、波風の立たない政権運営を行った。タレイランは今度は王党派の中の過激派である超王党派に接近する事で復権を図るがこれはうまくいかなかった。

一八二四年にシャルル十世が即位し、超反動的な政権が樹立されると、タレイランはブルボン王朝に見切りを付け、ルイ・フィリップ（王族の分家オルレアン家の当主）に連絡を取り始めると共に、ティエールらによる反政府新聞「ナシオナル」創刊の資金を援助し、反ブルボン的な姿勢を明らかにする。そして一八三〇年、七月革命が起こるとルイ・フィリップにパリへ出て無政府状態を避けるため革命派の先頭に立つよう求める。シャルル十世が亡命するとパリ市長はルイ・フィリップに即位を依頼する。しかしルイ・フィリップは本家から玉座を奪ったと非難されるのを恐れ、即位を躊躇っていたため、タレイランは即位受諾を強く勧めている。こうしてタレイランは立憲制を旨とする七月王政の成立にも一役かったのである。その後、彼は英国に渡り、英仏協調の調印に成功して新政府の公認を得た。これがタレイランの祖国に対する最後の奉公であった。

タレイランが没したのは一八三八年。遺言では「これまでに私が参加した諸政府のなかで、私が与えた以上のものを私に与えてくれたものは、結局ただの一つもなかった」「私は、どんな政府であっても、それがみずからを見捨てる以前に、私の方から見捨てたおぼえはない」「また私は、一党一派や、自分ないし自分の同族の利害をもってフランス全体の利害よりも重しとしたことはない」（同書、五八五頁）と述べられていた。これは妥当な評価ではあるが、彼が金銭・自らの利益に貪欲であったのも否定できない事実ではあった。さてタレイランは興味深い事に、一方でナポレオンが自分の恩人であった事にも言及し「もしボナパルトの名を有する者があらわれ、その運命によって援助と救援の必要が生まれたならば、私の相続人やその子孫たちは、できるかぎりの手助けをしなければならない」（同書、五八八頁）という言葉を残している。最終的にはフランスの方針を巡って敵対するに至った二人であるが、タレイランのナポレオンに対する個人的な愛着は消える事はなかったようだ。奇しくも後にナポレオンの甥であるルイ・ナポレオン（後の皇帝ナポレオン三世）がクーデターを起こす際に頼った内務大臣モルニー（ルイ・ナポレオンの異父弟）は、タレイランの隠し子の子であった。

タレイランは快楽主義者であると共に金銭に貪欲であり、役得を利用して私腹を肥やし、様々な主義主張・政治形態を持つ政府に仕え離反したが、フランスの公益を忘れる事はなかった。彼の基本的な思想は勢力均衡による平和と穏健な自由主義であり、穏当なバランス感覚を有する政治家であったといえる。そして敗戦国であるはずのフランスを「ナポレオンによる被害者」として権益を守り抜いた稀有な外交家でもあった。敗戦処理首脳としては、最も望ましい人材であったといえよう。

ジョゼフ・フーシェ

一七五九〜一八二〇
Joseph Fouche
フランス臨時政府　首班（百日天下後）
在職一八一五

ジョゼフ・フーシェはフランス警察の父として、そしてタレイランと共に数多くの政権を渡り歩いた変節漢・陰謀家としてしばしば語られる。だが、彼が百日天下後の臨時政府で首班を務めた事は余り知られていない。フーシェもまた敗戦処理を担った国家首脳の一人なのだ。ただ、その意味合いは後述するようにタレイランとは大きく異なるのであるが。

フーシェは海運業者の子として生まれたが、虚弱体質で船酔いするため家業には向かないと判断された。ナントやパリのオラトリオ会の神学校で学業を修めたが、聖職者の道は選ばず物理・数学の教師として各地に赴任している。やがて設備改善の陳情を契機として政治活動に関心を抱くようになり、アラスでは啓蒙団体に参加。そこでロベスピエールやカルノーといった後に革命政府において大立者となる人物達と知り合い、一時はロベスピエールの妹との縁談も生じたようだ。ナントのオラトリエでも政治クラブの会長となっている。この時期、既に彼は時勢を読む嗅覚を生かした風見鶏ぶりと実務能力を発揮し始めており、才覚の片鱗を示し始めている。

一七九二年にはナントから国民公会議員に選出され、中央政界にデビュー。当初は多数派・穏健派のジロンド派に属していたが、九三年に国王ルイ一六世処刑の可否が論じられた際には国王の死刑を主張する山岳派（急進派）が急激に勢いを伸ばしているのを目の当たりにし、山岳派に寝返り、国王死刑に投票した。フーシェは元来、時代の流れを読み取り勝ち馬に乗って多数派に属する事で保身を図る方針を採っており、この際もその延長上で行動したのであるが、国王の死刑が実質一票差で可決された事もあってその鞍替えが目立つ格好となった。これが終生に亘って彼に影を落とす事になる。さて山岳派に寝返ったフーシェは、今度は過激な革命派として活動する事になる。地方に派遣され、物資の徴発による「富の均一化」や非キリスト教化活動に従事し、特にリヨンでは反乱軍捕虜の大虐殺を行っている。しかしこの余りに過激な姿勢と国王処刑時の変節がロベスピエールの反発を買い、パリに召還される結果となった。生命の危険を感じたフーシェは、バラスやタリアンら反ロベスピエール勢力を処刑される恐怖を煽る事で糾合し、ロベスピエール打倒の陰謀を組織する。かくしてロベスピエールがクーデターで打倒されてバラスらによる総裁政府が樹立される事で生命の危機を逃れると、フーシェは一旦下野し、一説によれば今度は左翼過激派バブーフによる蜂起計画の黒幕になっていたという。その後、バラスと結んで彼のスパイとして活動するようになり力量を発揮する。この時、バラスの人脈を通じて軍需産業や銀行家と接近できた事はフーシェに財産と有力な情報源を与える結果となる。これを利用してフーシェは自身のための緻密な情報組織を形成。多額の借金に悩む上流階級の人士に経済援助と引き換えに情報提供させたり、娼館を金銭で手懐けて手下とし、出入り客の情報を獲得するといった手段を用いた。有名なところではジョゼフィーヌ（ナポレオンの妻）も浪費癖を契機としてフーシェの手駒となっている。この情報組織とフーシェ自身の情に捉われない卓越した実務能力が彼の政治生命の源泉となっていく。彼のスパイ能力が権力者にとって替わりの利かない程のものであるだけでなく、権力者自身も弱みを握られ、彼を敵にまわす事が出来なくなるからである。

　フーシェは一七九九年に警察大臣となり、同年一一月のクーデターでナポレオンが権力を奪取した後も能力を買われて同じ地位に留まった。しかし絶対権力者を志向するナポレオンと権力者の弱みを握り、優位に立とうとするフーシェの間には次第に溝が生じていく。ナポレオンは一旦警察省を廃止してフーシェを元老院議員に祭り上げる事で彼を遠ざけたが、王党派によるナポレオン暗殺計画を契機に疑心暗鬼となり、警察政治を行うため再びフーシェを登用せざるを得なくなる。ナポレオンが皇帝に即位した後も、ナポレオンの個人的嫌悪にもかかわらずフーシェは警察大臣として重用された。とはいえやはり両者の溝は埋まらず、一八〇八年末にはフーシェはタレイランと結んでナポレオンの後継者にミュラ元帥（ナポレオンの義弟）を擁立する陰謀を企てるに至る。この時は、フーシェの力量を必要としたナポレオンは叱責のみで済ませたが、一八一〇年にフーシェが独断で対英和平交渉を進めた際にはナポレオンは激怒し解任。フーシェは一時期イタリアに亡命した後に与えられた領地に引き篭もり、政界から一旦姿を消す。

ナポレオンが対仏連合軍に敗れて失脚し、ブルボン王朝が復活すると、フーシェは今度は復権を求めてタレイランに近付いたが拒否される。しかしフーシェは諦めず国務大臣として罷免されたわけではないと主張して臨時閣議に出席し、過激王党派に助言者として近付いた。ルイ一八世も彼を警察大臣にする線で考慮していたが、父の処刑に賛成票を投じた事でフーシェを恨んでいたアングレーム公爵夫人（ルイ一六世の娘）の反対で流れる。そこで、フーシェは再び領地に篭もって様子見をする事にしたのである。国民の間では王党派への反発も強く、一方でナポレオンの人気も未だ侮れないため、新国王に接近するには危険もあると考え直したものであろう。やがてナポレオンがエルバ島から脱出すると、慌てたルイ一八世政府はフーシェに警察大臣就任を依頼したが、フーシェは既にナポレオン復活を見越していたためこれを断る。さてナポレオンがルイ一八世を追い出して皇帝に返り咲いた際、ナポレオンの手もとには人材がいなかった。有為の人材は王政復古によって吸収されていたのである。そんな中、フーシェはナポレオンを訪れ、再び警察大臣に返り咲いた。ナポレオンとしては、感情的な問題は差し置いてもフーシェは逃すわけにはいかない人材であった。一方でフーシェは既にナポレオンの気力の衰えを見て取っており、外務大臣コランクールを差し置いて自主外交をしていた。そして反ナポレオン諸国も、ナポレオン政権の実質上の外相はフーシェだとみなしていたのである。

六月一八日にワーテルローの戦いでナポレオンが敗れると、フーシェは早くも翌日にはその情報を把握している。すぐにフーシェは代表議会に話を持ちかけてナポレオンによる議会解散の危険を吹き込み、議会を反ナポレオン色に染め、二〇日には同様に内閣に対しても切り崩しを進めた。その工作は功を奏し、ナポレオンが二一日に緊急閣議を行い、防衛戦のため独裁権を要求してもそれに内閣は応じなかった。そして代表議会でもラファイエット（穏健な自由主義者で、フランス革命初期に立憲王政派の指導者）が先頭に立ってナポレオンを非難し、独裁要求を拒否。二二日には議会から退位要求決議案を出し、ナポレオンは今ならローマ王（ナポレオンの子）に譲位できると考え受諾。ここにナポレオンの二度目の帝政はわずか三ヶ月で終焉を迎えたのである。

ナポレオンが退位した後の体制として、フーシェは議会で五人の委員による臨時政府の樹立を提案して可決される。委員を決定する選挙の際には、ライバルになりうるラファイエットを王党派・自由主義者の双方から敬遠されるように仕向けて落選させる事には成功したものの、一位をカルノーに奪われフーシェは二位に甘んじた。そこでフーシェは翌日、委員の互選で総裁を決定するようカルノーに持ちかけ、他の委員のうち二人を買収して総裁となる。こうしてフーシェはナポレオン退位後の敗戦処理政府における首班となる事に成功した。これまで陰の存在に徹してきたフーシェがここに至って政府首班に拘ったのは、後述するように新体制に自らを高く売り込み、政治生命を保持するためであった。

さて代表議会は、ナポレオンによる独裁には反対したものの、ブルボン朝による王政復古よりはナポレオン王朝の方がましと考えていた。そのためローマ王がナポレオン二世として即位する事を支持する声が高かったのである。フーシェはこれを棚上げにして正式な可決を避け、ブルボン朝への妥協と交渉の余地を残した。フーシェが臨時政府首班であったのは国王ルイ一八世が再び帰還する七月八日までであった。フーシェは国王に使者を送り、パリ市民は王政復古を望んでおらずナポレオン二世による帝政か共和制かルイ・フィリップ（自由主義者で父が国王死刑にも賛成した）による王政かが検討されていると伝える。自分の扱い次第では国王のパリ無血入城も難しくなる事を仄めかし、自らを高く売り込むためである。また英国のウェリントン将軍にも同様の警告を発し、自らを新政府に加える事を求めている。ルイ一六世の死刑に賛同した過去のためブルボン王室から嫌悪されているのを熟知しており、王政復古となると彼の政治生命が絶たれる危険があったからである。これを受けてタレイランやウェリントンはフーシェを受け入れない場合は彼がパリの暴動を扇動する危険もあると国王を説得。七月七日、タレイランに伴われてフーシェは国王に忠誠を誓う。この時の光景をシャトーブリアンが「犯罪［フーシェ］の腕に支えられた悪徳［タレイラン］が入ってきた」（鹿島茂『ナポレオン　タレイラン　フーシェ』講談社学術文庫、五六〇頁）と書き出し「この国王殺しの大罪人は、さも忠臣ぶった顔をしてひざまずきながら、ルイ一六世の首を打ち落とした穢らわしい手を、その殉教の兄の肉親の弟にあたる人の手のあいだにおいた。そしてそのそばには、悖徳の司教が、誓約の保証人として立ち会っていたのである」『タレイラン評伝（下）』八九〜九〇頁）と皮肉たっぷりに描写している。こうしてルイ一八世の政府でフーシェは警察大臣の地位を確保した。しかし、フーシェはナポレオンに協力した人物を追放するよう命じられ、その後、用済みとなったのとアングレーム公爵夫人が強くフーシェの起用に反発したため政府から追放された。一八一五年九月一五日、彼はドレスデン駐在公使として国外へ趣き、一八一六年一月九日に国王死刑投票者は国外追放という決議がなされたため各地を転々とする羽目になった。晩年はトリエステで隠遁生活を送り、一八二〇年一二月二五日に死去。かつては無神論的であったフーシェもこの時期には教会に通い、祭壇の前に跪く姿をしばしば目撃されるようになっており、死の際にもカトリック教徒として秘蹟を受けたという。

フーシェはその実務能力と陰謀の才によって彼が仕えた全ての権力者に重用されると共に、恐れられ嫌悪された。またフーシェもどの権力者に対しても完全な献身を拒んだのである。フーシェが百日天下後の臨時政府において敗戦処理に当たったのは、自らの政治生命を守るためであった。その点において、敗戦国として困難な状況下で祖国の権益を守ろうと奔走したタレイランとは大きく異なる。もっとも百日天下後においては、連合国はブルボン王朝をフランスの正統な政府・盟邦として扱う事を決定しており、フランスそのものが敗戦国として扱われる筈であった一八一四年とは事情も違っていたのであるが。有能な政治家にして変節漢として並び称されるタレイランとフーシェであるが、敗戦処理首脳としての二人の姿はそれぞれの個性をよく表しており興味深い。

【参考】ナポレオン二世

一八一一～三二
Napoleon II
フランス帝国　皇帝
在位一八一五

ナポレオン二世はナポレオン一世とマリー・ルイーズ（オーストリア皇帝フランツ一世の皇女）との子である。誕生以来、帝位継承者としてローマ王（本来は神聖ローマ帝国帝位継承者の名称）と呼ばれた。一八一四年にナポレオンが退位すると、母と共に母の実家であるオーストリアに引き取られた。一八一五年に再び帝位に返り咲いたナポレオンが同年六月に退位する際、代表議会はブルボン王朝の王政復古よりナポレオン王朝継続を支持していた。そこで臨時政府首班であったフーシェが正式な即位決議を棚上げさせたにもかかわらず憲法解釈によってローマ王はナポレオン二世と称され（本人不在ながら）、その即位は事実上存在するものとみなされたのである。とはいえ本人はウィーンのシェーンブルン宮殿におり、母親のマリー・ルイーズもオーストリア国内に滞在していたため即位による実際の影響はなかったのだが。

その後も彼はオーストリアの宮廷で育てられ、一八年ライヒスタット公となる。聡明で感受性に富み、周囲より敬愛されたが、結核のため一八三二年に早世。遺体はウィーンのハプスブルク家墓所にあったが、一九四〇年一二月にヒトラーによってパリにあるナポレオン一世の墓所に移された。

ナポレオン二世は年齢から言っても主体的な行動を起こす余地はなく、しかも本人不在の下で憲法解釈上短期間皇帝と見なされたに過ぎない。そのため厳密には「敗戦処理首脳」と呼ぶには問題があるが、本人の意思や資質に関係なく「元首」

とされた経歴は興味を呼ぶものがある。

第二次エジプト・トルコ戦争概略

オスマン帝国のマフムート二世（一七八五～一八三九、在位一八〇八～一八三九）は、海軍改革・西洋式軍隊を導入すると共に、イエニチェリの掃討や寄進財産の政府管理化によって抵抗勢力を抑圧。郵便制度、官報を創設、フランスを手本にして西洋風の政府部門（司法、民政、財政など）を創設した。また自給自足経済が中心であった小アジア地域の生産性を高めようとした。一連の改革はエジプトのムハンマド・アリーを真似ているとされ「エジプト・スタイル」といわれる。しかし改革に伴う財政難により貨幣改鋳を余儀なくされ、インフレとなっていた。

さて一九世紀初頭のギリシア独立戦争に対し、オスマン帝国とエジプト（名目的にオスマン帝国の宗主権を認めていたが、知事ムハンマド・アリーは近代化を進め、実質的独立国となりつつあった）はギリシアと戦うものの英仏露の介入により敗れる。戦後、エジプトは報償としてトリポリ・チュニジア・アルジェリアを要求した。そして一八三一年一一月、ムハンマドの子であるイブラヒムが海軍と共に北上し、ヤッファ・エルサレム・ハイファを占領。三二年二月にはシリアとレバノン全土が占領された。マフムトは英国に助けを求めたが果たせず、三二年一二月にはエジプト軍がトロス山脈に突入しオスマン軍に圧勝、大宰相を捕虜とする。三三年二月、ボスポラス海峡から三百キロメートル地点にまでエジプト軍が迫り、マフムトはやむなくロシアに助けを求め軍艦を海峡に廻してもらう。これを受け、ロシアが黒海から地中海に勢力を伸ばすきっかけとなるのを懸念した英仏も介入。ムハンマド・アリーはフランスの調停を受け入れ、エジプト・クレタ島の総督の地位を保証され、イブラヒムはダマスカス、アレッポ等の総督となる一方でアナトリアから撤退する。エジプトは形式上はオスマン帝国の臣下であり続ける。以上の条件で講和が成った。

しかしマフムートは収まらず、再戦を目論んでイギリスの援助を求めていた。軍の近代化を進めるが十分な成果は上がらず。肝硬変や結核で余命幾許もないのを感じてか、焦っていた。

一八三九年四月、オスマン軍はユーフラテス川を越えてアレッポへ向かう。シリア人にエジプトへの蜂起を呼びかけるが失敗。六万の兵力を誇るイブラヒム軍が迫る中、従軍していたモルトケ(プロイセン軍人。後に参謀総長としてビスマルクのドイツ統一に軍事面で大きく貢献する)は要塞や町の城壁を利用して待ち受けるよう進言したが、イスラーム学者の意見により平原で迎え撃つ事となった。六月二四日のネジナの戦いでオスマン軍はエジプト軍に崩されて大敗。モルトケによれば「トルコ軍は武器を放り出し、大砲や火薬を置き去りにして四散した」(アラン・パーマー『オスマン帝国衰亡史』白須英子訳、中央公論新社、一六四頁)という。六月二九日にマフムートは死去。アブデュルメジトが一六歳で即位した。

アブデュルメジト

Abd-ul-Mejid I
一八二三〜一八六一
オスマン帝国　スルタン(皇帝)
在位一八三九〜一八六一

アブデュルメジトはオスマン帝国第三一代スルタン(在位一八三九〜一八六一)であり、第三〇代スルタン・マフムート二世の子である。エジプト太守であるムハンマド・アリーとの戦いの最中に父が病没したため一七歳で即位した。

即位直後、大宰相に反発する提督が艦隊ごとエジプトに降伏する出来事があった。新スルタンはエジプト知事職世襲を認める方針を出したが、ムハンマド・アリーはこれで満足することなく更にシリアを求めた。この時、外相ムスタファ・レシト・パシャはイギリスと交渉し、改革の意思を列強に示す事で、列強からの好意的な介入を引き出す事による和平を模索する。事実、主要列強はオスマン帝国が崩壊する事によって中近東のパワーバランスが崩れるのを望んでおらず、一八三九年七月二七日の共同覚書でオスマン帝国とエジプトの争いに対し調停の意志を示した。構想通りに事態が進んでいる事に意を強くしたレシトは、ムハンマド・アリーの要求に屈しないよう決意をスルタンに求める。一方、フランスは出資している関係からかエジプトに好意的であった。一八四〇年七月、イギリス・ロシア・プロイセン・オスマンはロンドン条約に調印し、平和時には外国軍艦がボスポラス・ダーダネルス両海峡を通過するのを禁止し、ムハンマド・アリーはエジプトを世襲諸侯とする事を定める。彼が応じない場合は列国が合同で介入するが、二〇日以内に応じた場合はアクルと南シリアの一代限りの総督とするとも加えた。しかしムハンマド・アリーは自らの軍事力とフランスの援助を頼み、拒否する。ところがフランスは介入を見送り、一方でオスマン側に肩入れするイギリス・オーストリアの海軍がイブラヒム軍に砲撃を加える。更にイギリスは、ベイルート近郊の高地で住民に反乱支援する事でイブラヒムの軍をシリアから放逐した。イブラヒムが退却した後、両国の海軍はエジプトを封鎖。一一月五日、ムハンマド・アリーは列強の干渉に屈してクレタ島、アラビア等から手を引き、エジプトで満足する旨を受け入れた。これを受けて一八四一年二月、アブデュルメジトはムハンマド・アリーをエジプト終身総督に任じ、世襲を認めた。一方でムハンマド・アリーはエジプト知事職世襲で満足し、スーダン以外の占領地を返還する事を余儀なくされたのである。

その後、一八三九年一一月三日にオスマン帝国は「ギュルハネ勅令」を出し、法治国家・官僚国家の建設を目指す方針を宣言。ここにタンズィマートと呼ばれる改革が開始。クリミア戦争で更に英仏からの要求が強くなり、一八五六年二月一八日には改革勅令を出し、ムスリム・非ムスリムを問わない法の下の平等が打ち出された。改革において、列強の意向を国内政策に反映させるため外務省の権限が強かった。地方行政改革を行い、徴税請負制廃止を目指すが、既得権益を持つ地方豪族は反発。新たな刑法・商法や初等教育制度もこの時代に成立している。

アブデュルメジトは、軍が名目上臣下であるエジプト総督に惨敗し、戦況そのものも敗色濃厚という、帝国の威信が著しく傷付けられたタイミングで政治的経験もないままでの即位を余儀なくされた。しかしながら老練な外交官を信任した事で、列強のパワーバランスを利用した実質上の敗戦帳消しとも言える有利な講和を取り付ける事に成功した。

その後に彼の時代において積極的な近代化が進められたが、これは父帝マフムート二世時代と同様な軍事力強化もさることながら、オスマン帝国が西欧的な「文明国」である事を対外的に示し、列強の好意と援助を獲得する目的もあった。政策決定の重要な役割を外務省が担っていたのもそのためである。

しかしこれは外交の主体性を失い、パワーバランスの中で振り回される事も意味した。一八五三年、フランスのナポレオン三世が聖地エルサレムの管理権を従来のギリシア正教からカトリックに変更するよう求め、ロシアがこれに反発。この問題を契機にロシアは黒海から地中海への進出を目論み、オスマン帝国と戦争状態になる（クリミア戦争）。これに対しロシアの勢力が伸びるのを嫌ったイギリス・フランスらがオスマン帝国に味方したため何とかアブデュルメジトはこの戦争を乗り切る事が出来た。クリミア戦争をオスマン帝国の視点から見ると、軍の近代化は必ずしも順調ではなかった事、列強同士の勢力争いが戦争の口実になりうる危険性がある事、列強の好意を得て帝国を支える方針はある程度有効である事が読み取れるであろう。事実、アブデュルメジトは講和に際しても帝国内のキリスト教徒の権利を厳粛に尊重する勅令を出しており、ロシアを含めた列強の好意を獲得する事に成功している。しかしながらこのクリミア戦争を契機に財政は悪化し、列強の干渉を許して帝国は経済的に侵食されていく。

米墨戦争概略

メキシコは一八二一年にスペインから独立したが、独立運動の指導者であったイトゥルビデはアウグスティン一世を名乗り、帝政を宣言。しかしその同志であったサンタ・アナが翌年に共和制を唱えてイトゥルビデと戦いこれを阻止した。その後、サンタ・アナは一八二九年に侵入したスペインと戦って国民的英雄となり、その名声により一八三三年に大統領に選出された。その後、サンタ・アナは大統領への就任と辞任を十回以上繰り返すものの、約二〇年に亘りメキシコで実力者として隠然たる影響力を保持する。

さて北方地域の開発を目指すメキシコは、一八二一年にテハス（テキサス）へのアメリカ三百家族移民を許可。しかし予定していた人数を超えて一八三〇年ごろには一万五千人が移民してきたのでアメリカからの移民を禁止し、人口の多いコアウィチ州と合併してアメリカ系の割合を減らす方針に出る。これに対し、アメリカ系の指導者オースティンは反発し一八三五年に反乱、テキサスの独立を宣言した。これを認めずサンタ・アナは出兵しテキサス軍と戦ったが、一八三六年にサン・ハシントで捕虜となり、ベラスコ条約でテキサス独立を承認せざるを得なかった。しかしこれに対しメキシコ中央政府はサンタ・アナを解任し、条約およびテキサス独立を承認しない方針を採った。

時は流れて一八四五年、アメリカはテキサスの併合を決議。アメリカのポーク大統領はジョン・スライダルをメキシコシティに派遣してリオ・グランデ川を国境とし、カリフォルニアとニューメキシコを売却するよう求める。メキシコはそれに反対し、交渉自体を拒否した。そこでポーク大統領は軍事力行使を決意し、テイラー将軍にヌエネス川とリオ・グランデ川の中間地帯へと五月九日に侵攻させる。宣戦布告が正式になされたのは五月一三日であった。アメリカ軍はメキシコ軍より弾薬が抱負で武器の性能も優れ、熟練した指揮官も多かった。志願兵たちも銃の扱いに慣れていた。一方でメキシコ軍は兵力は多かったが訓練不足であった。戦いはアメリカ軍の一方的優勢で進み、テイラー将軍はモントレーやサルティーヨを占領。そしてカーニー大佐の部隊はニュー・メキシコへ進撃し、現地アメリカ人の蜂起とストックトン提督が指揮する艦隊と協力してサン・ディエゴ、ロサンゼルス、モンテレーを占領し、カリフォルニアを制圧した。また、スコット将軍は四七年三月にベラクルスへ上陸・包囲の末に攻略し、九月にメキシコシティを占領したのである。メキシコ軍を指導していたサンタ・アナは辞任して亡命、残された人々が戦争を終結すべくアメリカとの交渉を余儀なくされたのである。

ペドロ・マリア・アナーヤ

一七九四〜一八五四
Pedro Maria de Anaya
メキシコ　臨時大統領
在職一八四七、一八四七〜一八四八

ペドロ・マリア・アナーヤは職業軍人であったが、一八二九年から三〇年にかけてメキシコ下院議員、四四年から四五年にかけては上院議員を務めるなど政治家としての経歴も有していた。そして一八四五年にヘレーラ大統領の下で戦争大臣を務めている。米墨戦争中の一八四七年、ブエナ・ビスタで敗北したサンタ・アナが一旦メキシコシティで態勢を立て直した上でベラクルスのアメリカ軍と決戦するため出撃した事があった。この際、アナーヤはサンタ・アナが留守中の大統領代理に指名され、三七年四月二日から同年五月二〇日までその職に就いている。セロ・ゴルドの戦いの後にメキシコシティが包囲され、全体への指令を出す事が難しい情勢となった後には、サンタ・アナが連邦区の指揮官であると声明し、メキシコ軍指揮体系の崩壊を防いでいる。メキシコシティの攻防を巡るチュルブスコでの戦いでは前線指揮を採ったが、降伏を余儀なくされ、ツイッグス将軍に捕らえられた。この際に弾薬を引き渡すよう求められ、「我々に弾薬があれば我々は負けていない」と言い返してこれを拒否。メキシコシティ陥落後は臨時大統領としてアメリカの特使トリストと和平交渉し、後任のペーニャと共にグアデルーペ・ヒダルゴ条約の締結による戦争終結へと導いた。戦後、四八年や五二年にも戦争大臣を務め、四九年には連邦地区の知事になっている。一八五四年に没した際にはメキシコシティの郵便局長であった。

マヌエル・デ・ラ・ペーニャ

一七八九〜一八五〇
Manuel de la Pena y Pena
メキシコ　臨時大統領
在職一八四七〜一八四八

マヌエル・デ・ラ・ペーニャはタクバ出身であり、メキシコシティのセミナリオ（神学校）で民法や教会法を学ぶ。その後はメキシコシティ自治評議会の管財人となり、メキシコ独立時にはペルー総督に義務の範疇を越えて交渉のため接近している。独立後は最高裁首席判事を経て一八三七年に内務大臣、一八四五年には外務大臣を歴任。メキシコ政界では穏当な政治方針を採る人物と評された。その一方で一八四一年には弁護士会長を務めている。

米墨戦争前にポーク大統領の代理人スライドル

が交渉に来た際には、メキシコ政府で交渉自体の拒絶を主張する声が高い中で交渉のテーブルには着いて、なるべく戦争を避けるように求めた。ペーニャはアメリカと戦争になると苦戦を余儀なくされ、勝敗に関わらず未来に禍根を残すと考えていたようである。彼の意見はヘレーラ大統領には支持されるものの、他の閣僚や極右派から反発され、受け入れられなかった。メキシコの敗北が決定的になり首都が陥落した戦争末期には、ゲリラ戦での抵抗継続を望む主戦派を抑えて終戦交渉を行い、グアデルーペ・ヒダルゴ条約の締結にこぎつけた。この条約でメキシコはニューメキシコやカリフォルニアをアメリカに売却し、テキサスのアメリカ合併も認めることとなり、広大な領土を失う結果となった。しかしともあれ戦争状態を終結させたペーニャは条約締結・批准を見届けて四八年に臨時大統領を辞任している。没したのは一八五〇年であった。

因みにその後、サンタ・アナが再び権力に返り咲くがビア川南岸をアメリカに割譲し、コロラド川とカリフォルニア湾の自由航行権やテワンテペック地峡の自由通行権もアメリカに密約で譲り渡した事が問題視され、自由主義者に売国奴として攻撃された上で五五年に追放されたのはまた別の話である。

アメリカ大陸北部に広大な領土を保有したメキシコであったが、アメリカからの移民絡みでその多くを失う羽目になっていたのがこの米墨戦争である。「軒を貸して母屋を取られる」見本のような展開であり、移民問題の難しさがこうした点にもあるのだと納得させられる。欧州を中心に移民関係の問題に悩まされる国は多いが、元来からの住民が移民に反発するのには労働問題や文化的摩擦もさることながらこうした流れを警戒している側面もあるのであろう。人や物の流れが全世界レベルになった今、移民もまた不可避な時代の流れであろうが、容易に解決できない問題が多く存在しているのを思わされる。

さてアナーヤは基本的には軍人であったようだが、政治的な側面も有していた事が国家の危機に際して指揮系統崩壊を防いだり、過激派を抑えての敗戦処理に当たったりといったバランス感覚も育んだものであろう。ペーニャもまたバランス感覚を活かして穏当な事態処理を旨としていた人物であった。戦争直前にまずはアメリカとの交渉のテーブルに着くよう主張したのもその一環であろう。

閑話休題、この交渉についての問題について一言しておきたい。常識的に考えると交渉拒絶は戦争に直結しかねないため、ペーニャの主張が妥当ではあったろう。しかし、アメリカの要求がテキサスのみならず他の地域を含めた割譲要求であった事を考えると、国内で交渉拒絶を求める声が高くなり、ペーニャの意見が聞き入れられなかったのは無理もない。戦争回避第一の方針を採っていることを見透かされると相手に足元を見られ、今後更に付け上がらせるという懸念もあったであろうから。その意味で、戦いに訴えてもアメリカの要求を拒絶した現実の歴史と、ペーニャが考えていたまず交渉第一で流れを見極めようとする方法のどちらが適切であったかは判断が難しい。少なくとも、交渉拒絶を主張した人々をこの件に関しては一概に責める気にはなれないところである（結果論として軽率だったとは思うが）。

ともあれ、アナーヤもペーニャも与えられた状況下で現実感覚を働かせ、最善の道を選ぼうとしていたのは間違いないところである。そして、サンタ・アナの良くも悪くも派手な政治・軍事における活躍の影で、かれらの地味な活動がメキシコを破滅から救うのに一役買っていたのである。

クリミア戦争概略

　フランス皇帝ナポレオン三世は、国内のカトリック教徒から支持を得る目的で一八五二年末にオスマン帝国に対して聖地エルサレムにおけるベツレヘム教会の管理権をギリシア正教徒から取り上げて、カトリックの司祭に与えるよう要求した。オスマン帝国はこれを断りきれず受諾。一方、ロシア皇帝ニコライ一世は正教徒の庇護者をもって任じており、フランスの地中海への影響力が増すのを防ぐ意味もあってオスマン帝国に聖地管理権の復活と正教徒の権利の保障とを要求した。一方でロシアはフランスへの待遇を取り消せば秘密の防衛同盟を結ぶとオスマン帝国に打診し、黒海艦隊をボスポラス海峡に出して上陸させようとしていた。イギリスはロシア海軍の地中海への進出を警戒し、オスマン帝国側に拒否するよう働きかけた。オスマン帝国はギリシア正教徒の聖地管理権復活には応じたが、正教徒の権利保障に関しては内政干渉であるとして拒絶。ロシアは黒海地域に勢力を伸ばす好機であると考え、一八五三年七月初めにオスマン帝国が宗主権を有していたモルダビアとワラキアの両公国に八万の軍隊を進駐させた。これに対しオスマン政府はロシアに撤退を要求したが拒絶されたため、オスマン帝国内部では反露感情が高まり聖戦を求める声も出た。こうした国内世論に押される形でオスマン帝国は同年十月ロシアに宣戦を布告し、両公国内のロシア軍に攻撃を開始した。クリミア戦争である。一八五三年一一月二四日、ナヒーモフ提督指揮下のロシア艦隊は、シノップ沖の海戦でオスマン黒海艦隊を破った。こうして優勢に戦いを進めていたロシアであるが、ロシアの躍進を恐れた英仏はオスマン海軍の敗北を見て五四年三月にロシアに宣戦を布告。更に一八五四年九月、オーストリアがロシアに警告を与えたためその脅威を感じたロシア軍は、両公国から撤退。オーストリア軍がこれら二公国を占領した。また同月、フランス・イギリス・オスマン軍は約六万の大軍をクリミアに上陸させ、セバストポリ要塞を包囲。トートレーベン将軍は要塞に防御工事を施し、更にロシア艦隊がコルニーロフ黒海艦隊司令官主導の下でセバストポリ湾に艦を沈めて、港口を閉塞する事で防備を固めている。こうしてロシア軍は一一か月余の長きに亘ってセバストポリ要塞を守りぬいたが、一八五五年一月にはサルディニア政府もロシアに宣戦を布告する。ここにロシアは防衛戦はますます苦しい防衛戦を余儀なくされ、戦いの帰趨は事実上決したといえる。

ロシアが英仏相手に劣勢となった背景には、国内の鉄道網が未整備であり、兵力の一部しかクリミアに集結させられなかった事が大きい。またオーストリアが中立を保持しているものの非好意的であり、参戦する可能性に備えて両国国境の警備に兵力を割く必要あった事も兵力分散の一因となった。また装備においてもロシアは大きく劣っており、マスケット銃が二人に一丁という具合でライフルは歩兵の四パーセントのみに留まっていた。そんな中でニコライ一世は五五年二月一八日に崩御した。こうして、ニコライ一世の子・アレクサンドル二世が代わってロシア帝位に就き、事態の収拾に当たることとなる。

アレクサンドル二世

一八一八〜一八八一
Aleksandr II
ロシア帝国　皇帝
在位一八五五〜八一

　アレクサンドル二世はニコライ・パブロビッチ大公（一八二五年に皇帝ニコライ一世となる）とアレクサンドラ・フョードルブナ（大公と結婚しギリシア正教に改宗する以前はプロイセンのシャルロット皇女であった）の長男として一八一八年四月一七日に生まれた。アレクサンドルの少年時代はよく分かっていないが、母親によりヒューマニストでロマン派詩人のヴァシーリー・ジュコーフスキーに教育が委ねられた。アレクサンドルは平均的な知性の極めて怠惰な少年であったが、師のロマン派的感性の影響を終生保っていた。また父ニコライ一世は、アレクサンドルの人格形成には心を配っており、外国の将軍がアレクサンドルに拝謁を申し込んだ際もそれが彼を奢り高ぶらせる事を恐れて断っている（ただし、ニコライ一世は庭に出て遊んでいるアレクサンドルにそれとなく会わせるという形で将軍の願いを叶えている）。保守的なニコライ一世と開明的なジュコーフスキーという相容れない二人からの影響は、彼の個性に矛盾した二つの側面を生じさせることとなった。アレクサンドル二世は、伯父のアレクサンドル一世（ルソー信奉者であったスイス人共和主義者に教育された）と同様に「自由主義化」され、ともかくもヒューマニズムを奉じた人物となった。そして成長したアレクサンドルは一八四〇年代に国家評議会・財政委員会などを務め、五〇年代から政務に関与するようになる。

　さて一八五三年に勃発したクリミア戦争でロシアは地中海への出口を求めてオスマン帝国と戦うが、ロシアの進出を恐れたイギリス・フランス連合軍が参戦し、苦戦に追い込まれる。こうした中でニコライ一世は五五年二月、軍の士気を鼓舞するため風邪を押して軍事パレードに臨席したが、これが禍して肺炎を併発し、一八日に崩御した。直ちに後継者としてアレクサンドルが三六歳で即位する。アレクサンドルは即位早々、敗色濃厚な戦いの舵取りを余儀なくされた。

アレクサンドル二世はまず即位して五日目に海軍参謀総本部長メンシコフを罷免し、コンスタンチン大公を任命し、態勢の立て直しを図る。また、戦争で国内の消耗と不平が強いのを見て取り、非戦闘用徴兵を廃止し、報道規制を緩和させた。同年九月、前年から攻防戦が続いていたセバストポリ要塞が陥落し、ロシアは黒海における重要な拠点を失った。一方でアレクサンドル二世は一一月にザカフカースへ侵入させ、カルス要塞をオスマン軍から奪取しているが大勢には変化なく、これは和平を意識した交渉材料であった可能性がある。一二月にはオーストリアが連合軍側に付いて参戦し、もはや戦争継続は不可能であると判断したアレクサンドルはオーストリアの斡旋を受けて和平交渉に移る。一八五六年三月にパリで講和条約が結ばれ、ロシアはモルダヴィア・ワラキアの保護権を失い、ベッサラビア南部をモルダヴィアに割譲すると共に黒海艦隊の保有も断念を余儀なくされた。一方でカルスと交換条件でセバストポリ要塞を返還されており、これに関してはロシアの戦争末期の行動が功を奏した形である。また列強はオスマン帝国皇帝アブデュルメジトの宗教的寛大さを尊重し、今後はその内政に干渉しない事も明記された。アレクサンドル二世は、スルタンがキリスト教徒臣民の権利を厳粛に認める詔勅を出した事をもって「事実上の勝利」であり「重要な目的は成就された」と宣言、面子を国内的に保とうとする。しかし地中海への出口を得るという本来の目的は果たせなかったばかりか権益が削減された事実から、敗戦である事は国民の前にも覆えなかった。

アレクサンドル二世はこの戦争を通じて、ロシアが英仏のような先進諸国と比較して大きく遅れていることを痛感した。ロシアの敗北は、ニコライ一世の強圧的な治世に最終的な不信を突き付ける結果と成り、ロシアの知識層の間で根本的な改革への希求を引き起こした。こうした風潮を背景に、アレクサンドルは西欧先進諸国に追い付くべく近代化政策を打ち出していく。

アレクサンドル二世がまず手を付けた関心事項は交通網の改善であった。当時のロシアにおける主要な鉄道はサンクトペテルブルクとモスクワという二つの首都を結ぶ一路線のみで、長さにして六百マイル（九六五キロメートル）に過ぎなかった。アレクサンドルは鉄道建設を積極的に奨励し、彼の治世において一万四千マイル（二二五二五キロメートル）にまで拡張された。ロシア各地で鉄道が建設された事で、人や物資、加えて情報の動きが劇的に促進され、閉鎖的であった農業社会に銀行・金融産業の進出を始めとする社会的変化をもたらす契機となった。また穀物の輸送手段が著しく改善された事はロシアの農産物輸出にも大きなプラスとなったのである。

同様の効果はもう一つの近代化政策である農奴解放によってももたらされた。地主層からの強い反対に直面しながらも、アレクサンドル二世は積極的に立法に参加し、一八六一年二月一九日に農奴解放令を発布、二三〇〇万人の農奴農民を解放した。もっとも土地を地主から政府が買い上げ、農民に売却する方針には上下とも満足せず、暴動が起こっている。次いで一八六四年には地方行政の改革にも手を出し、地方自治会（ゼムストヴォ）を設立すると共に、フランスを参考にした近代的司法制度も導入した。また同年には初等国民学校令も出され、国民の教育に力が注がれるようになる。これらの改革によって次第に地方の教育・衛生・医療は改善され、国民一般の生活環境は向上に向かう。これによって彼は後世から「解放皇帝」と称えられ、その治世は「大改革の時代」と呼ばれる。

七四年、これらの改革成果を背景にして軍制の改革を行い、全ての階層からの徴兵を導入した。こうして近代的兵制が実現し、ロシア軍近代化の第一歩となったのである。これらの成果は一八七七年の露土戦争におけるオスマン帝国への勝利という形で実証された。

しかし彼の法制改革や自由主義的風潮は反政府派への当局の圧力を緩め、これがポーランド民族主義者やロシア国内の過激な無政府主義者（ナロードニキ）の動きを活発化させる結果となった。一八六三年にはポーランドで反乱が勃発し、更に一八六六年には無政府主義の青年ドミトリー・カラコゾフによって皇帝暗殺未遂事件が起こった。これらの事件を契機にアレクサンドル二世は次第に反動化するようになる。それにつれて革命運動も盛んとなり、一八八一年三月一日にナロードニキの「人民の意志」派のメンバーによって暗殺された。


アレクサンドル二世はある意味で父ニコライ一世と対照的である。ニコライ一世が良き家庭人である一方で、アレクサンドルは皇后とは別にエカチェリーナ・ドルゴルーコヴァという女性を熱愛して三人の子を儲け、二重の家庭生活を送るなど家庭道徳的に問題を抱えていた。一方でニコライ一世が圧政者としてその治世を批判されるのに対してアレクサンドル二世は偉大な改革者として称えられ、ピョートル大帝やレーニンに並ぶ重要人物と捉えられる事すらあるようだ。

クリミア戦争の敗戦処理という難題を処理する事から始まりながら、「ロシア近代化の父」として歴史に名を残したアレクサンドル二世。国家存亡の危機に直面しない程度の敗戦で済んだ事といい、敗戦により高まった改革要求の機運を利用できた事といい、ある意味幸運な人物であったといえる。無論、そうした条件を存分に活用して雪辱を果たした点、本人の力量も大きかったのは言うまでもないが。しかしながら、彼の後継者達は彼ほどに幸運でも辣腕でもなかった。更なる変革を求める声は後の時代には次第に大きくなる。また日露戦争での敗北から分かるように近代化も難渋を見せる。そうした難局を前に帝政ロシアは苦しい国家経営を余儀なくされロシア革命を迎えることになるのである。

国民戦争（ウィリアム・ウォーカー戦争）概略

中米地域に一五〇二年にコロンブスが第四回航海で到達して以降、スペインによる植民地化が行われた。この際にグラナダとレオンという二つの都市が中心となったが、前者では伝統的に保守派が、後者では自由主義者が勢力を伸ばしていた。一七世紀半ばにはグアテマラ総督領としてレオンを首都として統治が行われ、カカオやサトウキビの栽培を中心に開発が進められる。グアテマラ総督領は一八二一年にスペインから独立し、二三年にはメキシコ帝国に併合されたが、ニカラグア・グアテマラ・ホンジュラス・コスタリカ・エルサルバドルで中米連邦共和国を結成。しかし、この共和国は内紛のために解体し、一八三八年に分離してニカラグア共和国の独立を達成する。

グラナダ市民とレオン市民は独立に際しても独立派とスペイン派とに分かれて争い、独立後も保守派・リベラル派として抗争してニカラグアの政治的混乱をもたらした。加えて、アメリカ財界の介入も事態を複雑にする。当時、ニカラグアはアメリカの太平洋と大西洋を繋ぐ運河建設コースの候補であったため、アメリカ側からの打診が行われていた。これに対しニカラグアの保守派は通行料を要求しており、アメリカ財界の反発を招いていたのである。また、当時のアメリカには「明白なる天命（マニフェスト・デスティニー）」すなわち中南米にアメリカが勢力を伸ばし、自由と民主主義の伝道者となるという考え方が存在し、それによってテキサスなどメキシコ領への進出を正当化する向きがあった。同様にして中南米に野心的な目を向ける冒険家が存在した。ウィリアム・ウォーカーである。

ウォーカーは五三年に私兵を率いてメキシコ領に侵入したがこの時は撃退されている。そして続く一八五五年、彼は六〇人の私兵と共にニカラグアへ上陸した。この際は前回の教訓からか、ニカラグア国内の自由主義者と結んでその手引きを受けていたため比較的容易に政権奪取に成功。ウォーカーは傀儡大統領を擁立して自らは将軍となり、ニカラグアの支配者となった。一介の冒険家が一国を乗っ取るという近代には異例の事態がここに生じたのである。ウォーカーは翌年には自ら大統領となり、奴隷制度を合法化する。彼は中米に自らの帝国を築く事を夢見ていた。中米諸国の保守派はこれに反発すると共にその野心を危険視し、またアメリカの介入を危惧して軍事的介入を決意。一部の自由主義者もこれに同調した。

一八五六年二月、コスタリカ・エルサルバドル・グアテマラ・ホンジュラスが出兵し、三月一日にコスタリカがニカラグアに宣戦布告。コスタリカのJ・ラファエル・モラ大統領が連合軍の総司令官となった。最多兵力を供出していたグアテマラ軍は、パレデスが当初指揮していたが戦死し、その後はホセ・ヴィクトール・ザバラが指揮を採る。ホンジュラス軍はサントス・グアルディオーラが、エルサルバドル軍はラモン・ベロッソとゲラルド・バリオス・エスピオサが率いていた。これら中米連合軍とニカラグア軍の保守派がウォーカーや自由主義者と戦う構図が完成し、アメリカの進出を警戒したイギリスが連合軍に物資援助をしていた。

当初はウォーカー軍が優勢でコスタリカに侵攻していたが、コスタリカ軍は次第に反撃に転じる。三月二〇日にはルイ・シュレシンゲルで勝利し、四月にはニカラグアへ押し戻した。彼らはウォーカー軍をバージン湾へ追いやり、四月一一日にはリバスで大勝利を挙げるが、それ以上の進撃をしてウォーカーを追い詰めるには至っていない。しかしその後、他の三ヶ国軍も合流し、北と西からウォーカー軍を圧迫して二正面作戦を強いる。激戦の末、数に勝る連合軍が優勢を確保し、同年一一月にはグラナダへウォーカーを追い詰めた。しかしアメリカからウォーカーを助けるべく参加した私兵たちによって連合軍は苦戦を強いられる。だが最終的にウォーカーは包囲戦で万策尽き、コレラに悩まされた末にウォーカー軍は一八五七年五月一日に四六三人と共に降伏。ウォーカーはアメリカ船で脱出した。こうしてウォーカー政権は軍事的に打倒されたが、ニカラグアには敗戦国としての戦争の後始末が残っていた。

マキシモ・ヘレス

一八一八～一八八一
Maximo Jerez
ニカラグア　臨時大統領
在任一八五七

マキシモ・ヘレスは一八一八年六月八日にリベラル派の中心地であるレオンで塗装工の子として生まれた。一時期、家族は政治情勢が不穏な際にコスタリカに逃れた事はあったがその後、ニカラグアに帰国。父親は家業を継ぐ事を希望したが、ヘレスはレオン大学で民法と教会法を学び一八三七年に学位を取得。聖職者になろうとしたものの、翌年には興味を惹かれて哲学の学位を獲得している。一八四四年、欧州議会への外交使節の一員として著明な法学者フランシスコ・カルデロンの下で働き、まだ若年にかかわらず正直かつ熱心で気の置けない人物として評判を取る。ホセ・レオン・サンドヴァル大統領は翌年にヘレスを入閣させようとするが、ヘレス自身はリベラル寄りであったため保守派による政権の地位を嫌って辞退している。

その後、ヘレスはサンドヴァルらに反対する自由主義派の軍閥に身を投じ、すぐに頭角を現す。一八四五年八月一七日にはチナンデガの戦いで負傷し、やがて大佐を経て少将に昇進している。その後も主力として活躍し、一八四七年にはナカオメで開催された中央アメリカ議会の代表に選出された。ここでヘレスは他の自由主義者であったホセ・サカサやホセ・フランシスコ・バランディアと盟友関係になっている。また、ホンジュラスのトリニダード・カバナス将軍と生涯に亘る交友を結んだのもこの時期であった。一八四八年から四九年にかけてヘレスはイギリス公使の秘書を務め、アバディーン卿がニカラグアには条約を遵守するつもりがない事を批判していたのを耳にし、強い影響を受ける。一八五三年、ヘレスはチャモロが一八三八年憲法を修正するために召集した憲法会議のレオン代表に選出された。ヘレスはフランシスコ・カステロンやホセ・グエネロらと共に反政府側に周り、チャモロによって陰謀の罪に問われ亡命を余儀なくされている。

ウィリアム・ウォーカーが一八五五年にニカラグアへ侵入した際には、ヘレスは彼を中央アメリカのリベラル派にとっての最後の希望と捉え、ウォーカーが樹立した傀儡政権に入閣する。しかしやがてウォーカーの野望と本性を知り、辞職して反ウォーカーに回った。国民戦争では西ニカラグアの軍を率いてウォーカーと戦い、五六年九月二四日に連合軍と共にマナグアへ入っている。ウォーカーを放逐した後、ニカラグアの臨時政府を樹立してトマス・マルティネスと共同で臨時大統領となり、戦争状態を終結させる。一八五七年一一月にマルティネスが単独で大統領に選出されるのを見届け、ヘレスは政府を去った。その後もヘレスは一八八一年八月一一日にワシントンで亡くなるまで外交官として様々な役職を果たし、祖国に貢献している。

トマス・マルティネス

一八二〇～一八七三
Thomas Martinez
ニカラグア　大統領
在任一八五七～一八六七

トマス・マルティネスは一八二〇年一二月二〇日に生まれ、若い頃は農業や商業に従事していたが後に軍隊に入り、国民戦争では反ウォーカー勢力として頭角を現した。ウォーカーを追放した後は自由主義者のマキシモ・ヘレスと共同で臨時大統領となり、ニカラグアの国家再建に取り組み、戦争状態を終結させる。その後単独で改めて大統領に選出されると、農業の再建やコーヒー栽培の奨励、世俗的学校への国家的援助、工業化、政府による寡占の緩和、教会と政府の分離、死刑廃止、法治制度の確立、直接選挙計画などの政策を矢継ぎ早に打ち出した。彼自身は保守党員であり、保守党政権の下で大統領となったのであるが、彼の政権では極めて進歩的でリベラルな政治方針が採られたといえる。

その後、リベラル派はウォーカーを招き入れて祖国を混乱させた事から信用を失い、三〇年に亘り保守党政権が継続する。しかしマルティネスが導入した直接選挙計画を巡り保守党は四つの派閥に分裂して混乱し、一八七三年にはリベラル派のホセ・サントス・セラヤが政権奪取するという結果の遠因となるのであった。

概略でも述べた事であるが、国民戦争は奇妙な戦争であった。一冒険家が少数の同志だけで一国を奪取したその様子は、あたかもフランシスコ・ピサロが少数の兵でインカ帝国を支配下に置いた事例を連想させる。しかしインカ帝国の場合は社会が古代帝国段階に留まっていた段階で、近世より進歩した武器と組織力を有する西洋人に敗れたもので仕方ないといえるが、仮にも近代国家で進歩的な思想を標榜する政治勢力が、得体の知れない冒険家に希望を見出して国を乗っ取られるというのはいかがなものかと思われる。ニカラグアにもたらした社会的混乱や他国への迷惑を考慮すると、リベラル派がその後しばらく社会的信用を失ったのも止むを得ないであろう。

ヘレスの場合はウォーカーの危険性に気付き、反ウォーカー派の一員としてその追放に貢献しているため戦後に政権を獲得する事が出来たが、終戦処理が終了すると同時に政府から去ることになったのは一時はその侵略に手を貸した前歴が影を落としていたものであろうか。保守派代表として政府に残ったマルティネスがリベラルな改革を次々に行った意図は自由主義派への配慮・懐柔であったと推定されるが、対立派閥にお株を取られる形で政治運営がなされた事もウォーカーを招きいれた事と並んでリベラル派にとっては立場を失わせた可能性はある。

政治において「敵の敵は味方」というのは基本

原則であるが、それでも手を組んではならない相手というのは存在する。それを見誤ると最悪の場合は自身の属する祖国や社会そのものを滅亡の危険に晒す結果になりかねないのである。国民戦争とはそうした教訓を残した戦争であったかもしれない。

パラグアイ戦争概略

パラグアイはカルロス・アントニオ・ロペス大統領が活発な海外交易政策を導入した事もあり、経済発展し、その結果として軍備も増強され通常兵力一万八千人・予備兵力四万五千を誇る南米有数の軍事大国となった。これはカルロス・アントニオの後を次いで大統領となった子のフランシスコ・ソラーノ・ロペスに周辺諸国への強気な態度を取らせる要因となる。

さてパラグアイに隣接する大国・ブラジルとアルゼンチンは一九世紀において不完全な国家統合という問題を抱えていた。アルゼンチンの首都ブエノスアイレスは、独立以前から地方支配のため主要水上交通路であるラプラタ川の河口という位置を有効活用していた。それに対しカルロス・アントニオ・ロペスはアルゼンチンの地方勢力がパラナ川の自由航行権を求める戦いを支援していた。アルゼンチンのバーソロミュー・ミトレ大統領は大規模農園経営層であるカウディーリョによる反乱軍を相手にパボンの戦いで勝利し、アルゼンチンを統一したが、地方自治を望む勢力は未だ侮りがたかった。そのため、ミトレはやがて地方が反抗した際に支援者となるであろう強国パラグアイを除きたいと考えていた。同様に、リオデジャネイロのブラジル政府も中央から離れた最西端地域マット・グロッソ地方の支配に苦しんでいた。この地域にとっての交通路であるパラナ川・パラグアイ川水系はパラグアイを通じて大西洋に流れており、パラグアイの影響を大きく受けていた。そのためブラジルの皇帝ペドロ二世も強国パラグアイをブラジル国家統合の脅威であると見なしていたのである。

こうした中で、ウルグアイでの内紛がパラグアイとブラジル・アルゼンチンの対立を表面化させた。一八六四年、保守派であるブランコ党政府はベナンシオ・フロレス将軍を指導者とする革新派コロラド党の反乱に直面。フロレスは一八六一年に終結したアルゼンチンの内戦でミトレに味方して戦っており、その縁でアルゼンチン政府から支援を受けていた。一方、ウルグアイとブラジルは国境紛争関係にあったが、ウルグアイ政府はフロレスがブラジル側国境地域を基地として利用していると主張し、両国の関係が更に悪化。

ブラジルがフロレスを支援してブランコ党政権を転覆させると脅迫した事で、ブランコ党はパラグアイとの同盟関係を模索する。パラグアイのフランシスコ・ソラーノ・ロペス大統領は周辺地域の力関係が崩れるのを懸念して、当初は平和的解決を目指すが、彼の仲介はブラジルによって拒絶された。そこでブランコ党政権からの支援要請にこたえて、ロペス大統領は一八六四年八月三〇日にブラジルに対してブラジルがウルグアイ領内に兵を進めるならパラグアイはこれを容認しないと通告。ロペスが強気に出た一因として、ウルグアイの内紛にブラジル・アルゼンチンの二大国が介入するのを見過ごすと次は自国が同様、な運命になると考えたという面もあったという。

しかし九月一四日、ブラジルはブラジル人の生命を保護するという名目でウルグアイに侵攻し、十月には首都モンテビデオを封鎖した。ブラジル軍はブランコ党を同年末のパイサンドゥの戦いで破り、六五年二月には政権を打倒しコロラド党政権を擁立する。これに対し、パラグアイはパラグアイ川のブラジル商船を六四年一一月に拿捕。その上でブラジルにマット ・グロッソ戦役として知られる先制攻撃をかけた。これが三国同盟戦争の始まりであった。

ロペスはブランコ党支援のためウルグアイに介入する事としたが、ウルグアイに到達するにはアルゼンチンのコリエンテス地方を通過する必要があった。これに対しアルゼンチンは中立である事を理由にパラグアイ軍の通過を拒絶する。ロペスは六五年三月にアルゼンチンにも宣戦布告し、直後にパラグアイ軍はコリエンテスを占領。六五年五月一日、ブラジルとアルゼンチン、そしてウルグアイのコロラド党政権は三国同盟条約として知られる秘密条約に調印し、「パラグアイに対してでなくその専制者ロペスに対して」宣戦を布告した。こうしてパラグアイは三国を相手に戦う事となる。ウルグアイにおける政権転覆とアルゼンチンでカウディーリョ勢力がパラグアイ軍侵入に呼応して蜂起しなかった事がパラグアイにとっての大きな誤算であった。

緒戦では三万八千人に上るパラグアイ軍は強さを発揮し、同盟軍相手に優勢を保っていたが、同盟軍は遙かに多数の予備兵力を有していた。そして軍事技術の格差も大きかった。同盟軍はエンフィールド銃（当時最新鋭の前装式ライフル。弾丸に回転が与えられるのが特徴）や連発式ライフル銃を使用していたのに対し、パラグアイ軍は火打石式マスケット銃が主であった。同盟軍艦隊は鋼鉄で被覆した大型船であったのに対し、パラグアイ海軍は客船を改造したものが多かった。こうした格差が次第にパラグアイを劣勢に追いやっていく。

緒戦はマット・グロッソ戦役で成功を受けてウルグアイ領内に入り、パラナ川・ウルグアイ川に沿って攻撃したパラグアイ軍であったが、やがてリアチュエロ会戦で進撃が止まった。そこでロペスはパラグアイ川・パラナ川の合流地に位置するフマイタ要塞で守勢を取る事とした。これに対し同盟軍はパラナ川の渡河に成功し、フマイタ要塞前面に陣地を構築し、フマイタ要塞を攻撃。守るパラグアイ軍も善戦し、約三年に亘り攻防が広げられ、ツユティやクルパイティでも激戦が行われるが大勢を動かすには至らなかった。フマイタ要塞攻防戦の最中である、六六年にはヤテイティ・コラで和平交渉がなされたが、ブラジル側が妥協しなかった事もあり九月一二日に交渉決裂している。長期に亘る攻防戦で要塞守備軍は次第に追い詰められパラグアイの人的資源も損耗していった。六七年五月、ブラジル軍はマット・グロッソを通じてパラグアイに対して攻勢に出るが失敗。しかし六八年二月一八日にはフマイタが陥落し、パラグアイ軍はフマイタ要塞から撤退した。

フマイタ要塞から撤退したパラグアイ軍は首都アスンシオンを死守すべく首都の南に位置するピキシリ川沿岸を防衛強化して立て篭もる。この頃になるとパラグアイ軍は疲弊しつつあった事もあり同盟軍は攻勢を保ち、ユトロロの戦い、アバイの戦い、イタ・ユバテの戦いなどでパラグアイ軍は壊滅的打撃を受けた。これを受けてブラジル軍司令官ルイス・アルヴェス・デ・リマ・エ・シルバはアスンシオンを攻撃・占領して傀儡の臨時政府を樹立し、戦争終結を宣言。

しかしソラーノ・ロペスはアスンシオンから脱出し、なおも抵抗を継続した。ロペスはセロ・レオン、アズカラ、ピリベブイで新たに軍を編成するが、構成員として少年や老人、他国から逃れてきた捕虜などに頼らざるをえない状況であった。この頃にはアルゼンチンも国内事情のため事実上実戦には加わらず同盟軍はブラジル単独になっていたが、ロペスは苦戦を余儀なくされ、ピリベブイの戦いやアコスタ・ヌの戦いなどで敗北。六九年九月から六ヶ月に亘りパラグアイ軍は北東へ悲惨な撤退をし、コラ丘陵(セロ・コラ)で最後の決戦を挑んだもののロペスは側近と共に戦死。これによって直ちに戦争は終結した。戦後のパラグアイは同盟国によって擁立された臨時政府によって政権が担当される事となる。

シリロ・アントニオ・リバロラ

一八三六〜一八七八
Cirilo Antonio Rivarola
パラグアイ　大統領
一八七〇、一八七〇〜一八七一

シリロ・アントニオ・リバロラは富裕な階層に生まれ、当初は弁護士として活動していた。その後、自由主義者としてソラーノ・ロペス大統領の強権政治に反対する政治活動に入り、政治犯として投獄される。リバロラのパラグアイ戦争中における行動については内容が矛盾する複数の記録がある。軍曹として前線に送られピキシリ川における戦いの後でブラジル軍歩兵に捕らえられたとする説もあれば、陸軍から追放されソラーノ・ロペス大統領に反抗するパラグアイ人亡命者のグループに参加していたとするものもある。ともあれ、同盟軍がパラグアイの首都アスンシオンを占領し、勝利を目前とした一八六九年八月一五日、ブラジル外交官ホセ・マリア・ダ・シルバ・パラノスの主導で三頭政治体制の傀儡臨時政府が組織され、リバロラは大統領に選出された。三頭政治の他のメンバーには「レギオン・パラグアヤ」（アルゼンチンに組織された反ロペスのパラグアイ人軍事組織で同盟軍と共に戦っていた）のメンバーであるホセ・ディアス・デ・ベドヤとカルロス・ロイザーガが選ばれている。彼は同盟軍の指導の下で戦争終結を宣言。翌七〇年三月に抗戦を継続していたソラーノ・ロペスが戦死すると同時に全ての戦闘は終結し、リバロラの政権が唯一のパラグアイ政府となった。しかし敗戦処理を担った三頭政治体制は不安定であり、他の二名は間もなく辞任。リバロラ自身も七〇年八月三一日に評議会の決定でファクンド・マチャインに大統領の座を奪われる。しかしブラジル軍がこの政権交代を承認しなかったため翌日にはリバロラは大統領の地位を回復した。一一月二四日、同盟軍の監督下で制定された一八七〇年憲法が施行されると臨時政府は解消され、リバロラは改めて同憲法体制下初のパラグアイ大統領に選出された。自由主義の信奉者であったリバロラは戦争前までの国家主義色を一掃した政治を打ち出そうとする。例えば奴隷制廃止・報道の自由といった政策は彼の政権で導入されている。また国内再建のためブラジルから借款を行っているが、これはブラジルへの属国化を意味するものでもあった。こうして意欲的な政治活動を見せていたリバロラだったが、パラグアイ国内における政治的基盤は弱く、政界内部に十分な味方を作る事が出来なかったため一八七一年一二月一八日に副大統領サルバドール・ホベリャーノスに譲って辞任せざるを得なかった。その後はバレノ・グランデで権力奪回のため反乱軍を組織していたが、一八七八年一二月、カンディード・バレイロ大統領からの安全を保証する申し出に応じて潜伏先のバレノ・グランデからアスンシオンを経由して亡命しようとする。しかし彼は結局、欺かれて捕らえられ、同年一二月三一日にバレイロの命令で暗殺された。

さて三国同盟戦争の戦後処理であるが、一八七二年のロイザガ・コテジッペ条約ではブラジルはマット・グロッソ地方をブランコ川・アパ川間の領域まで拡大。一八七六年のマチャイン・イリゴエン条約でアルゼンチンはミシオネスとチャコの一部（ベルメホ川とピルコマジョ川間の地域）を獲得している。これらの条約でパラグアイが割譲した領土は五万五千平方マイルであり、国土の二六パーセントに相当する。

また両陣営の犠牲者は三五万に上り、これは当時のブエノスアイレスの人口の倍以上である。特にパラグアイの被害は破滅的なもので人口は戦前の五二万五千から二二万に減少し、成年男性は二万八千人しかいなくなった。人口の五八パーセントが失われ、紛争が国家破滅に至った事への非難が広がり、この戦争はパラグアイ人の精神・社会経済・政治思想に大きな影響を与える事となった。この敗北はスペインからの独立以来の国家主義時代を終結させ、極度の自由主義の時代がこれに取って代わる。

同盟国にとっても戦争は大きな影響を与えた。ブラジルでは義勇兵の募兵を通じて社会の流動性が高まり、軍の影響力も強くなった。これが一八八九年の帝政転覆に繋がる。アルゼンチンでは、中央集権主義者が連邦主義者に対して優勢となる。ウルグアイではコロラド党の優勢が確立し一九五八年まで政権を掌握する。またウルグアイはブラジルとアルゼンチンの緩衝地帯として独立を保つ。

一八八三年のデコード・クルビー条約で、ウルグアイは戦争に由来する全ての主張を放棄。アルゼンチンは一九四二年八月、ブラジルは一九四三年五月にパラグアイからの賠償を放棄している。

【参考】ファクンド・マチャイン

一八四五～一八七七
Facundo Machain
パラグアイ　大統領
一八七〇

パラグアイ戦争直後の親アルゼンチンの政治家。チリ大学でアンドレス・ベロの下で法学を学んだ。一八七〇年憲法を起草した委員の一人であり、「グラン・クラブ・デル・プエブロ」（レギオン・パラグアヤから分裂した組織）を結成した一人でもある。

戦闘が終結した後の一八七〇年八月三一日に評議会によって大統領に選出されたが、これはブラジル軍の承認を得られず、一日で地位を追われ、翌日には再びシリロ・アントニオ・リバロラに取って代わられた。一八七四年六月にはヒル大統領の下で外務大臣を務め、一七七六年二月にはアルゼンチンとマチャイン・トロゴエン条約を締結。要人暗殺容疑者を匿った疑いで逮捕され、一八七七年十月二八日に獄中で暗殺された。

シリロ・アントニオ・リバロラの評価は現在でも定まっていないようである。国民的英雄であるソラーノ・ロペスの政敵でブラジルやアルゼンチンの傀儡として屈辱的な講和を飲んだ売国奴としての評価も当然起こりうる一方で、形はどうあれ兎にも角にも悲惨極まりない戦争の終結を行った国家指導者として一定の評価を与える見方もあろう。考えてみれば敗戦はリバロラの責任ではないし、人口の半分が失われ、成年男子が壊滅に近い被害を受ける状況下でこれ以上戦いを続けるという選択肢はありえなく、完全敗北に直面している以上は相手の言い分を受け入れるほかなかった。何とか戦勝国から祖国の独立存続許可を引き出せれば上々というべき状態であり、リバロラに他の選択肢は実際問題としてなかったと思われる。

思えばリバロラの立場は一見すると、日中戦争で日本に擁立された南京政府の汪兆銘に似ているが、この事例では蒋介石は十分な後背地を有していたし、中国国民も十分な抗戦継続能力を残しており、国家存続すら危ぶまれるパラグアイのリバロラとは大きく異なる。

リバロラがブラジルの傀儡であった事は否定しようがないにせよ、悲惨な戦火に終止符を打ち、完全な破滅だけは辛うじて防ぐ役割を果たした事をもって祖国への貢献はしたと評価すべきではなかろうか。マチャインもリバロラと同様に反ロペスの自由主義者であり若くして台頭したが、政治的混乱の中で一日だけ大統領に推戴された数奇な経歴の持ち主である。その後もパラグアイの戦後処理に尽力し、講和条約締結にも努力したが、やはりリバロラ同様に悲惨な最期を遂げた。敗戦の後始末という任務は、やはりこの戦争でも苦労の割に報われない役回りであったと言えそうである。

第二次長州出兵概略

徳川政権は、諸外国との交際を制限した状態で二五〇年に亘る平和を日本にもたらしていた。しかし、長い泰平は徳川政権の先例重視・事なかれ主義をもたらす。

一八五三年（嘉永六年）のペリー来航に始まった欧米諸国からの通商要求に直面した時、徳川政権は当事者能力の不足を暴露した。そうした中で存在感を増したのが有力大名達である。彼らは政権に服従しながら認められた領地を統治していたが、一部の大名は財政改革や兵制改革を成功させ、大きな潜在能力を持つようになっていた。彼等は中央の政策に関与できない事を不満に思っており、この危機を機会に発言力を得ようとしていたのである。外国の圧力によって開国を余儀なくされた徳川政権は、しばらくは強硬路線で政策変更への不満を抑え込み、政権を維持しようとしたが一八六〇年に首班であった大老井伊直弼が暗殺された後は著しく威信が低下。以降は、実権を失って久しく伝統と権威のみの存在となっていた朝廷が俄かに影響力を持つようになる。徳川政権は朝廷から支持を引き出す事によって何とか権威を保とうとしたし、有力大名は朝廷を動かして中央政治への介入を目論んでいた。こうして、徳川政権と朝廷、有力大名たちが複雑に絡み合った政局が形成される。徳川政権も大名達の不満を招かないよう彼らの負担を減らす方向で改革を進めている。

有力大名の中で最も過激であったのが長州藩であり、朝廷を重んじて外国勢力を放逐する事を強く主張する勢力（尊皇攘夷派）の中心人物が多く存在した。中には、更に一歩進んで朝廷を奉じ徳川政権を打倒しようと考える者も現れるに至っている。しかし孝明天皇はそれを望まず、朝廷から長州勢力を放逐。これに反発した長州側が朝廷を掌握しようと徳川政権側の軍勢と衝突し、敗北した（禁門の変）。徳川政権は、これを契機に長州へ出兵。長州藩ではこれに対し、恭順派が主導権を握り、徳川軍に降伏。しかし高杉晋作らを中心とする尊皇攘夷派が挙兵して藩政を奪取し、軍制改革を行って徳川方の再侵攻に備えた。この動きを見た徳川政権は再び長州征討を決断。実はこの時期、徳川政権内では禁門の変での勝利を契機に大名達に強圧的な政策を採る反動派が勢いを得ていた。これにより朝廷や大名との関係が悪化する恐れが生じており、長州征討は将軍を反動派の拠点である江戸から引き離して反動派を弱めるための口実という側面もあった。

さて両軍が一八六六年（慶応二年）六月七日に大島口で衝突したのを皮切りに、六月一四日からは更に芸州口・石州口・小倉口で徳川軍と長州軍との戦闘が開始された。しかし徳川軍は各地で劣勢に陥り、そうした中で七月には政権首班である将軍徳川家茂が病気のため大坂城で夭折し、政権内部に衝撃を与えた。将軍の親族で政権有数の切れ者として知られる徳川慶喜が、こうした事態の収拾を余儀なくされる事となる。

徳川慶喜

一八三七～一九一三

徳川政権　征夷大将軍

在位一八六六～一八六七

徳川政権第一五代将軍。水戸藩主徳川斉昭の第七子で幼名七郎麿、または昭致。刑部卿を名乗る。一八三七年（天保八年）九月二九日、小石川の江戸藩邸に生まれた。幼少より聡明な事で評判であった。水戸弘道館で学んだ後、才気を買われ一八四七年（弘化四年）に後継者のいなかった一橋家を継いで慶喜と改名。水戸藩は徳川将軍家からの分家（御三家）であったが、長い時を経て将軍家との血縁は薄くなっていた。だが、同じ将軍家からの分家でも血縁関係が強い「御三卿」の一つである一橋家の当主となる事で、将軍家の直系が断絶した際には将軍になる可能性も生じたのである。

その可能性は早期に現実のものとなるかと思われた。ペリー来航後の多難な情勢下で、将軍家定が継嗣を持たず病弱であったため、松平慶永・島津斉彬ら親藩・外様の有力大名たちは次期将軍候補として、その賢才に期待し慶喜を推薦。しかし従来幕府を動かしてきた譜代大名は徳川慶福（家茂）を推し、一八五八年（安政五年）四月に井伊直弼が大老職に就任して慶福を世子に決定した。こうして廻ってきたかに見えた将軍就任の目は消える。また井伊直弼が勅許を待たずに日米修好通商条約に調印したことに対し、慶喜は実父徳川斉昭・尾張藩主徳川慶勝らと共に大老を詰責したために登城を止められ、翌年の安政の大獄で隠居謹慎の処分を受けた。しかし、六〇年（万延元年）に井伊直弼が桜田門外で暗殺されて後に謹慎を解かれ、さらに六二年（文久二年）に勅使大原重徳と島津久光が東下して幕政改革を迫った際に、勅旨によって再び一橋家の当主となると共に将軍後見職に任ぜられた。だが朝廷や外様大名の介入によって将軍より有能な将軍の親族を補佐役とする、という事態は将軍の権威が食われる事になると判断され、将軍や幕閣からは距離を置かれる。

慶喜は、政事総裁職に就いた松平慶永と共に徳川政権の頂点に立つが、改革は難航した。六三年（文久三年）には朝廷の攘夷督促に対して自ら開国を説くべく上洛して朝廷と折衝するも、かえって尊攘派勢力の工作によって攘夷期日を五月と約束させられて江戸に帰る事となった。しかし同年八月一八日の政変により京都から長州を中心とする尊攘派が排除されると再度上洛し、松平容保・同慶永・山内豊信・伊達宗城と共に参与会議（朝廷で有力大名らが合議し、方針を決定する会議）の一員に任じられる。だが、慶喜はあくまで幕府中心の改革を考えていたため他の参与と対立し、参与会議を崩壊させている。六四年（文久四年、元治元年）、慶喜は参与と将軍後見職を辞任して禁裏守衛総督となる。これは天皇から直接任命された職であり、その点では将軍と同格といえなくもないが、職務遂行には徳川政権の機関を利用する必要があり、さらに微妙な立場であった。そうした中で慶喜は徳川政権の利害を代表すべく動き、禁門の変（長州が挙兵して朝廷を占拠し、主導権を回復しようとした事件）でも幕府方の指揮官として活躍。

翌年の第二次長州出兵は幕府軍が劣勢で、石見口・小倉口では長州軍から逆侵攻を食う有様であった。また海戦でも不利に陥る中で、大坂城の将軍家茂が死去。慶喜は、徳川宗家相続は受けたものの、将軍継嗣は保留として戦いを陣頭指揮して戦況を優勢にする事で徳川宗家としての権威を確立するのが最善と判断し、出陣準備をした。危険な賭けであったが、出陣予定は八月一二日と決まった。しかし八月一一日、小倉口では戦線が崩壊し、指揮官小笠原長行が遁走。やむを得ず慶喜は出陣を断念し、松平慶永に相談した。この時期、慶永は徳川一族ではあったが既に政権存続には拘っておらず、将軍になっていない状態を利して「将軍も徳川政権もない状態で有力大名たちからなる諸侯会議を開く」事を主張し、その上で勅命による停戦に持ち込むよう慶喜に強く要求した。慶喜はとりあえず敗色濃厚な長州との戦いを矛を収める必要性から、この案に乗る姿勢を見せる。それを受けて勝海舟は諸侯会議路線を押し出す方向に沿って和平に動き、長州と交渉。追撃しないよう約束を取り付け、休戦した。こうしてひとまず慶喜は敗戦処理に成功したとはいえ、全国政権が反旗を翻した一諸侯に大敗した事実が徳川政権の威信を著しく低下させたのは否めない。彼の次の課題は徳川政権の威信回復と軍事力再建であった。

その第一歩として慶喜は、宮廷工作により会議における徳川家の主導権を朝廷に認めさせた。またフランス公使ロッシュを通じて兵制改革を行い、軍事力強化に努める。その際の武器の鋳造・訓練はフランス依存であった。そうした上で一一月の大名会議では慶喜が「将軍家の後継者」である事を前面に出し、完全に主導権を握った。大名の多くも長い泰平に慣れ、現状維持を望む者が大半であったのだ。その上で一二月五日には将軍就任し、名実共に政権担当者となるが、同月二五日に徳川政権の存続を望み、慶喜を信任していた孝明天皇が崩御。慶喜は兵庫開港の勅許や長州との停戦が課題のまま、後ろ盾を失う事となる。

しかし翌年、四侯（薩摩、土佐、越前、宇和島）を相手に慶喜は弁舌で主導権を握り、五月二三日には朝廷の会議をも主導し、長州への「寛大な処置」と兵庫開港を認めさせた。こうして、慶喜は長州での敗戦を幕府の顔が立つ形で収拾すると共に政治的主導権を維持する事に成功したのである。これを受けて薩摩は政治的な応酬では慶喜相手に勝算なしと判断し、武力倒幕に傾く。

慶喜には、朝廷を把握するため京を離れられず、また改革を理解できる人材に乏しいといった問題があった。そして一方、薩摩や長州による反幕府雄藩連合が早期に纏まりそうな雰囲気が出来、土佐も敵に回る可能性が出てきた。そこで土佐の提案を受け入れ、諸侯連合策に乗ってみせ、十月一四日に朝廷に政権を返還する申し出（大政奉還）。しかし朝廷には政権実施能力がないため、実際上は従来どおりであった。慶喜は、わざわざ朝廷から「日常政務は引き続き徳川家が処理する」旨に同意する返事を取り付けている。その上で朝廷の名の下に諸侯を呼び集めて取りまとめ、徳川家がその議長役として引き続き政権を担う構想であった。

これに対抗して薩長は、一二月九日に武力で御所を手中にして、朝廷の主導権を倒幕派で占めた上で「王政復古」を宣言し、慶喜に辞官納地を求める。慶喜は軍勢を率いて大坂城に入り、事態を静観。和戦両様の構えを取った。この期に及んでも薩長は「新政権」の正統性が疑問視されている状況で軍事的勝利の他に活路がなく、盛んに慶喜側を挑発する。その一環として薩摩は江戸でテロ行動を多発させ、旧徳川政権内部でもこれを取り締まる動きが起こると共に、慶喜直属配下の間で好戦的雰囲気が高まる。それを受けて翌年初頭の鳥羽・伏見の戦いにおいて軍事衝突したが、旧徳川政権の軍はこれに大敗。この敗戦によって、「天皇の新政府に背いた逆賊」という図式が成立し、形成が逆転。この際に「新政府」が錦旗を掲げて天皇の政府である事を天下に示した事もこれを後押しした。慶喜はそれを悟り、部下達を残し海路で江戸に遁走する。研究者には戦い続ければ再逆転もありえたと考える者もいる事を考慮すると、この時に心が砕けたと解釈するべきだろうか。江戸に戻った慶喜はフランス公使ロッシュらの再挙の勧めを拒否して上野寛永寺に移り、謹慎の意を表した。江戸開城後は水戸で謹慎し、新政府の命によって徳川宗家の家督を田安亀之助（家達）に譲り、駿府に移っている。慶喜が江戸に帰ってから恭順の意を示したのは内戦が長期化し、外国の干渉が生じることで日本の独立が危ぶまれる事を恐れたためとも解釈できるが、実際の彼の胸中は不明だ。いずれにせよ、長州討伐の敗戦処理に始まった彼の将軍時代は、政権そのものの処理によって幕を下ろしたことになる。一八六九年（明治二年）謹慎を許され、静岡で隠居生活に移る。一九〇二年（明治三五年）には公爵に列した。一九一三年（大正二年）一一月二二日に病没。

普仏戦争概略

プロイセンの宰相ビスマルクは軍事力によるドイツ統一を目論み、まずは一八六六年にオーストリアを破ってドイツ統一の主導権を確立（普墺戦争）。次にドイツ統一への障碍となるのは国境を隣接する列強フランスであった。フランス皇帝ナポレオン三世はドイツ西部の領土獲得を望んでおり、またドイツが統一されて自国を脅かすのを望んでいなかったからである。そうした中でプロイセン王家ホーエンツォレルン家からスペイン王位候補者を出すという話題があり、ナポレオン三世はプロイセンとスペインによって挟撃される事を恐れプロイセンに強硬に抗議。ホーエンツォレルン家側がスペイン王位を辞退した後にもフランス大使ベネデッティはプロイセン国王ウィルヘルム一世に将来に亘る確約を求めたが、これはウィルヘルム一世によって拒絶されている。ビスマルクはこれを知らせる電報を挑発的な内容に改竄して発表し、フランス国民の世論を沸騰させた（エムス電報事件）。ナポレオン三世自身は本来、ホーエンツォレルン家側が王位を辞退した時点で一件落着とするつもりであったが、保守系議員が確約を求めて先走ったためこのような結果となったようだ。ともあれ、ナポレオン三世としては、フランス大使が侮辱されたと報じられる現在の状況を甘受すれば議会から非難され、世論からも反発される事が予想された。メキシコの内乱への介入が失敗に終わってから間もない事もあり、彼は世論を敵にまわして権威が傷付くのを恐れたのである。こうして、ナポレオン三世は強硬な閣僚や世論に押される形で一八七〇年七月一九日にプロイセンに宣戦布告。一方でドイツ諸国民はプロイセンに味方し参戦した。

プロイセンの参謀総長モルトケは鉄道網と電信を有効に活用して動員を円滑に実施し、有利に戦いを進める。プロイセン軍は当初から開戦を想定していたため準備万端であり、一方のフランス軍は国内の反乱や植民地の暴動に想定した軍備になっており、対外戦争の準備は十分ではなかった。これが戦況の差となって表れる。プロイセン軍はプファルツからアルザスに進入し、八月上旬には各地でフランス軍を撃破して中旬にはフランス・ライン軍団をメス要塞で包囲した。フランスのマクマオン将軍は主力部隊を率いてメス救援に赴いたが、途中セダンで阻止され、九月一日には壊滅的打撃を受けて降伏。この際に同行したナポレオン三世も八万三千の将兵と共に捕虜となった（セダンの戦い）。これを受けてパリでは九月四日にナポレオン三世を退位させ、国防政府が樹立され、共和制が宣言された。プロイセン軍はパリを包囲する中で一八七一年一月一八日にヴィルヘルム一世のドイツ皇帝戴冠式がヴェルサイユ宮殿で布告され、国民的統一国家としてのドイツ帝国が成立している。一方でフランス側は首都パリが厳重な包囲に置かれる絶望的な戦局を打開する必要に迫られていた。

アドルフ・ティエール

一七九七〜一八七七
Marie Joseph Louis Adolphe Thiers
フランス共和国（第三共和制）　行政長官
在職一八七二
大統領在職一八七二〜七三

マリー・ジョセフ・ルイ・アドルフ・ティエールは船乗りの子として一七九七年にマルセイユで生まれた。エクサン・プロバンスで法律を学び、そこで生涯の友人となる歴史家のミニェと知り合っている。一八二一年にパリへ上京してジャーナリストとなり、『コンスティテュショネル』紙に政治・歴史論文を寄稿する。また一八二三年から二七年にかけて立憲君主制を支持する立場から『フランス革命史』全十巻を執筆。豊富な史料に基づいて取材したこの書は一八六六年までに第一六版を重ねるなど名著として知られ、彼の歴史家としての名声を確立させた。一八三〇年にはミニェらと共に『ナシオナル』紙を創刊し、絶対王政復活を目論む国王シャルル十世を自由主義の立場から批判する論陣を張っている。

同年の七月革命でシャルル十世が追放され、オルレアン公ルイ・フィリップが国王となるとその政府に参加し、内相、農商務相を歴任。一八三六年から四〇年にかけては首相兼外相を務めている。彼はブルボン王朝派と共和派を厳しく取り締まって治安の安定に尽力すると共に、外交面ではスペイン情勢に介入したり、オスマン帝国領エジプトで半独立国を築くムハンマド・アリー総督を援助する積極外交を行い、フランスの影響力増加を目指した。しかしこれはオスマン帝国を支援するイギリスとの対立を招き、戦争を懸念した国王によって解任された。その後は野党のリーダーとして活動すると共に、歴史家としても一八四三年から『統領政府と帝政の歴史』（全二〇巻、完成は一八六二年）の執筆に着手している。四八年二月二三日にはギゾー首相が革命派の追求で罷免されたのを受けて再度首相に任命されたが、翌日に王政が打倒された（二月革命）事によってその内閣は流産した。

第二共和政下では憲法制定議会議員に選ばれ、所有権を重んじる反社会主義・秩序派の代表として活躍する。一八四九年にルイ・ナポレオン（ナポレオンの甥、後の皇帝ナポレオン三世）が大統領に立候補した際はこれを支持しているが五一年にルイ・ナポレオンがクーデターを起こした際には敵対してスイスに亡命。五三年に帰国したがしばらくは政界から遠のいた。一八五九年にイタリア統一戦争に介入したナポレオン三世が同盟国ピエモンテ（サルディニア王国）を裏切ってオーストリアと和平した際に共和派とカトリックが皇帝から離反する出来事が起こっている（以降のナポレオン三世は自由主義的な小規模ブルジョアと労働者に支持基盤を求めるようになる）が、この時にカトリック・正統王朝派・オルレアン派の連合が形成され、ティエールはその代表に擁立されている。立法院議員に選ばれて中央政界へ返り咲きを果たしたのは一八六三年。

一八七〇年の普仏戦争開戦時には開戦を支持していたが、しかし戦局が悪化すると和平派に鞍替えしている。ナポレオン三世が捕らわれ、降伏すると、すぐにパリで蜂起が起こり共和制が宣言された。同年九月四日にパリ軍管区司令官トロシュ将軍を首班として共和主義者たちが国防政府を成立させる。国防政府は領土割譲を拒んで戦争継続を唱えるが劣勢を覆す事は出来ず、九月一九日よりプロイセン軍によるパリ包囲が開始された。政府はガンベッタをロワールに脱出させて地方軍事力の形成を働きかけたり、ティエールに外郭からの援助を求める外交努力をさせているがいずれも失敗。七一年一月一九日にパリは包囲突破のため大規模攻撃をかけるが失敗し、一八日にドイツ軍（パリ包囲戦の最中にプロイセン国王ヴィルヘルム一世が皇帝に即位し、ドイツ帝国が成立）へ降伏を決意。パリは選挙のため三週間の休戦を獲得し、二月に選挙を施行した。パリや大都市では共和主義者が多く当選した一方で地方では保守派が強く、議会全体の三分の二を王党派が占めている。その結果を受けて二月一七日、ティエールは共和国行政長官に指名され、ドイツとの和平交渉を行い二月二六日には仮条約を結んだ。和平条件はアルザス・ロレーヌの割譲や五〇億フランの賠償金支払いと定められ、これらは五月一〇日のフランクフルト条約で確認された。因みにこの時の賠償金支払いのためフランス銀行は貨幣の金属兌換停止を余儀なくされ、パリ金融市場は信用を失って国際金融市場としての地位を半ば喪失している。

領土割譲・賠償を伴う講和はパリ市民の目に裏切りと映り、王党派が議会で多数であった事がパリ市民の孤立感を煽った事も関係して市民感情が過激化。三月のドイツ軍パリ入城がそれに拍車をかける。国民衛兵はパリ全体で相互連絡・連絡組織化を行い、国民衛兵中央委員会を結成。三月一八日早朝、危険を察したティエールとその閣僚はヴェルサイユへ避難する。その結果、パリを中央委員会が掌握し、二八日にはパリ・コミューン宣言がなされた。しかしコミューンは一貫した政策を欠き、家賃支払猶予・公営質屋の抵当売却禁止・パン職人の夜業禁止といったレベルの政策に留まった。四月に入るとティエールらの政府軍は反撃を開始し、コミューン内部での対立もあって戦いを有利に進める。五月二一日にヴェルサイユ軍が市内に突入し一週間の戦闘で制圧した。

コミューンの鎮圧は大多数の国民から歓迎・是認され、共和制への信頼感を増す結果となった。これによりティエールの人気は上昇し、八月に初代大統領に選出される。彼は卓抜した財政手腕で期限前に賠償金の支払いを完了させると共に、一八七三年三月にはフランスに駐留していたドイツ軍の撤退に関する合意にも成功した。しかし五年に亘るドイツ軍駐留はフランス人の誇りを痛く傷付けており、ティエールへの支持が失われる一因となった。同年五月二四日、ティエールが共和制支持を表明したのに反発してオルレアン派が離反し、議会で不信任案が可決される。その後も彼は政界への返り咲きを目論んでいたが、選挙出馬を目前とした一八七七年九月に急死した。

ティエールは立憲王政を支持する一方で自由主義者として超王党派と対立し、左右を問わず過激派を弾圧した事から知られるように穏健保守に位置付けられる政治家である。しかし必ずしもそのように単純に評価できる存在ではなく、良く言えば柔軟で悪く言えば風見鶏的な側面もあったようだ。普仏戦争でそれは如実に示されており、当初は主戦派だったはずが和平派に転身し敗色濃厚なのを見越して国防政府からも距離を置き、パリ降伏の責任を問われずに済んでいる。個人として見れば非難の対象であろうが、そうした海千山千の彼だからこそ敗戦・革命といった難局を乗り切る事が出来たのかもしれない。

第二次アフガン戦争概略

インドに勢力を扶植し始めたイギリスは、ロシアが中央ユーラシア経由でインドに接近するのを警戒していた。そのため、ロシアの進出をインドの手前で止める前線基地としてアフガニスタンに着目するようになった。一八三七年、ロシア人がイランの軍を指揮してヘラートを包囲する事件が起こる。これに危機感を抱いたイギリスはアフガニスタン国王ドースト・ムハンマドを追放して親英的なシュジャー・ウル・ムルクに変えようと軍事介入を行った。三八年二月にイギリス軍はカンダハルを経由して首都カブールを占領し、翌年夏にはシュジャー・ウル・ムルクを即位させる事に一旦成功。しかしカブールでイギリス軍に対する反乱が勃発し、一八四二年にイギリス軍は撤退を余儀なくされ、その際に大きな犠牲を出している。その後、イギリス軍はカブールを再び占領する事に成功するが、やはり大きな犠牲を出したため追放したドースト・ムハンマドを再び復位させざるをえなかった（第一次アフガン戦争）。

その後しばらくの間、イギリスはアフガニスタン統治をアフガン人の手に任せていた。しかしロシアの中央ユーラシアへ進出する動きが再び目立ち始めたため、イギリスはこれに対抗してインドの安全を確保するためアフガンへ再び勢力を伸ばそうと目論む。というのも第一次アフガン戦争以降、イギリスがアフガニスタンへ侵攻するための条件はいくらか改善されていた。インドにおけるイギリス領はインダス川を越えた地域まで拡大しており、電信・鉄道もアフガン国境付近まで設置されていた。そしてライフルもマルティニ・ヘンリーやスナイダーなど扱いやすいものに進歩したので装備の点でアフガニスタン軍より有利であると考えられた。

さて当時のアフガニスタン国王は一八六九年にイギリスから王位を承認されたシェール・アリーであったが、彼はロシアの進出を懸念してイギリスの保護を求めると共に、愛息アブデュラ・ジャンの後継者としての地位公認を望んでいた。しかしインド総督であるリットン卿はロシアを刺激するのを恐れたかこれらの要求に応えず六〇万ルピーと多少の武器を与えたのみだったので、失望したシェール・アリーはタシケントに駐在するロシアのカウフマン将軍に接近し、同様の内容で交渉を開始する。これを受けて一八七八年六月二二日にロシアのストリエトフ将軍がカブールに到達し、アフガニスタンと同盟を締結に関する交渉を試みていた。

こうした情勢にリットン卿は危機感を抱き、チェンバレン将軍にカブールへ進軍するよう要請する。イギリス軍は先住民を案内役に立てて千人の部隊を先発させたがアフガニスタン国境で入国を阻止された。これに対しイギリス軍は一八七八年にロバーツ将軍の指揮下でアフガニスタンに侵入し、七月二四日にはカブールへ突入。シェール・アリーは北へ逃亡し、ロシアの救援を要求するが果たせず、七九年二月に死没する。シェール・アリーが逃亡する際に王位を譲り、事態収拾を委ねたのが子のヤークーブ・ハーンであった。

ヤークーブ・ハーン

一八四九〜一九二三
Yaquv Khan, Amir Muhammad
アフガニスタン　国王
在位一八七九

　ヤークーブ・ハーンはアフガニスタン国王シェール・アリーの子として一八四九年に生まれ、ヘラート知事に任じられた。カンダハルも彼の管轄下にあったが、一八六八年にシェール・アリーが愛息アブデュラ・ジャンにその地位を譲らせようとヤークーブに干渉している。一八七一年、ヤークーブ・ハーンは父に反逆し、カブールへと進撃したが撃退され、ヘラートへと退却を余儀なくされている。その後、父王との間には一旦和解が成立し、改めてヘラート知事に再度任命された。そして父から身の安全を保証された上でカブールに招待される。これに応じたヤークーブ・ハーンであったが、シェール・アリーはこの約束を反故にし彼を投獄。獄中生活はイギリス軍がアフガニスタンに侵入した一八七八年一二月にまで及んだ。イギリス軍がカブールに迫ると、シェール・アリーは捕らえていたはずのヤークーブ・ハーンに事後処理を委ねて北アフガンに逃亡。ヤークーブ・ハーンは七九年二月に父が死去したのを確認したうえで国王を名乗った。彼は何とか自らの王位と王朝を存続させるため、イギリスの要求を受け入れて和平を結ばざるを得なかった。そこで七九年五月二六日、イギリス軍のルイス・カヴァグナリ大佐を相手にガンドマク条約を締結、これと引き換えにイギリスはヤークーブ・ハーンを国王として承認する。

　この条約ではイギリスがカンダハルとジェララバードをアフガニスタンに返還する代わりとしてクエッタ街道沿いのピシンとシビをアフガニスタンがイギリスに割譲し、クラームとハイバル峠は共同統治とする事が定められた。またイギリスがアフガニスタンを他国の侵略から防ぎ、支援する一方でアフガニスタンは外交においてイギリスの助言を擁する事も決められており、アフガニスタンが外交権を事実上イギリスに譲渡する内容も盛り込まれていた。それに関連し、イギリスの外交担当としてカブールに常駐外交使節を置く事も明記されている。

条約で定められた公使としてカヴァグナリ大佐がカブールに駐在したが、間もなく現地兵への給与支払い滞納を契機としたカブールでの反乱によりカヴァグナリは暗殺される。これに応じる形でイギリス軍がカブールを再占領して政治権力を掌握。ヤークーブは一八七九年十月に王位を追われ追放された。

その後、アフガニスタン各地でイギリス軍への攻撃が多発し、マイワンドの戦いではビューロー将軍率いるイギリス軍が総崩れになる事態も生じている。イギリス政府は第一次アフガン戦争の二の舞を恐れ、アフガニスタンで有力者となっていた国王一族のアブデュル・ラフマーンを国王として承認して統治に当たらせる。この際、外交権をイギリスに譲る代わりに侵略に対処する際はイギリスが援助する条件を呑ませる事で一応の成果とし、イギリス軍はアフガニスタンから兵を退いた。インド総督府にとって第二次アフガン戦争は予想外の財政的負担と犠牲を生み出しており、これが早期撤退の背景にあった。なお、アブドゥル・ラフマーンの子ハビーブッラーが一九一五年にイギリスへの外交権譲渡を批准する事でアフガニスタンはイギリスの保護国となったが、一九一九年に即位したハビーブッラーの子アマーヌッラー・ハーンはイギリスに敵対して同年八月のラワルピンディ条約で独立を承認されている（第三次アフガン戦争）。

退位した後、ヤークーブ・ハーンはインドに逃れる。そして祖国の内乱・保護国化・再独立という激動を横目に見ながら一九二三年にその地で没した。
ヤークーブ・ハーンは父王と不仲であり、一時は反乱し、捕縛・投獄されるという王位を望みにくい状況にあった。しかしアフガニスタンがイギリスの侵攻を受けると、事態収拾を丸投げされる形で国王の座を委譲されるに至った。彼がイギリスと結んだ条約はアフガニスタンにとって屈辱的なものであり、後世からも売国奴呼ばわりされる向きがあるという。しかし、政治から遠ざけられた人間が首都に敵軍が入り込んでいる最中に即位させられた状況で、他に何が出来たであろうか。仮に命を棄てて意地を通したとしても、犬死にと無政府状態が生じるだけでありこれこそ統治者として無責任であろう。ヤークーブ・ハーンには最初から他の選択肢がなかったのである。もしこの件で責められるべき人物がいるとすれば、打つべき手も打たず王位を継がせるつもりのなかった筈の息子に責任を押し付けて敵前逃亡したシェール・アリーではなかろうか。

王位と祖国の独立を守るべくイギリスへの屈服を敢えて行ったヤークーブ・ハーンであるが、国民のイギリス軍への反発を抑える事は出来なかった。反乱軍の指導者には弟のアユーブ・ハーンもいたと言われ、即位直前まで獄中にいたヤークーブではそれを凌ぐカリスマを国民に発揮する事は難しかったであろう。結局、反乱軍とイギリス軍の争いの中で王位を追われ、売国奴の汚名を残して歴史の表舞台から去らざるを得なかった。ヤークーブ・ハーンは本人の力が及ぶ範囲を超えた濁流の中でもがく事を余儀なくされ、力戦むなしく押し流されていった不運な人物たちの一人であるといえる。

太平洋戦争（南米）概略

「太平洋戦争」といえば大半の日本人は日本とアメリカの間で戦われた第二次世界大戦の太平洋戦線を想起すると思われる。しかし、一八世紀後半に南米の大国であったチリとペルー・ボリビアの間で戦われた戦争もまた「太平洋戦争」と呼称されるのである。

アタカマ砂漠の太平洋岸にあるアントファガスタ県は国境が未画定であった。一八六六年にチリとボリビアは国境協定を結び、南緯二四度を境界として二三〜二五度の資源を両国間で折半する事を決定。六七年、硝石の新鉱脈が発見され、チリ・イギリス系の採掘会社が進出するようになる。

一方、一八世紀のペルーは外貨獲得をグアノ（海鳥の糞が蓄積したもので肥料として珍重された）に依存していたが、グアノの価格下落に伴って南部の硝石を経済再建のための財源として頼るようになる。また、この時期のペルーは政治的にも不安定で、都市市民を中心に支持を集めていた反政府の文民政治家・ピエロラはこの当時チリに亡命していたが、プラド将軍が大統領であった時代にピエロラ支持者が反乱を起こすという事件があった。こうした政治的動乱も経済危機を深刻にしていた。さてペルーが混乱する一方でチリは政治が安定し、順当に経済発展し、上述のようにペルーやボリビアの硝石産出地帯にも多数のチリ人やチリ系企業が進出していた。そこでこれに対抗するため一八七三年、ペルーのパルド政権はチリに対する硝石地帯の防衛を内容とする秘密同盟をボリビアとの間に結ぶ。一方で一八七四年にボリビアとチリは南緯二四度国境画定とアントファガスタにおけるチリ・イギリス系会社への輸出税を引き上げない事を決定するが、一方でペルーでは七五年にパルド政権が財政難に悩み、自国のチリ・イギリス系会社を接収。

この頃、南緯二三度付近（資源分配区域）で銀鉱脈が発見され、ボリビアは一八六六年協約におけるその領域の資源分配条項の撤廃を要求するが果たせなかった。

一八七九年四月、ボリビアは硝石輸出税を増額。これはチリと結んでいた協定内容に反するものであったためチリ政府は反発。ボリビアの硝石採掘はチリ人投資家に委ねられていたが、ボリビア政府は硝石採掘場を接収したため、チリはこれに強く抗議し、軍を派遣して海岸部のアントファガスタを占領した。チリ軍の行動はそれに留まらず、北上してボリビアの鉱山をも占拠。そして三月二一日にアタカマ砂漠の通商要地であるカラマを占領した。二月二五日、ボリビア政府にチリ軍侵攻の情報が入るがボリビアは干害や疫病のため独力でチリと対抗する事は出来ず、七三年の秘密条約をもとにペルーを引き込もうとする。

一方のペルー代表はサンティアゴへ派遣され、チリ政府と交渉したが、一方でペルーがボリビアと組んで戦わなければボリビアがチリとペルー領タラパカ地方を分割するかもしれないという恐れを抱いたためボリビアとの同盟を解消しなかった。チリは一八七九年四月三日にペルーに宣戦布告し、ここに太平洋戦争が勃発。この時点でボリビアの太平洋岸は既にチリに占領されており、ペルー海軍による制海権回復が望まれた。しかし、チリはペルー参戦を考慮に入れて当初から戦略を練っていた。ペルー海軍のミゲル・グラウ提督は序盤こそワスカル号を指揮して半年に亘りチリ海軍を苦しめ、チリの港湾施設を破壊し商船を拿捕したが、十月八日のアンガモスの海戦で捕獲されペルーは制海権を失う。陸上でもペルー・ボリビア連合軍は苦戦を強いられた。まずチリが硝石積出港ピサグアの占領に動き出したため、連合軍はこれを迎え撃つ構えを見せる。四月、ボリビアのダサ大統領は自ら六千人の軍を率いて出撃、ペルー領タクナで補給を待った。しかしボリビア軍の物資不足は深刻で、補給を完了してペルー軍と合流するため出発したのは一一月になっていた。この時点でペルー海軍はチリによって撃滅されており、連合軍は戦機を逸していたのである。ダサ大統領はアリカまで鉄道を利用し、その後はイキケまで砂漠を縦断する方針を立てたが、水と食糧が不足し、多くの兵が脱走。一一月一六日にダサ大統領は進軍不能と判断して撤退した。ペルー軍は独力でイキケ近郊のサン・フランシスコに駐留するチリ軍を攻撃したが撃退される。その後もペルー軍は比較的善戦し、一一月にタラパカでチリを破るものの、制海権喪失の影響は大きく、翌年以降は劣勢に追いやられる事となる。

さてペルーのプラド大統領は戦争指導を行う際に議会の協力を得られず苦しんでいた。一八七九年一二月に借款を求め欧州を訪れるが、サン・フランシスコでの敗戦直後であり、人々からは敵前逃亡と受け取られた。そして反対派の首領であったピエロラがクーデターによってペルーの大統領となる。

一方のボリビアでも軍内部で大統領の撤退が波紋を呼び、カマチョ大佐を中心とする罷免の動きが出た。ダサはリマを通じて欧州に亡命し一八八〇年一月一九日、ボリビア軍第五師団長ナルシソ・カンペーロを戦時評議会は大統領に選出する。

こうして、ペルー・ボリビア両国において敗色濃厚な中のクーデターにより政権交代がなされた。危機的状況からの打開が国民から強く期待されていた事は想像に難くない。

ニコラス・デ・ピエロラ

Nicolás de Piérola
一八三九～一九一三
ペルー　大統領
在職一八七九～一八八一

ニコラス・デ・ピエロラは南ペルーの都市アレキパの名家に生まれ、成長後は新聞編集者となった。彼は元来、聖職者になる事も考えた事がある程の熱心なカトリック信者であるが、早くから政治に深い関心を持ち、祖国繁栄の為には強い指導者が必要と考えていた。出自も幸いし、彼はカトリックへの国家の保護を求める階層や民主化を求める人々から支持を集めるようになる。バルタ政権時代の一八六九年、ガルシア・カルデロンの後を襲って蔵相となり、フランスのドレフュス商会と契約し、グアノ採掘・販売の権利を独占させて経済危機を乗り越えようとしている。見返りとして商会は旧契約者への政府の債務や対外債務の利子五百万ソルを肩代わりする約束となっており、こうして商会に財政を牛耳られる形になる。ただし、一トン六〇ソルで一千万トンのグアノを輸出する条件であり、政府にとって悪い条件ではなかったようだ。

蔵相を一八七一年に辞任した後、政争に敗れてチリへ亡命し、再起を狙う。この時期のペルーでは民兵制度の導入により反発した軍がしばしば反乱していたが、その一部にはピエロラが一枚噛んでいたと言われている。プラド将軍が大統領になった後にもピエロラ派の反乱が起こっている。

さて一八七九年四月に太平洋戦争が勃発。十月八日のアンガモスの海戦でペルーは制海権を失い、陸上でも翌年五月のタクナの戦いや六月のアリカの戦いでも善戦するが敗北した。こうしてペルー側が敗色濃厚になるとプラドは欧州へ武器・軍艦を調達する資金を得るために外遊する。副大統領のルイス・デ・ラ・プエルタが留守居役となるが、彼は八四歳の高齢でこの難局を乗り切る力はなかった。一二月二一日、戦争初期はチリに逃れていたピエロラはリマ守備隊に属する大隊の助けを得て大統領官邸を攻撃したが、ラ・コテラ将軍（戦争大臣）の兵により撃退された。カヤオに退却し、新設の義勇軍大隊（ミゲル・イグレシアス義勇軍大佐の指揮）を含めた反乱軍が集結、ピエロラ派の海軍反乱も加わる。翌日、司教や名士が副大統領を訪れ、敵がペルー領内に入ったこの時期に全面的内戦に陥る事を避けるため身を引くよう説得。リサルド・モンテーロ将軍も同じ理由で新政権を認め、一二月二三日にピエロラは公式にリマへ。二七日、自身に全権を与える憲法を作ると共に立法府をなくし、リマ大司教と九人の名士からなる評議会を成立させる。「貧民の保護者」を名乗り、民衆の支持を求めると共にプラド前大統領の将軍号や市民権を剥奪。一方で政敵であったモンテーロ提督に支持が流れないよう他の政敵には比較的寛大な処置をした。新政権の主要閣僚としては外相にペドロ・ホセ・カルデロン、戦争大臣にミゲル・イグレシアスが挙げられる。ピエロラは兵力補充のために一八歳から五〇歳までの徴兵を宣言するが、武器も制服もない状況であり、掛け声どまりに終わる。また、柔順なレイバ大佐には手厚く補給を行う一方で宿敵のモンテーロには補給しないという不公平もあったようだ（ただし、チリ海軍に制海権を握られており、実際問題困難だった事を考慮すべきだという説もある）。軍内部では、モンテーロが勝利を得る事で権力に近付くのをピエロラが恐れているのではないかという懸念も生じていた。

この時期、ペルー経済は死に体となっており硝石地帯はチリの手に落ちていた。そして他の輸出品もチリ海軍の妨害によって出国できない状況である。そうした中で、ピエロラは再びドレフュス紹介と新たな契約をして借款を行おうとするが実体のないものであった。一方でチリは占領地域の硝石を輸出。ボリビアとペルーはこれに抗議するが国際的にも影響力はなかった。

またボリビアとの連携を強めるため一八八〇年一月一一日にペルーとボリビアの合併による連邦国家が宣言されピエロラが新国家の大統領、カンペーロ（ボリビア次期大統領）が副大統領と決められたが首都選定が棚上げになるなど連合は実体に乏しかった。この頃、野党を中心に戦争終結を求める圧力が強まる。四月十日、チリ海軍により海上封鎖が行われる。これに対し貿易相手国から抗議が行われてはいるが実際的な影響はなかった。九月四日、チリのリンチ大佐がアリカから北へ進軍。エル・プエンテやパロ・セコを占領し、軍税徴収・農園を焼き払うなどしながら進んだ。ピエロラはこれに対し軍を出して追い払おうとはせず、専ら首都の危険に対応するため軍を手元に留めた。一方で軍税をチリ軍に払った市民を反逆者呼ばわりしている。

これと並行してピエロラは敗色濃厚な現状を打開するため、中立国であった大国アメリカの仲介による休戦も模索していた。まず九月一六日にペルーがアメリカの仲介を受け入れ、ボリビアも追随。十月六日にはチリもこれを受け入れた。そして十月二二日にはアリカ港に停泊するアメリカのラッカワナ号で交渉が開始された。チリは南カマロンの割譲、二千万ペソの賠償金、ペルー・ボリビア間の密約破棄を要求したがペルー・ボリビアはこれに応じなかった。

結局交渉は不調に終わり、チリ軍はリマへ進軍。ピエロラは徹底抗戦やむなしと考え、二万六千の新兵を徴収し、三手に分けて防衛線を引く。一一月二〇日、チリ軍はリマ近郊のピスコ港へ上陸するが、ピエロラはこれに攻撃をかけるでなく首都で軍の再編をするのみ。サンファンからアンデス山麓にかけて防衛線を張る（サンファン線）が、チリ軍がルリン川に兵を進めた際も攻勢に出なかった。八一年一月一三日にチリ軍が攻勢に出てペルー軍は劣勢となり、一四日には捕虜となったイグレシアスがチリ軍の意向でリマに赴き、ピエロラに降伏を勧めるがピエロラは明確な返答を与えず。一方で中立国の外交官に依頼し、停戦を求める手配をしていた。結局一五日にはペルー軍の敗北が決定的となり、これを受けたピエロラは中央高原のアヤクーチョに逃れて抵抗を続ける。しかしリマでは戦争終結を望む有力者がフランシスコ・ガルシア・カルデロンを擁立し、チリも交渉相手としてこれを公認。ピエロラはその後も大統領を名乗り、徹底抗戦を叫ぶが十月一日に彼の故郷であるアレキパの軍が反逆しモンテーロ提督に合流。また戦争中に勇名を轟かせたカセレス将軍も中央高地でピエロラに反旗を翻す。こうなってはピエロラは万策尽き、一一月二八日に大統領職の辞任を発表し、亡命した。

祖国が敗色濃厚な中で支持者の期待を受けクーデターによって政権の座に就いたピエロラ。しかし、苦難のときに敢えて大統領職を手にした人物としてはその施策は余りにお粗末であった。戦争指導者としては消極的・退嬰的な防御策に終始して戦局を打開する有効な手を打てず、外交面でも辛抱強く妥協点を探る事も出来なかった。そして国家戦略としても抗戦か和平かの軸を決められていない。国家が破綻に直面した状況で舵取りが難しかったためと見ることも出来るが、そんな状況でクーデターまで起こして政権獲得に動く見通しの甘さがあったという事になる。いずれにせよ、ピエロラは見るべき成果を残せずして舞台から去り、その政治生命は終了したと思われた。

しかし、戦争終了後に再びピエロラは甦る。共に抗戦した同志を中心に民主党を結成し、九五年には都市中産階級を巻き込んだ内乱と選挙闘争の末に勝利して再び文民政権を樹立した。第二次ピエロラ政権の下では勧業省が設置され、銀行・保険会社・ガス・電力会社・水道。食品加工業など都市産業が発達。開放経済による経済成長を目指したため産業や農地は外国資本の手に落ちたものの、九九年まで政権を保持してある程度の経済成長に成功すると共に軍政から文民政治へと転換する契機を作っている。第一次政権ではほとんど良い所なしだったピエロラであったが、その際の苦い経験を活かしたのか、第二次政権では一定の成果を上げたといえよう。それにしてもなぜ、彼が政権を奪回できるほどの信望を獲得できたのか。戦後に政権を握ったカセレスら軍人が強圧的な政治を行い、国民の反発を買っていた事が一因だったのかもしれない。

フランシスコ・ガルシア・カルデロン

Francisco García Calderón
一八三四〜一九〇五
ペルー　臨時大統領
在職一八八一

フランシスコ・ガルシア・カルデロンは自由主義的な思想の弁護士であった。バルタ政権で一時期蔵相となるが、程なくピエロラに取って代わられている。

さて太平洋戦争においてペルーが敗戦続きで首都リマが陥落寸前になると、ピエロラ大統領はリマから逃れたため首都から大統領が不在となる。そこで一八八一年二月二二日にリマ郊外で国内の名士たちが会合し、ガルシア・カルデロンが大統領に選ばれる。チリも講和相手としての大統領を求めていたためこれを公認。政府はマグダレナに置かれた。ガルシア・カルデロンは当時四九歳で、それまでメイグ、ギブス、ドレフュスといった商会の法的顧問を務めた経歴があるためペルーの財政状況には明るかった。それもあり、戦争継続は更なる犠牲を生むと判断してこの役目を引き受けた。

チリ側は都合の良い和平条件を押し付けるために新政権を利用しようとしたが、必ずしもガルシア・カルデロンはその期待に沿っては動かなかった。アメリカでガーフィールド政権が成立し、両国の公使が交代、比較的ペルーに好意的な態度を取り、領土割譲はペルー・ボリビア両国が賠償金を払えない場合に限定しようと主張。ガルシア・カルデロンはこれを背景にして強気に出る事が出来たのである。一方で在チリ公使の前任者が親チリ的であったのを利用するつもりであったチリには誤算であった。

この頃、チリ軍は山間部で百名ほどの部下とゲリラ戦を繰り広げるカセレスの対処に苦しんでいた。カセレスは神出鬼没であり、チリ軍は山地の寒冷さや高山病に苦しみ士気は低かった。更に指揮官が私腹を肥やす傾向があった。そして南部でモンテーロがアレキパを拠点に二千～三千人を率いて抵抗。

こうした中で一八八一年九月までにガルシア・カルデロンはチリと何度か和平交渉を持ったが降伏の文言を受け入れず、対等な講和を狙っていた。これに対してチリのサンタ・マリア新政権は業を煮やし、ガルシア・カルデロンを逮捕しようとしている。一方、ガルシア・カルデロンもこれを考慮していたのかモンテーロ提督を副大統領として自分に何かあっても既定方針が変化しないよう備えた。これはモンテーロにとっても政敵ピエロラと距離を置くため悪くない条件だったようで副大統領職を受諾している。

だが一方でカセレスが独自行動を取っている。この時期のペルーはガルシア・カルデロンとカセレスという複数の指導者が並立している状態であり、チリはガルシア・カルデロンを拉致する事で逆にペルー国内が纏まって体制を再建する危険を考慮し、誘拐は実行に移されずに終わった。

リマに駐留するチリ軍指揮官のリンチ大佐はガルシア・カルデロンに辞任するよう圧力をかけるが、彼は応じない。そこでリンチは彼に圧力をかけるため、政府の証券発行権限を停止したり、ガルシア・カルデロンを罪に落とせる文書がないか乱暴に大統領官邸を捜索したりした。

さて同年にガーフィールドが暗殺され、副大統領のアーサーがアメリカ大統領となると再びアメリカの政策に変更が見られ、チリの条件を基本に和平条件がまとめられ始める。ペルーはこれに応じず一八八二年にワシントンで会議が行われる予定となった。チリは南カマロンの割譲、二千万ペソの賠償が終わるまでの保証としてタクナとアリカの占領（賠償金が払えない場合は割譲）を主張。しかしペルーはこれに応じる様子がなかったので、チリ側は九月に従来躊躇していたガルシア・カルデロンの拉致に踏み切る。こうしてペルーの政権は副大統領であるモンテーロ提督に委ねられた。

首都を占領されるという状況下でまさしく敗戦処理のために政権に就いた人物である。損な役回りである事を承知で引き受けるなど愛国心・義侠心に富んだ人物であり、相手の圧力に耐えながら大国の好意を最大限利用して、有利な条件を引き出そうと粘った強かさを持っていたが肝心のアメリカで突然の政権交代があったのが不運だった。

リサルド・モンテーロ

Lizardo Montero Flores
一八三二〜一九〇五
ペルー　自称大統領
在職一八八一〜一八八三

一八七六年にプラド大統領と選挙で戦っている。プラド大統領によりタラパカの戦い直前にタクナ司令官に任命され、アリカへ派遣するがタクナ到着は出来なかった。続くピエロラ政権では冷や飯を食わされ、満足な補給を受けられず十分な活動が出来ていない。そうした中でボリビアのカマーチョ大佐ら反政府派からクーデターへの協力を求められ、モンテーロは流血を避ける条件で賛同。ボリビアのダサ大統領を戦略について話し合うという名目で誘い出し、その間にクーデターが行われた。ダサは味方を集めて反撃しようとするも果たせず欧州へ亡命。モンテーロはカンペーロ政権誕生に一役買った形になり、カンペーロからペルーが分裂した後にペルーを代表する政権として扱われる理由となる。

タクナ、アリカの防衛戦ではカマーチョ率いるボリビア軍と共同して戦いに当たるが、モンテーロは正面から防衛戦を行う事を主張したのに対し、カマーチョはチリ軍が背後に回り補給線を絶つ恐れがあるとして、サマ川まで退いてチリ軍の水源を握ろうと唱えた。意見の不一致から効果的な反撃が出来ず時を逸する。カンペーロ大統領が仲介を行うが既に遅く、チリ軍はアンデス西部を占領してタクナ西方の連合軍を破った。挽回を図ろうと五月二六日にサマ川のチリ軍にカンペーロと共に奇襲をかけるが失敗。その後はアレキパに逃れてそこで抵抗を続ける。ガルシア・カルデロン政権で副大統領に任命され、彼が拉致された後は政権を引き継ぎ大統領を名乗り抵抗を続けた。チリ軍が八四年にアレキパに迫ると迎え撃とうとするが、市民や軍が戦に飽いており、反乱を起こしたためやむなく十月二九日に降伏。なお、政権時代にカセレスに副大統領の地位を与えている。

アンドレ・アヴェリーノ・カセレス

Andrés Avelino Cáceres

一八三三〜一九二三

ペルー　自称大統領

在職一八八三〜一八八五

アンドレ・アヴェリーノ・カセレスは一八五〇年代には軍人としてカスティーリャ将軍の下で働き、その後はフランスに遊学して帰国後の一八六五年にプラド政権樹立を助けた。ピエロラとはその時期以来の政敵関係。アヤクーチョ生まれであり、南中央部には土地勘があった。太平洋戦争ではサン・フランシスコやタラパカの戦いで活躍して軍事的英雄とみなされる。リマ防衛戦では中央の第四師団を率いてサンタ・テレサからサンファンに至る四千五百人で守っていたが、イグレシアスの部隊が突破されると自身の負傷もあってサンタ・テレサに退却。リマ陥落後は中央高地に篭もり、リマから愛国者組織や腐敗したチリ軍を通じて手に入れた武器を利用し、先住民を含む現地民の協力も得てゲリラ戦を行う。その巧みな戦いぶりでチリ軍を翻弄し「アンデス山脈の魔術師」と謳われた。しかし衆寡敵せずで、八三年六月頃にチリ軍の攻撃に抗しきれなくなり、力を失っていく。それでも同年十月二八日から一八八五年一二月三日まで大統領を自称し、モンテーロやイグレシアスと対抗したが、この頃になると影響力は限られていたようだ。

戦後、敗戦の当事者として不人気であったイグレシアス政権を相手に蜂起して追い落とし、一八八六年に大統領として軍事政権を樹立し、九〇年まで大統領職にあった。九四年から九五年にかけて再び大統領となるが、強圧的な政治によって反発を買っている。

モンテーロ、カセレスとも軍人としては能力を発揮したものの国家戦略を担う政治家としては必ずしも適性があったと言いがたいようで徹底抗戦に終始し、戦争終結への青写真を描けなかった。それが一勢力に終わった理由であろう。

ミゲル・デ・イグレシアス

Miguel de Iglesias
一八三〇〜一九〇九
ペルー　国家再生大統領／在職一八八二
臨時大統領／在職一八八二〜一八八四
大統領／在職一八八四〜一八八五

ミゲル・デ・イグレシアスは北ペルーのカハマルカにおける富裕地主の家庭に生まれる。ピエロラがクーデターでプラド政権を転覆した際には義勇軍大佐として参加。功績から新政権で戦争大臣となる。八一年一月一二〜一三日にリマ攻防戦で第一師団を海岸部のモロ・ソラールからサンタ・テレサまでの地域に展開。一三日に自軍の右翼に攻撃を受けて潰走、捕虜となる。一四日にチリ軍からリマへ派遣され、ピエロラに降伏を勧めるが断られた。

一八八二年、イグレシアスは北部軍の指揮官となっていたが故郷のカハマルカを拠点に政権を樹立。四月一日に、連合軍の勝利は不可能であり、領土を割譲してでもチリととにかく和平する事を主張。八月には同様の内容を「モンタンの呼びかけ」といわれる文書で宣言している。一二月には「臨時大統領」。和平交渉相手を求めていたリンチ大佐は彼を公認し、月あたり三万ペソを支給する（後に九万ペソに増加）。

カセレスのゲリラ部隊が力を失うにつれイグレシアス政権を認める都市が増える。ペルー国民の間でも長い戦争・内紛の末に厭戦気分が広がっていたのである。チリと交渉の末、タラパカの割譲、タクナとアリカを十年間チリが占領し、住民投票により最終的帰属を決定、一千万ペソの賠償金という条件での停戦が決定され、十月二〇日にアンコン条約として批准された。モンテーロもやがて降伏してこの講和を認め、ペルーほぼ全域が終戦を受け入れたことになる。

屈辱的な和平を受諾したイグレシアスは戦後に売国奴として非難されることになるが、彼は戦場で息子を失っており、また地方地主としての一面もあった事からこれ以上の戦争による犠牲は避けたいと強く考えていた。また、為政者たちが気の進まない決断をするのを避けて終わりなく戦争継続する傾向があるとも見ていた（事実、ガルシア・カルデロンはともかく、ピエロラやモンテーロ、カセレスはそう評価されても仕方ない面がある）。戦争では完全敗北し、首都を含め国土の大部分が占領される状況だったのを考慮すると、アンコン条約は決して悪い条件とはいえない。チリの強硬派にはタリカやアクナを永久に割譲するよう求める意見も強かったのを考慮すると、ある程度の譲歩を引き出す事に成功したとすら言える。しかし国民からの反感は強く、これを受けたカセレスは一八八四年八月二七日に蜂起。この時はカセレスを撃退し、アヤクーチョに追いやる事に成功した。イグレシアスはカセレスと交渉しようとするが条件が合わず、一八八五年九月に戦闘で敗れ、一一月三〇日にリマへ迫ったカセレスに降伏。カセレスはこれ以上の混乱を避けるためイグレシアスに将軍としての地位や名誉を保証して懐柔したが、結局はイグレシアスは亡命を余儀なくされている。

因みにイグレシアス大統領時代の特筆すべき事項として、アンカシュ県での農民による人頭税・強制労働反対運動を契機に現地人、中でも先住民への関心が知識層の間で高まり『クスコ伝説集』が出版された事が挙げられる。戦争中に先住民も抵抗運動に参加し、ペルーへの帰属意識を高めた事がペルー政府に対する先住民の権利意識にも繋がったのかもしれない。

軍事的英雄として仰がれるモンテーロやカセレス、戦後の文民政権への転換に成功したピエロラ。彼等が歴史上で肯定的に語られるのにはそれだけの理由がある。しかし、このペルー最大の国難にあたり、祖国を救うため泥を被るのも厭わなかったのはこの中の誰でもなく、ガルシア・カルデロンやイグレシアスであった。しかしガルシア・カルデロンは異国へ拉致され、イグレシアスは売国奴として非難される。敗戦処理という役目は苦労が多い割に報われる事少ないものだという好例であろう。

ナルシソ・カンペーロ

一八一三～一八九六
Narciso Campero
ボリビア　大統領
在職一八八〇、一八八〇～一八八四

サン・シールのフランス陸軍学校で訓練され、一八四一年にインガビの戦いでボリビアに戻るまでフランス陸軍に属しアルジェリアにいた。一八七三年にパリに公使として赴くが彼はあくまで純粋な軍人であり、政治には興味がなかったという。

太平洋戦争の際には第五師団を指揮しており、チリ軍の後背に軍を集め、海を下り、正面決戦を避けて敵がタラパカへ北上した後に細長い地帯を奪回していく作戦を立てていたが、装備が不足し不可能で当てもなくさ迷う羽目に。ペルー軍と合流した歳にはペルー海軍は壊滅しており、作戦成功の見込みは既にほとんどなくなっていた。作戦が失敗に終わった後の一八七九年末、カマーチョ大佐ら反政府派は大統領へのクーデターを計画し、ペルーのモンテーロ提督から流血を避ける条件で協力を得る。ダサ大統領はモンテーロから戦略について話し合うという名目で誘われ、留守にしたその間にカマーチョらによってクーデターが行われた。政権から放逐されたダサは味方を集めて反撃しようとするも果たせず欧州へ亡命する。これを受けてカンペーロは臨時大統領に選ばれ、一九日に前線から首都へ赴いた。この時六五歳。状況への対応策として、一八七五年に施行された徴兵令（一八歳から五〇歳までの男子が対象、ただし既婚者、一人息子、兄弟が既に軍にいるもの、戦傷者、理系教授、教師など免除者が多すぎた）を再施行するが兵力が十分には補えない。そして劣勢を挽回するためカンペーロは一八八〇年四月に自らタクナに入り、ペルーと連合してチリ軍を撃破しようと図った。しかし自軍の指揮官とペルー軍指揮官が不和に陥っており、有効な連携が取れない。そこでカンペーロは四月一八日には海岸地帯を訪れ、自国とペルー指揮官の不和を仲介するが、既に戦機を逸していた。五月二六日、タクナ郊外のカンポ・デ・ラ・アリアンサで二万のチリ軍と一万一千の連合軍（カンペーロが指揮）が激突し、激戦の末に連合軍は敗れ、タクナは陥落する。失敗を取り返そうとモンテーロらと共に霧に乗じてタクナから二〇マイルのサマ川で奇襲をかけるがやはり敗北。

一八八〇年六月一六日、戦争継続を唱えて大統領に改めて選出される。しかし軍は散り散りであり、経済はペルー以上に混乱していた。ボリビアはアンデス山脈にチリ軍を引き込んで反撃するしか手はなかったが、チリは太平洋岸の鉱山拠点を維持する事に力を注ぎ、ボリビア側の誘いには乗らない。こうしてボリビアは実質的に戦線から離脱。ボリビアの国力が限界に達していた事も原因であった。それでもカンペーロはペルーとの同盟を強化して戦争継続を図るが、結局は外交的努力で休戦を目指すしか道はなかった。そんな中で一八八三年にイグレシアス大統領がボリビアに連絡なく勝手にチリと和平、憤慨したカンペーロはイグレシアスに抗議した。もっとも、カンペーロが連絡を受けなかったのは彼がイグレシアスを無視し、これと敵対関係にあるガルシア・カルデロンからモンテーロに繋がる政権をペルー政府として公認していたためであったが。この時期にはボリビアもチリと独自に休戦交渉していたものの、海岸部を割譲する条件をカンペーロは受け入れられなかった。一方でバプティスマ外相は受け入れの方針を唱える。ボリビア政府は大統領らタカ派とアルセ副大統領や外相らハト派に分かれる。一八八三年一二月七日にチリに使節を送り、翌年四月四日に和平が成立。海岸部をチリが占領、ボリビアはアリカやアントファガスタの港を貿易に使用できるが関税の二五パーセントをチリに支払う条件となった。ボリビアとチリの輸出入品は無関税である事も定められた（両国の産業・経済を考慮するとチリ圧倒的優位な条件）。また一九〇四年の条約で港への鉄道建設の権利がボリビアに認められた。さらに、ペルー国境沿いのチリ領内に中立地帯を設ける案も検討されたが合意には達せず、ボリビアとチリの関係にしこりを残している。

戦後、海への出口を失った戦争の代償にボリビアは軍人時代が終焉し、政党政治へと移行していく。戦時中の国論分裂から保守党（停戦派）と自由党（戦争継続派）が誕生し、カンペーロの時代を契機に独裁者による政治から政党を中心とする文民政治が定着へ向かって行く事になる。

ボリビアにとって、内陸国となった事や文民政治へ転換した事など歴史的意義の極めて多き戦争であったといえる。

フランス・マダガスカル戦争概略

　アフリカ大陸に近接したインド洋上の島・マダガスカル住民はマレー・ポリネシア系であるとされ、アフリカ大陸東海岸を経て一〇世紀頃に島へ移住したと推測されている。マダガスカル島の中央高地にアンドリアナ王国（メリナ王国）が成立したのは一七世紀初頭であり、王族・貴族（ホバ）と奴隷（アンデボ）による中央集権体制が採られた。一六世紀ごろからこの島にもヨーロッパ人が渡来し、交易が行われるようになる。一九世紀初頭になるとイギリスとフランスの宣教師がキリスト教の布教活動を開始する。ラナバロナ一世時代にはキリスト教を始めとする西洋文明は拒絶されたものの、彼女の死後からは次第にメリナ王国内でも西洋化が進行。一八六九年にはラナバロナ二世がプロテスタントに改宗し、伝統的信仰を抑圧するに至る。

　この頃、マダガスカル相手に交易をしていたのは主にイギリスとフランスであり、牛・米・コーヒー・砂糖・黄金などが輸出品であった。この時期になるとヨーロッパの列強は世界各地に勢力を伸ばして植民地化を推進しており、マダガスカルも一八七〇年代にはフランスが領土的野心を明らかにしつつあった。上述の産出品を確保するだけでなく、東アフリカ沿岸の交通・戦略上における要地としてマダガスカル島を評価していたためである。一八八二年、ラナバロナ二世は侵略的野心を露わにしつつあったフランスを牽制すべく、イギリスやドイツ、イタリア、アメリカなどに使節を派遣したが、フランスからの更なる圧力を受ける結果となったのみならず他の列強からの積極的な反応も得られなかった。そして運命の一八八三年。この年二月、フランスインド洋艦隊指揮官ピエール提督は本国からマハジャンガ港攻撃命令を受け、マダガスカルへ向かう。マダガスカル北西部の権益、外国人への土地所有権の開放、自由貿易権をメリナ王国政府に認めさせるための最後通牒が目的であった。ピエールはマハジャンガを砲撃した後にトアマシナ港へ赴き、最後通牒への返答を待つ。メリナ王国はこれに対し、黙殺したためピエールは更にトアマシナも砲撃して占領。こうしてマダガスカル島を支配下に置こうとするフランスと、独立を死守しようと図るメリナ王国との戦争が勃発した。しかしながら、メリナ王国側には戦備も十分とはいえず戦争遂行における意志決定もまた明確とはいえない状況で近代化されたフランス軍を迎え撃たねばならず、その見通しは極めて厳しいものであった。祖国が危機に陥っていた一八八三年六月一三日、女王ラナバロナ二世が死去。姪のラナバロナ三世が王位を継承し、政治的経験の乏しいまま未曾有の国家的に対処させられる事となる。

ラナバロナ三世

一八六一〜一九一七

Ranavalona III

メリナ王国　国王

在位一八八三〜一八九七

ラナバロナ三世はメリナ王国の王族・ラケタカ王女の娘として一八六一年に生まれ、元来の名をラザフィンドラヘティと言った。ラナバロナ二世がキリスト教を受容した影響か、彼女も幼い頃からキリスト教に親しみ、首都アンタナナリボのロンドン伝道協会が経営するプロテスタントの学校で教育されている。一度結婚をしているが、早期に離別したようだ。

メリナ王国が独立を死守すべくフランスと戦端を開いて間もない一八八三年六月、大叔母に当たるラナバロナ二世女王が死去。ラザフィンドラへティは宰相ライニライイアリヴニらによって後継として擁立させ、ラナバロナ三世を名乗り、即位し、危機にある祖国に君臨する事となる。ライニライアリヴニは前女王の夫として権力を行使してきたが、ラナバロナ三世の即位に当たって彼女とも新たに結婚して引き続き地位を確保する。これまで政治的経験のなかったラナバロナ三世であるが、君主として国を守り抜く事を決意。この年の一一月二二日、彼女は王家創業の地であるアンポビコンガで五百人の群集を前に聖なる岩の上に立ち、

「我が民よ、私には言わねばならぬ事があります！　神がこの国を、この王国を私に下さいました。神に感謝いたします。そしてアンドリアナンポインニメリナ大王、ラドナ一世、ラナバロナ一世、ラソヘリナ、ラナバロナ二世たちが遺産としてこの王国を残してくださいました。もし何者かが毛の先ほどであろうともこの国を奪おうと欲するならば、私は男と変わることなく国を守るため前線に出て戦いましょう。そうではありませんか、我が民よ？」

と呼びかけ人々の心をまとめようとしている。

さて、メリナ王国とフランスとの戦いであるが、フランス側の国内事情によって膠着状態に入っていた。ラナバロナ三世の即位とほぼ同時期に、フランス本国で政権が交替。新政権はマダガスカルへの武力侵攻に対し消極的であったため、現地フランス軍を率いていたピエール提督は本国への説得に力を注いでいる間に死去する。その後を引き継いで指揮官となったガリベル提督は本国との関係にも注意を払いながら事を進め、そのためか戦闘の帰趨はなかなか明確にはならなかった。とはいえ、メリナ王国側は戦闘・意思決定の体制が不十分なまま、政治的・軍事的に経験のない女王を仰いで近代化されたフランス軍と戦わねばならず長期的には敗北が不可避な状況であった。

一八八五年一二月、主要な港や都市を破壊・占

領された情勢下でこれ以上の抗戦は不可能と悟った女王は王国をフランスの保護国とする事を認め、ディエゴ・スアレス港の使用権を与える条件を受諾してフランスと講和し、戦争を終結させる。その後もラナバロナ三世はメリナ王国に君臨する事を認められるが、王家の権威はこの敗戦によって著しく低下した。そしてフランス軍の国内における立場が強まり、フランスから土地所有や交易特権に関する更なる要求が繰り返された。そして王家・貴族などマダガスカルの伝統的勢力の弱体化は無政府状態化を招き、人々は治安の悪化や国内経済の破綻に直面する事となる。

不穏な情勢が広がりつつある中で一八九四年、ラナバロナ三世はイギリスから多少の援助を引き出してフランスに再び決戦を挑もうとする。一方、フランスも国内でマダガスカルの植民地化を求める声が強くなっていた事もあり、この戦いを契機に権益を確立しようとしていた。ドシェンヌ将軍が指揮する一万四千人強のフランス軍がマハジャンガ港に上陸し、ベトシボカ川・イコパ川を経て首都アンタナナリボへ向かう。マダガスカルの雨季や疫病に悩まされ多くの死者を出しながらもフランス軍は首都に迫り、翌八五年九月二三日にはアンタナナリボに砲撃を加える。ここにラナバロナ三世は万策尽き、十月一日にフランスに降伏。女王の権威を支配確立に利用しようとするフランスによってラナバロナは敗戦後も傀儡として国王の座に留められたが、夫である宰相ライニライアリヴニはアルジェに追放された。ラナバロナ三世はフランスの意を受けて国民に抵抗をやめ、フランス支配を受け入れるよう説得したが、大きな効果は見られなかった。

この頃、西洋文化への強い拒絶を示す民族主義者「赤ランバ」運動が高揚。彼らはマダガスカルの各地で女王の名を掲げてフランスに反乱を起こしていた。ラナバロナ三世が民族主義の旗印になる事を恐れたフランスは、一八九六年八月にマダガスカルを公式に併合する事を決定し、総督を派遺。数ヶ月後にはメリナ王国の君主制廃止が決定され、女王は地位を追われる。そして翌九七年二月、ラナバロナ三世はレユニオン島へ配流となり二年後には更にアルジェに移された。アルジェではある程度礼遇されたようであるが、一九一七年に没するまでフランスの監視下での生活を余儀なくされたのである。彼女の遺体がマダガスカルに帰還し、王家の墓所に埋葬されたのは一九三九年頃。そしてマダガスカルが再び独立を回復するのは一九六〇年になってからの事であった。

一九世紀まで離島という地理的条件も幸いして平和を謳歌してきたメリナ王国であったが、欧米による植民地化の波はこの地にも押し寄せた。平和に慣れ、近代化も果たせないままで列強の一角であるフランスへの対抗を余儀なくされるという絶望的な状況の中で、政治的経験のないまま周囲の思惑によって擁立されたラナバロナ三世。彼女は伝統ある王国の支配者として誇りを抱きつつ全力を尽くしたのであるが、やはり事態はその手に余るものであった。王者として歴史の表舞台に立ったがゆえに、時代に翻弄され、最期は異郷の地に骨を埋める事となった不運な人物であったといえよう。

ボーア戦争概略

一七世紀、オランダ東インド会社が南アフリカにケープ植民地を建設し、多数のオランダ人が移住した。彼らの多くは農民出身であり、「ボーア人」と通称される。しかし一八世紀末から一九世紀初頭にイギリスが勢力を伸ばしてケープを占領し一八一四年に併合したため、ボーア人たちは北方の内陸部へと移住する。こうして一九世紀半ばにはトランスバール共和国とオレンジ自由国という二つのボーア人国家が成立していた。しかし、これら内陸部にもやがてイギリスの手が伸びる。一八七七年、トランスバールにドイツが介入するのを恐れたイギリスは同国を併合した。しかしボーア人がこれに反対して蜂起し、八一年にマジュバヒルでイギリス軍を破ったためイギリスは同年にプレトリア協定でトランスバール共和国の主権を改めて認定（第一次ボーア戦争）。イギリスがボーア人国家に介入したのは、インドへの航路上の要衝を確保し、インドへの第三国の進出を防ぐといった意味合いがあった。しかし、それ以上に決定的になったのはその地にあった金鉱である。一八八六年、トランスバールで世界最大級の金鉱が発見されると、イギリスは世界的覇権を更に確かなものとするためそれを手に入れようとした。こうして鉱山主やイギリス政府は鉱山開発の上でトランスバール共和国の存在が邪魔であると考えるようになり、干渉を重ねるようになった。例えば、ケープ植民地首相セシル・ローズは植民地拡大による覇権論者であり一八九五年にトランスバール共和国への侵入を試みるが失敗し、引退を余儀なくされている。その後もイギリスのチェンバレン植民地相らが内政干渉を継続する。これに対し一八九九年十月、ついにトランスバール共和国とオレンジ自由国は独立を保つためにイギリスに宣戦布告した。第二次ボーア戦争である。

イギリスは早期決着を想定し、クリスマスまでには終結すると考えていたが、これは過信であった。一八九九年にナタールへボーア人勢力が攻撃をかけたとき、イギリス側には植民地義勇兵を主力とする三万の兵力しかおらず大敗を喫する。その後もボーア人は一二月十日にストームベルグ、一一日にマゲルスフォンテーン、一五日にコレンゾーで勝利を挙げた。そしてキンバリーやマフェキングを包囲するに至る。これに対しイギリス軍は一九〇〇年二月一五日にロバーツを総司令官、キッチナーを参謀総長として本国・カナダ・オーストラリアから集めた兵力で援軍を編成。これによりイギリス軍は態勢を立て直し、一九〇〇年には優勢となってボーア軍を押し戻す。一九〇〇年二月にはパールデベルグでボーア軍を破り、三月にはオレンジ自由国の首都ブルームフォンテーン、六月にはトランスバール共和国の首都プレトリアを占領。しかしボーア人勢力はその後も屈服せず、ド・ウェットやデ・ラ・レイらを指導者としてゲリラ戦でイギリス軍を苦しめた。イギリス軍はこれに対し非戦闘員の家屋や農園も焼き払いゲリラの戦闘継続能力を奪う作戦に出たため国際的非難を浴びる。またこれによってボーア人の一般市民もイギリス軍に対し抵抗し、有刺鉄線でバリケードを作り、民家もバリケードに組み込んで防御に利用した。しかしこのように市民が戦いに直面する事によってボーア人側の抵抗は次第に弱くなり、一万四千人のゲリラがまず降伏して恭順派となる。また五千人の無産ボーア人がイギリス軍に加わり地主に圧力をかけるのに加担するようになった。

　ここに至り、イギリス側のキッチナーは講和を考えるようになる。イギリスは大きな戦費・兵力を費やしたため国内にも不満が高まっていたし、ボーア人側にも戦禍の大きさから和平を求める声が高まっており、双方ともこの辺りが潮時と読んでいたのだ。こうして、イギリス軍とトランスバール政府により和平の下交渉が開始されたのである。交渉上、トランスバール共和国・オレンジ自由国両国の独立を認めるかどうかが問題になる事は想像に難くなかった。

シャーク・ウィレム・バーガー

一八五二～一九一八
Schalk Willem Burger
トランスバール共和国　大統領代理
（クルーガー大統領が国外亡命しているため）
在任一九〇〇～一九〇二

一八五二年にトランスバールのライデンブルクで生まれ、軍人の道を歩む。第一次ボーア戦争ではボーア軍の司令官を務め、その後は国会議員となり、八六年からは行政会議に名を連ねている。一八九八年には大統領選挙に出馬したが落選。第二次ボーア戦争ではライデンブルク地区の司令官となり、クルーガー大統領が一九〇〇年に亡命した後は大統領代理となった。一九〇二年、イギリス軍のキッチナー参謀総長から和平の打診があり、下交渉を行う。その上で同年五月一五日にオレンジ自由国の代表と合同会議を行い、両国の主権が認められない方向のため反対意見も出たが結局、これ以上の戦争継続は難しいという事で賛成多数となり、講和受け入れの方向で決議された。その上で、両国の外交権放棄・イギリスの保護権承認・スワジランドとウィットウォータースランド割譲を認める条件で交渉する方針となる。しかしイギリスはこれを受け入れなかったため、五月三〇日に再度トランスバールとオレンジ自由国の合同会議が開催された。この時にはもはや、圧倒的多数が和平を受け入れざるを得ないと判断していた。そして翌三一日には両国市民が英国を主権者として認める事を前提に、捕虜は解放、市民の財産は保護し、戦闘行為を理由に市民を訴追しない、アフリカーンス語使用を認める、参政権に関しては後ほど検討するといった条件で講和が成立、フェリーニヒング条約を締結して戦争が終結こうして、イギリスから再建への助力を受けるのと引き換えにボーア人は独立を放棄した。

その後、バーガーはイギリス支配の下でもヘット・フォルク代表議長（一九〇七）、トランスバールの立法会議議員（一九〇七）、連邦議会議員（一九一〇）を歴任し、政治家として活躍している。

クリスチャン・デ・ウェット

一八五四〜一九二二
Christiaan Rudolf de Wet
オレンジ自由国　大統領代理
（ステイン大統領が国外亡命しているため）
在任一九〇二

クリスチャン・ルドルフ・デ・ウェットは一八五四年十月七日にオレンジ自由国のケープ植民地近傍に位置する農家で一四人兄弟の六番目として生まれた。家庭事情から十分な教育は受けられず、家族を養うためキンバリーのダイヤモンド鉱山、オレンジ自由国やトランスバール共和国の農園で運輸業に従事した。第一次ボーア戦争に参戦してイギリス軍と戦い、ハイデルベルク奇襲部隊の司令官代行となっている。戦後は再び農業に従事したが、デ・ウェットは既に戦争を通じて名士となっており、一八八五年には短期間ながらトランスバール共和国議会議員となり、八九年から九八年の間には今度はオレンジ自由国の議員を務めている。

一八九九年に第二次ボーア戦争が起こると、デ・ウェットはハイルブロン奇襲部隊に参加し、ニコルソンの戦いで三百の市民兵を率いて八百のイギリス軍捕虜を獲得した事で勇名を轟かせた。彼は固定陣地での戦いではやがて敵の優勢な戦力に対抗できなくなると、機動力を活かした戦いを上層部に進言したが、緒戦の勝利もあり、受け入れられるには至らなかった。西部戦線でもデ・ウェットはイギリス軍の補給線や通信線を寸断している。

一九〇〇年二月下旬にバールデベルグのボーア軍が降伏し、ブルームフォンテーンが陥落した後は、デ・ウェットはまだ戦場に残存するオレンジ自由国軍の最高司令官となった。同年三月三一日にサンナスポストでイギリス軍のブロードウッド将軍に勝利した事でゲリラ戦指揮官としての名を高め、その後もイギリス軍による「デ・ウェット狩り」をすり抜け、敵の補給を度々待ち伏せ攻撃してイギリス軍に苦汁を飲ませている。一九〇一年にはイギリス軍参謀総長キッチナーが一万五千人の兵力で「大デ・ウェット狩り」を行っているがこの時も敵の手を巧みに逃れている。

こうしてイギリス軍を苦しめ続けたデ・ウェットであるが戦争は数多くの民衆を巻き込んでいた事もあり、抵抗継続にも限界が近付いていた。イギリス軍とトランスバール共和国軍の講和下交渉を経て、一九〇二年五月一五日にはトランスバールとオレンジ自由国の代表が合同会議を行う。オレンジ自由国の代表として参加していたデ・ウェットは講和に反対だったが、これ以上の抵抗は難しいとして賛成する者が多数であった。しかし両国から提示された条件をイギリスがこれを受け入れなかったため、五月三〇日に再度合同会議が行われた。この時には、デ・ウェットも和平やむなしと考えており、圧倒的多数がイギリスの要求を受け入れて講和する事を決議した。こうして翌三一日に両国民はフェリーニヒング条約を締結し、ボーア人は独立を放棄して戦争は終結した。この際にデ・ウェットは国外亡命していたステイン大統領に代わってオレンジ自由国大統領代理として署名している。

戦後、デ・ウェットはルイ・ボタ将軍やデ・ラ・レイ将軍と共に戦争で貧困に陥ったアフリカーナ（南アフリカのオランダ系白人）たちを支援するため出資している。イギリス支配下のオレンジ川植民地が成立すると、彼はオレンジ統一党を結成して一九〇八年から〇九年にかけて南アフリカ国民会議にも議員として参加。引退して帰農した際も、オレンジ自由国国民党の結成を援助している。

第一次大戦で南アフリカ植民地がイギリス側に付いて参戦すると、デ・ウェットはイギリス支配に反対するアフリカーナの運動に参加し、プレトリアのボタ政府に対し武装蜂起した。ドイツの南西アフリカ植民地へと赴いてドイツ軍に参加しようと目論んだが、果たせずに逮捕され、ヨハネスブルクで一年間投獄された。その後も、アフリカーナの間で愛国者として声望が高かった事もあり、監視が解かれることはなかった。デ・ウェットは徐々に健康を害し、貧困のうちに一九二二年二月三日に没した。

バーガーもデ・ウェットもそれぞれボーア人の政治的独立を守るべく戦った軍事的英雄であり、最後まで戦い続けたがゆえにその祖国の最期にも代表者として立ち会う事となった。彼らとしては、政治的独立が叶わなくなってもせめてアフリカーナ社会だけは残すべく、有利な条件を引き出して降伏するより他はなかったのである。その後も、彼らがアフリカーナの代表として活動舞台を政治の場に移して奮闘したのは既に見たとおりである。

なお、この戦争でイギリスは四五万人の兵士を投入しており、ボーア人の兵力は八万八千人であった。イギリスにとっては勝利したというよりむしろ苦戦によって軍事的威信が揺らいだ戦争とみなされる事となる。そしてこの戦争には十万人のアフリカ系住民が巻き込まれており、その三分の一が何らかの形で軍に関わっていた。イギリス軍で二万二千人、ボーア軍で七千人、ボーア市民で二万八千人、アフリカ系住民で二万人がこの戦争で犠牲となっている。戦後、戦禍からの再建のためイギリス政府はアフリカーナの協力を重視したため、その既得権を追認せざるを得なかった。その結果、戦争でボーア人に対抗するためイギリス軍に協力したアフリカ系住民の権利や経済的恩恵は認められなかったのである。これ以降も、制度としてアフリカ系住民など有色人種が差別される体制が継続する。人種差別からの解放を目指した有色人種の長い戦いは、ここから始まったと言える。

第二次バルカン戦争概略

一九〇八年、オスマン帝国で近代化とトルコ人中心の集権制確立を目指す青年将校の「青年トルコ」革命が勃発。バルカン諸国はこれに脅威を感じ連合しての防衛を模索する。また同年、オーストリア・ハンガリー二重帝国がボスニア・ヘルツェゴビナを併合。これを受けてオーストリアのバルカン進出を阻止するため、ロシアがバルカン諸国に強く働きかけ、同盟体制の形成を促した。こうして一九一二年にバルカンの小国セルビア・モンテネグロ・ブルガリア・ギリシアは同盟を結んでオスマン帝国に対する同盟体制（バルカン同盟）が成立。バルカン同盟は一二年十月にオスマン帝国に宣戦を布告した（第一次バルカン戦争）。オスマン帝国は北アフリカを巡ってイタリアと戦っていたため主力が不在であり、バルカン諸国によって敗北。一九一三年五月にロンドンで結ばれた講和条約によってイスタンブール周辺を除く全てのヨーロッパにおけるオスマン帝国領が割譲された。しかし、その領土の振り分けを巡ってバルカン諸国間で争いが起きる。良港テッサロニキを含むマケドニア地方を巡り、一九一三年六月にブルガリアがギリシアとセルビアと対立し、一九一三年六月に宣戦布告（第二次バルカン戦争）。同年七月には、ドブルジャの領有を主張するルーマニアと失地回復を目論むトルコもブルガリアに宣戦を布告した。ブルガリアは孤立無援な状況に陥り、敗北に直面する。こうした中でブルガリアの首相を務めていたマリノフが失脚、数人の首相を経て親露派のラドスラヴォフが政権を握った。

ヴァシル・ラドスラヴォフ

一八五四〜一九二九
Vasil Radoslavov
ブルガリア王国　首相
在職一九一三〜一九一五

ヴァシル・ラドスラヴォフは一八五四年七月一五日に中部ブルガリアのローヴェッチで生まれた。ハイデルベルク大学で法学博士号を取り、帰国後は親露的な空気の強い自由党に入党して政治家となる。一八八四年から八六年にかけて法務大臣となり、八六年から八七年、一九〇一年から〇三年には首相も経験した。

一九一三年に第二次バルカン戦争でブルガリアが破滅的な敗北をした最中の七月一七日、ラドスラヴォフはダネフ内閣に替わってこの難局を乗り切るべく三度目の首相就任をする。国王フェルディナントは彼を粗野だが実行力のある人物として事態収拾に最適と考えたのだ。

ラドスラヴォフ自身は熱心な親露派であったが、ロシアがこの戦争に当たってブルガリアを十分に支援できなかった事もあって反露・親墺派と連立しての政権樹立を余儀なくされた。ルーマニア軍が首都に迫り、南部からオスマン帝国軍も侵攻している現状において、ラドスラヴォフはともかくも早期に戦争を終結させる事を最優先する事とした。

この頃、ロシアを始めとする周辺大国はバルカンの安定のため戦争終結を望んでおり、その空気を利用して国王はブカレストのイタリア大使を通じてルーマニア軍の進撃を止めさせ、ソフィア占領をとりあえず防いだ。またラドスラヴォフはロシアの仲介を得てセルビアやギリシアとも停戦交渉を試みたが不調に終わる。しかしルーマニアがセルビアやギリシアを説得してブカレストで和平交渉をする事となった。この時期にブルガリア軍がカリマンチでセルビア軍の進撃を食い止めるのに成功し、コンスタンチン国王自らが率いるギリシア軍をクレスナ・ゴルジで撃破したのも和平交渉開始への契機となっていた。

ラドスラヴォフはブカレストにトンチェフ蔵相らを送り込み、交渉に当たらせる。ラドスラヴォフ自身は外交手腕に不安があったためソフィアに留まった。トンチェフはギリシア・セルビア・ルーマニアの間に対立を誘発して交渉を有利に運ぼうとしたが不成功に終わる。最終的に八月十日にブカレスト講和条約に調印し、続く十月一三日にはコンスタンチノープル条約でオスマン帝国とも戦争状態を終結させた。

この結果、ギリシアはテッサロニキを含むエーゲ海沿いのマケドニア地方の大部分、セルビアはマケドニア地方の北部と中部を領有した。また、ルーマニアは富裕な農業地域と輸出穀物の生産地であるドブルジャ南部を獲得し、トルコもアドリアノープル（現エディルネ）を含む東トラキア地方を回復した。ブルガリアは第一次バルカン戦争で手に入れた多くの領土を失ったが、停戦直前にギリシア軍相手に勝利した事もあって辛うじてストルマ渓谷中ほどまでのピリン・マケドニアとエーゲ海の外港デデアガチ周辺のみは確保できた。ただし、これらの地域は交通の便が悪く、発展が遅れており国庫に負担をかける存在であった。とはいえ、新領土住民は政治参加の経験がなく、容易に政治的に篭絡できたため翌年の選挙で与党が多数を取るのに貢献しており、ラドスラヴォフ自身には有用であったが。

こうして何とか戦争を終わらせる事は成功したが、連年の戦禍による国土荒廃と財政危機は深刻であった。そこでラドスラヴォフは将来における失地回復を目標として国王の後援を得て、親独的な外交を展開し、一九一四年にはドイツ銀行協会から五億レヴァの借款をする。利子への引当金を国庫収入から確保する事、ラゴス港までの鉄道敷設をドイツ建設業者に請け負わせる事、ペルニクとボボフ・ドルの鉱山経営をドイツに引き渡す事が条件であった。ちなみに同様の申し出をフランスに行った際はよりフランスに有利な政策に従うよう要求され、拒絶している。この借款はドイツとの友好関係だけでなく先の戦費対策や新領土開発への費用確保という側面もあった。

このようにドイツへ接近したラドスラヴォフであるが、一九一四年に第一次大戦が勃発した際には当初は参戦を見送った。そして連合軍側・ドイツ側の双方と交渉して参戦の見返りにマケドニアとトラキアの領有を認める条件を求め、ドイツ側から承認を引き出せたため翌年十月に参戦してセルビアに宣戦布告する。しかし一九一六年に同盟軍が占領した北ドブルジャの処遇を巡ってドイツと対立を深め、一九一八年六月二一日に辞任。同年九月にブルガリアが敗北すると、ラドスラヴォフはドイツへ亡命し、一九二八年十月三一日に亡命先のベルリンで客死した。

ラドスラヴォフは親露派の重鎮として長らく政界に君臨した。ブルガリアが戦争で周辺諸国をことごとく敵にまわし、破滅に直面した際に抜擢されたのもその経歴が買われた側面がある。ともかくも戦争を終結させる事には成功したが、その後の国家運営には苦戦し、失地回復と国家再建という両立困難な難問を背負う事となった。

ラドスラヴォフはそれに対処するため本来の志向である親露路線を捨てる事すら敢えて行ったのだが、戦争で疲弊した祖国を更に総力戦で破滅に直面させる結果を残す羽目となってしまう。彼の力量の限界もあろうが、小国の悲哀をここに見る事も出来る。実際問題として、ドイツと結び付き、多額の借款を受けている以上は独自路線を貫き通す事は難しかったであろうし、セルビアを含む周辺諸国との対立がある以上は連合国側についても連合軍内部での対立は避けられなかったであろうから。結局、彼は自身や祖国の力量を超えた難局への対処を余儀なくされ、翻弄された人物という評価が妥当かもしれない。

第五章　近代後期

第一次世界大戦

ロシア（ソビエト連邦）概略

　クリミア戦争での敗北を契機にアレクサンドル二世によってロシアは近代化の道を進んだが、アレクサンドル死後はその歩みは必ずしも順調ではなかった。ニコライ二世時代、ロシアは極東での海の出口を求め満州に進出、朝鮮半島に勢力を伸ばしつつあった日本との対立を招く。一九〇四年に日本との戦争に突入する（日露戦争）が、軍事的には劣勢であり国内でも革命騒ぎが起こったため極東への進出は断念せざるを得なかった。日露戦争後、首相ストルイピンは内政再建のため内外における二、三〇年の平静が必要と考え、イギリス・ドイツ双方と親密な外交政策を採る。しかしバルカン半島のセルビアがオーストリア・ハンガリーと烈しく対立していた関係から、スラブ民族国家の庇護者としてドイツへの強硬策に転じざるを得なかった。

　一九一四年六月のサラエボ事件を契機にオーストリアがセルビアに宣戦するとロシアはこれに応じて動員開始。七月にドイツとロシアは戦争状態に入り、ヨーロッパ各国も参戦。第一次大戦である。開戦は、ロシアにとっては国際的威信を回復できるかどうかの賭けであった。当初は、国内に於いては国内支配層の団結と挙国一致の雰囲気を作り出し、労働運動を沈黙させた。議会でも各党代表が戦争協力を誓い（ボリシェヴィキとメンシェヴィキは反対の声明を出し退場した）、社会主義者の中にも戦争協力の機運が生じていた。そうした中でゼムストヴォ（地方議会）や都市自治体も傷病兵救護のための連合を形成している。

　しかし、戦況は決して望ましいものでなかった。ドイツの猛攻を受けたフランスから早期攻撃の依頼を受け、最高司令官ニコライ大公は軍隊の集結と展開が完了しないままでドイツへの攻撃開始に踏み切る。緒戦は順調であったが準備不足の影響はすぐに現れ、八月一七日のタンネンベルクの戦いでヒンデンブルク率いるドイツ軍に大敗した。一方、オーストリア軍に対峙する部隊はガリチアへ順調に前進し、八月二一日にはリヴォフを、九月初頭にはプシェムィシルを占領。

準備不足であったのは前線だけではなく、開戦五〇日後には兵員輸送・砲弾補給が困難となり、兵の士気を低下させた。参謀総長ヤヌシケヴィチによれば多くの兵士が長靴がなく、足が凍傷になり風邪を引くものも多く、将校が戦死すると集団投降が始まる事も多く見られたという。そうした状況で戦線を維持できるはずもなく、ドイツ軍の攻勢に晒され、撤退を余儀なくされる。一九一五年四月にはガリチアから退却が始まり、七月には完全に撤退。次いでポーランドが攻撃され、八月の損失は四〇万人に上った。物資調達に対して政府も手をこまねいていたわけではなかった。一四年八月時点では農業庁長官に委ねられていた食糧調達であるが、一五年二月になると軍管区単位で公定価格設定・販売強制・特定生産物の特定領域からの搬出禁止を施行。五月には中央戦時工業委員会が結成される。

この頃になると新聞や反政府勢力による政府への非難が高まり始め、八月二三日には皇帝は閣僚を入れ替えると共に国会や大臣の反対を押し切り、自ら軍の指揮を採る事とした。また国会ではカデット、進歩党など中間派が連合し、国民の信任を得た政府を要求していたが、皇帝はこれを拒否して国会を休会とする。そのため議員達は戦時救済運動を通じてゼムストヴォや都市と連帯するようになる。

一九一六年になると実際の指揮権を行使していた参謀総長アレクセーエフの下で一旦戦況は改善し、夏にはガリチアに再進出する。しかしこの攻勢も中途で挫折し、以降はロシア軍の勢いは衰えた。また国内では経済問題が深刻化していた。制度の上では総力戦体制が整ったかに見えたが、実際には中央と地方で動きが統御されず、空中分解に向かっていた。一六年秋には国力の枯渇が明らかになり、また動員の増加により農業・鉱工業への人員不足が深刻となる。兵力を補填するため中央アジアの諸民族など兵役免除者への動員が行われ、彼らの反乱を誘発。また人と馬が戦場に取られ輸送手段が失われ、また穀物を調達機構が備蓄したため消費地域への供給が不足し、食糧危機が発生した。軍需産業偏重の体制により民需が軽視され、その軍需工業も燃料不足のため十分な生産を上げられないでいた。また物資不足は超インフレを招き、中産階級の貯蓄を切り崩した。こうした中で、物資不足に悩まされる前線では厭戦気分が募り、十月から一一月には攻撃命令を拒否する事例が多発する。首都でも兵士がデモへの弾圧に怒り、警官隊に暴行を加える事件が起きる始末であった。

また、指揮官として皇帝が首都を不在にする事で皇后の発言力が高くなっているのも問題視されていた。皇后らは軍病院で傷病兵の看護に従事していたが、密かに和平を模索する陰謀を企てているという噂が立てられた。加えて皇帝夫妻が祈祷僧ラスプーチンを信任していた事もスキャンダルとして帝室への評判を落とす結果となった。そしてこの頃には皇帝と大臣達との間にも距離が生じ始める。一二月には貴族たちによりラスプーチンが暗殺されたが、すでに人々の心を政府に呼び戻すには手遅れであった。左翼連合派を中心として皇帝・皇后を直接敵視する傾向が広がり、革命への流れは着実に形成されていた。

一九一七年に入ると、首都ペトログラードでは大規模なストライキが行われる。社会主義系諸団体は三月八日（ロシア暦では二月二三日）の国際婦人デーに記念集会を予定していたが、工場地区ブイボルグの婦人織維労働者たちが自らの意志でストライキに入り、周辺の工場に波及して同日夕方にはゼネストの様相を呈する。翌日以降、ストライキは首都全域に拡大を始め、食糧要求・戦争反対・専制打倒を掲げ始めた。労働者だけでなく兵士もこれに合流し、三月一二日日にはペトログラードでソビエト（評議会）結成大会が開かれる。ここで社会主義者の右派・中間派を主流とした執行委員会が選出され、労働者・兵士を中心にソビエトの代表を選出。長引く戦争による生活苦は、労働運動を一気に帝政打倒を唱える革命へと燃え上がらせたのである。一方、国会では臨時委員会が設立され、自由主義者の要求により政権掌握に乗り出す。ソビエトも革命を擁護する条件でこれを支持。こうして臨時委員会は各官庁を接収して三月十五日（ロシア歴では三月二日）に臨時政府を成立させ、ニコライ二世は退位。ニコライ二世は弟のミハイル大公に譲位したが、ミハイルが即位を拒否し、皇帝は空位となる。ここに約三百年間続いたロマノフ朝はその歴史に幕を下ろした（三月革命）。

臨時政府首班のリヴォフは戦争を継続する方針を示し、連合国側諸国の支持を取り付けたが、長期戦で疲弊した国民からの失望を買う。リヴォフから政権を引き継いだケレンスキーも国内の支持を得ることは出来ず、一一月七日（ロシア暦では十月二五日）にレーニンの指導するボリシェヴィキによって権力を奪取された（一一月革命）。政権を奪い取ったレーニンは、国民の支持を得るため何としても戦争を終結に持ち込む必要を痛感していた。

ウラジミール・レーニン

一八七〇～一九二四
Vladimir Ilyich Lenin
ソビエト社会主義共和国連邦　最高指導者
在任一九一七～一九二四

ウラジミール・イリッチ・ウラヤーノフ（後のレーニン）は一八七〇年四月二二日、シンビルスクで教師の子として生まれた。父方の祖父は農民から身を起こして都市の中産階級となった人物であり、母方の祖父はドイツ系あるいはユダヤ系の血を引く医師であった。ウラヤーノフ家の兄弟はいずれも優秀として知られ、ウラジミールも活発な少年時代を過ごしたようだ。当初は政治に興味は持たず、ロシア文学やラテン語、ギリシア語、歴史、地理といった学問に惹かれる青年であった。しかし一八七七年に尊敬していた兄アレクサンドルが政治結社「人民の友」に参加し、皇帝アレクサンドル三世暗殺計画に加わって絞首刑となった事で、ウラジミールは兄の遺志を継ぐことを決意。文学の研究をやめ、政治運動に従事するようになり、一八八九年にはマルクスの『資本論』を手にしている。こうした政治活動のためカザン大学を追放されたが、一八九一年に外部学生としてサンクトペテルブルク大学の法試験を受験する事が認められ、合格し学位を手にしている。九二年ごろからプレハーノフ（ロシアにおけるマルクス主義の父とされる）の著作に耽溺し、マルクス主義グループ内部で討議を繰り返すようになる。それらの論争を通じて、ロシアに社会主義を持ち込むための理論を形成したようだ。一八九五年、ウラジミールは肺炎を患い、静養のためドイツ・フランス・スイスなどを旅行し、ドイツの社会民主主義について学ぶと共にスイスに亡命したプレハーノフに面会している。帰国後には更にモスクワやヴィルナなどの同志と連絡を取り、労働者解放組織の結成や地下機関紙発行に動き出すが、逮捕されシベリアに流される。その地で彼はクルプスカヤと出会い、結婚。因みに彼が偽名を「レーニン」としたのは流刑地のレナ川にちなんでのことである。流刑生活中、レーニンは自らの理論研究を更に進め『ロシアにおける資本主義の発達』を著す。また、労働者が自発的に革命を起こす事は出来ないが、中核となる知識人が指導する事で連帯し、社会主義へと至れるとの結論に達した。それを実行するため、ロシアの社会民主党をドイツのそれに倣って厳格に党指導部が力を持つ体制に作り変えようと志す。一九〇二年には『何をなすべきか？』を著して革命の青写真を描き、翌年には党内で自身の派閥を旗揚げ。自らの支持者が党中央委員会で多数を取っていた事から「ボリシェヴィキ（多数派）」と名付けられた。しかし党内の主導権は「メンシェヴィキ（少数派）」と呼ばれた対立派閥が握っていた。

一九〇三年から一九一七年までレーニンは西欧で生活し、国外からボリシェヴィキを指導した。一九〇五年に革命運動が起きた際には一時帰国しているが、ボリシェヴィキが革命準備不足である事を痛感する結果に終わっている。一九一七年三月、ロシア国内でインフレによる生活苦に抗議して起こったストライキが一気に革命へと発展。スイスで事態を見守っていたレーニンもこの急展開に驚いたが、ボリシェヴィキを直接指導するためドイツの協力を得てドイツ・スウェーデン・フィンランドを経由して四月一六日にロシアへ帰国した。彼は臨時政府への協力を拒み、戦争の終結を求めると共に、「全ての権力をソビエトへ」と呼びかけた。レーニンには先に帰国に協力したドイツ政府が相当な額の資金援助をしていた。ドイツにとってもロシアでの革命成功とそれによるロシアの戦争からの離脱は望ましい事であったのがレーニンへの協力の理由である。七月にボリシェヴィキは一旦蜂起に失敗し、レーニンはフィンランドに逃れるが党への影響力は健在であった。一方ロシアでは臨時政府が次第に不安定となり、ボリシェヴィキはレオン・トロツキーの実行指揮で再度準備を重ね、一一月七日には帰国したレーニンの決断を受けて首都の主要地域を占領し、政権を掌握する事に成功した。

権力を奪取したレーニンは、翌日に「平和に関する布告」と「土地に関する布告」を出し、戦争に倦んだ国民や農民の支持を取り付ける。「平和に関する布告」は即時停戦、民族自決、無併合・無償金という形での講和の実現を交戦中の各国に呼びかけるものであったが、連合国側諸国は拒否し、それまでロシアの敵であった同盟国側諸国のみがこの呼びかけを受諾。ロシアが戦争から離脱する事で東部戦線が解消され、戦力をその他の戦線に集中する事で最終決戦への希望が繋げるためである。

一二月二日からドイツと休戦交渉が開始され、一二月一五日には一旦休戦に漕ぎ着ける。その上で二二日にブレスト・リトフスクで正式な講和に向けての交渉が開始された。交渉はドイツ側が民族自決の原則を逆手にとってポーランドとバルト海沿岸地域をロシアから切り離し、ロシアに巨額の賠償を課すという厳しい条件を要求したため難航。ボリシェヴィキ政権はこの場を利用して主張を世界にアピールする事で他国にも革命を波及させる事を戦略としており、ロシア側の態度に関してマックス・ウェーバーが「社会主義の実験を国内にとどめることに満足できず、『平和』や『自決』という言葉を濫用してドイツに内乱をもたらそうとした」(牧野雅彦『ヴェルサイユ条約』中公新書、二三頁)と記しているようにドイツ側が警戒をした事がこうした厳しい条件を出す一因となったとも言われている。三一日に人民委員会議は交渉引き延ばしを決定する一方で決裂に備えて軍の再編成にかかり、翌一八年一月一五日には赤軍の組織化が開始された。一旦首都へ戻った全権代表トロツキーは「戦争もしないが、講和も結ばない」という交渉引き伸ばし案を打ち出した。これに対しブハーリンらはドイツ革命を誘発させるための徹底抗戦を主張するが、レーニンはロシア革命の「息継ぎ」のために即時講和を主張。一月二一日のボリシェヴィキ党幹部会ではブハーリン派が多数であったが、二四日の党中央委員会ではトロツキー案が通った。ドイツやオーストリアでストライキ運動が広がっており、ボリシェヴィキ指導者達にはこれが革命が始まった証と考え、講和条約を引き伸ばせる可能性があるとの判断を招いた。二二日には首都をペトログラードからモスクワに移してドイツへの対決姿勢を取ることも議論されたが否決。二四日には即時講和・革命戦争の提案が大差で否決され、トロツキーの提案が可決される。これを受けて三〇日にトロツキーがブレスト・リトフスクで交渉再開。この引き伸ばしの間にブレスト・リトフスクでのドイツ側の態度を非難し、ソビエト新政府を支持する気運が東・中欧および西欧に広がった。しかし、ドイツはウクライナの民族主義政府と講和条約を結ぶ準備を整えた上で二月九日に最後通牒を出し、それに対しトロツキーは交渉を打ち切り、帰還。休戦期間が終了した二月一八日にドイツ側は再度進撃を開始。備えの十分でないロシア軍を蹂躙したドイツ軍はペトログラード（ペテルブルクを一九一四年に改称）近郊まで迫る。同日夕方のボリシェヴィキ党中央委員会ではレーニン案が勝利し、夜の人民委員会議で講和条件受諾が決定された。しかし、その間にドイツ側の講和条件はより過酷になっていた。三月三日に調印されたブレスト・リトフスク講和条約では、ロシアはポーランド・バルト海沿岸地域（リトアニア・ラトビア・エストニア）・フィンランド・ベラルーシの一部・コーカサスの一部を放棄し、ウクライナの独立を承認し、三百億ルーブルの賠償金を支払う事が定められる。これは農業地帯の三二パーセント、人口の三四パーセント、工業生産額の五四パーセントを失う事を意味していた。またこれにより、東・中欧の革命運動はロシアから分断される事となる。三月六日から八日にかけて開かれたボリシェヴィキ党第七回大会でこの条約は承認され、一六日には第四回全ロシア・ソビエト大会でも批准されたが、これはボリシェヴィキ党内の分裂のみならず左派ＳＲ（エスエル）の離反をも招く結果になる。レーニンがそれでもこうした屈辱的講和を受諾したのは、もはやロシア軍にドイツとの戦争を継続する能力がないと判断し、近く反革命勢力との内乱が起こると予測されるため、対外戦争は終結させてそれに備える必要があると考えたためだった。

果たして国内の反革命派が挙兵すると共にイギリスや日本などが革命に介入して派兵した。レーニンはこれに対抗するため戦時共産主義を導入して戦う体制を確立し、二一年にはこれを乗り切る。ソビエト新政府の手綱を握り続け、難局を切り抜けたレーニンであるが、二二年・二三年に脳梗塞を起こし、執務が困難となった。一九二四年一月二四日、レーニンはモスクワで没する。

ブレスト・リトフスク条約はドイツの敗戦後に破棄され、ヴェルサイユ条約によって失効が確認された。しかしヴェルサイユ条約でもポーランドやバルト海沿岸地域などの独立は認められ、ロシアはブレスト・リトフスク条約ほどでないにしろ少なからぬ領土を手放す事となる。レーニン死後にソビエトの指導者となったスターリンがこれらの地域に再び支配を及ぼすようになるのは第二次大戦時のことだった。

二〇世紀後半における二大陣営の領袖であったソビエト連邦の建国者レーニン。その国家指導者としての最初の仕事が敗戦処理であった事を意識する人は意外に少ないのではなかろうか。帝政ロシア時代に既に疲弊し、革命によって抵抗のための体制が更に弱体化して首都近郊まで迫られ、相当な領土・人口と生産能力を明け渡すという同時代的視点から見ても厳しい内容の講和を強いられた。敵対国ドイツが最終的に敗北したため見落とされがちであるが、これは屈辱的敗北以外の何者でもない。しかしそれでも国民がどんな形であれ戦争終結を強く望んでいた事、そして革命政府が支持されているのはそれを約束しているからである事、ロシアに継戦能力が実際問題としてない事、ボリシェヴィキ自身の敵との戦いに備える期間が必要である事から新政権にとって講和は必須であった。それを見抜き、敢えて実行する事ができたレーニンは政権を生き残らせる上で必要な指導者の資質を備えていたといえるであろう。それにしても、大敗北から始まった政権が半世紀に亘り世界の覇を争う超大国となるのだから、歴史とは面白いものである。

ブルガリア概略

ブルガリアはセルビアやギリシアなどと共にオスマン帝国に戦いを挑み、バルカン半島における領土を割譲させる事に成功するが、新規獲得領土の取り分を巡って今度はセルビアやギリシア、ルーマニアを敵にまわして戦う事となり敗北。領土拡張がほとんど果たせなかっただけでなく、戦費や戦災によって国内が荒廃した。

そこでラドスラヴォフ首相はドイツやオーストリア・ハンガリーと接近して周辺諸国に対抗する路線を採り、一九一四年にはドイツ銀行協会から五億レヴォの借款を受ける。条件として国内の鉱山経営権をドイツに譲渡する、ラゴス港までの鉄道敷設工事をドイツ業者に請け負わせる、利子への引当金を国庫から確保することが挙げられていた。こうして経済再建と後ろ盾の確保を図る。

同年に第一次大戦が起こった当初は中立を守っていたが、両陣営がブルガリアに味方するよう運動した。しかし、連合国側がセルビアの妥協を取り付けられず、トラキアの一部（エノスとミデアを結んだ線の北側）を約束したのみであったのに対し、同盟国側はマケドニア全土とトラキアの大半を約束し、デデアガチまでの鉄道経営権をオスマン帝国からブルガリアに譲渡する事を約束し、条件面で同盟国側が長じていた。また一九一五年夏時点ではドイツ側が優勢であったため、ラドスラヴォフ政権は同年九月二一日に軍を動員し、十月一一日に参戦してセルビアを攻撃。この時、野党は参戦を是としなかったが、ラドスラヴォフや国王フェルディナントは反対を退ける。

大戦を通じてブルガリアにとって比較的戦況は安定しており、一五年にセルビア領マケドニアを占領し、一六年にはギリシアのフォート・ルペルまで進軍し、同年末にはマケドニアのビトラを失陥するものの一方でギリシア侵攻を果たした。一六年にはルーマニアに敗北を喫したがオスマン軍と共同で南ドブルジャに侵攻し、ルーマニアに対し攻勢を保つ。それ以降、前線はほぼ膠着状態に入った。

しかし、軍事的形勢が比較的良好だったにもかかわらず国内状況は苦しくなっていく。新たに占領した地域（マケドニア）の行政レベルには不安があったし、参戦直後から物資供給が難しくなり一六年には食糧難・インフレに悩まされた。それ以降は物資は闇市に頼る状態で一八年晩夏には国民・軍部の士気も著しく低下。更に徴兵によって物資を配給するための人員すら不足し、作物のほとんども軍に供出され、国民への供給がままならない。それだけでなく人や家畜の動員は農作業にも支障を生んでいた。特にマケドニアは山がちで運送に膨大な家畜が必要であったため、事態は深刻だった。そして物資配給に当たる官吏の不正も多かったため政府への市民感情も悪化した。そうした中で国内に駐留するドイツ軍・オーストリア軍が食糧を大量に買い付けていたため、物資不足に更に拍車がかかる。一七年には作付けのための種もなくなってドブルジャの農地の四分の三が休耕に追いやられる程であったという。

政府は総力戦体制でこの危機を乗り切ろうと図り、一五年には公共福祉条例によって不足物資価格のコントロールをもくろみ、一六年には経済社会中央福祉委員会を設立して組織化を進めるが十分な成果は上がらなかった。一七年には軍部主導で経済社会福祉理事会を立ち上げるがやはり同様だった。

そうした中で、占領地域ではブルガリア軍への反発が高まり、抵抗運動が起こる。これに対して獄中にいる野党指導者スタンボリスキが文書で声明を出し、蜂起を呼びかけた。一七年夏にはブルガリア兵がルーマニア戦線で評議会を形成し、野党の中にはボリシェヴィキ政権が主張する「無併合無賠償」の平和に共鳴するものも現れる始末であった。同年末には平和主義者の集会に一万人以上の市民が集まるに至り、一八年初めになると各地で暴動が起こり、五月に女性参加者が殺されたのを契機に女性集会が頻発する（女性革命）。戦争を継続するのはもはや難しく、国家の内部崩壊すら可能性が生じていた。

そうした一八年五月にドイツ、オーストリアがルーマニアとブカレスト条約を結び、北ドブルジャがドイツ・オーストリア・ブルガリアの共同統治とされた。北ドブルジャの領有権をかねてから主張していた首相ラドスラヴォフは、同盟国の一員というより敗戦国のようにドイツらに扱われたと不満を表明し、六月に辞任。内外における情勢が多難な中で、政権を民主党党首マリノフが引き継いだ。

アレクサンドル・マリノフ

一八六七～一九三八
Aleksandar Malinov
ブルガリア王国　首相
一九〇八～一九一一、一九一八

アレクサンドル・マリノフは一八六七年四月二一日にロシア領ベッサラビアに居住するブルガリア人家庭に生まれ、一八九一年にキエフ大学で法学博士号を取得した。その後、ブルガリアへ赴いて政治活動に身を投じ、一九〇一年には民主党党首となり、一九〇八年一月にはフェルディナント国王によって首相に任命されている。マリノフは親露派で中道自由主義者として知られ、ロシアやその盟邦であるフランス・イギリスとの同盟を模索した。また、国内的には失職した学者の復権や検閲緩和、地方選挙改革といった国政改革にも着手している。

首相の職を離れた後は野党の大立者として政治活動を続け、一九一四年に第一次大戦が勃発した際には中立を保つよう主張した。ブルガリアがドイツ側に立って参戦した後、国王はマリノフにラドスラヴォフを首班とした挙国一致内閣に入閣するよう命令しているがマリノフはこれを拒絶している。

一九一八年春に入ると戦争により国内経済が逼迫した事から各地で暴動が起こり、国会内部でも野党勢力が連合して政府に反発するようになる。またドイツ等同盟国との関係にも問題を抱えており、ラドスラヴォフは辞任。国王は六月になるとマリノフを再び首相に起用し、事態の打開を図ろうとした。マリノフは農民党との連立を望んだが、農民党党首が獄中にあり、難しかった。対外的に、まずマリノフは北ドブルジャ支配を巡ってドイツと交渉し、ブルガリア単独支配にする事に成功した。領土配分で成果を勝ち取ったものの、国内に戦争継続力はなく、栄養失調で死者も出る厳しい状況には変わりなかった。戦場で物資不足に悩まされた兵士は、休暇で郷里に帰った際に国民生活が苦しくなっているのを知り、厭戦気分が広がっていた。九月一五日にフランスとイギリスがテッサロニキで攻撃に出ると、戦意を失っていたブルガリア軍は潰走し、一部は反乱を起こす始末であったという。ここに至って、マリノフは主戦論を唱える国王と公然と対立して、終戦へと導く方針を明らかにした。一週間で英仏はブルガリア領内に侵入し、一八年九月二九日にテッサロニキで停戦協定。十月三日、フェルディナントは退位し、子のボリス三世が即位。こうしてブルガリアは同盟国側の中で逸早く戦争から脱落したのである。この時の取り決めでは、ブルガリアは武装解除し、連合軍に軍備を引き渡し、占領地から引き上げる事やブルガリア国内の輸送・通信手段は連合軍が接収する事が決められた。

同年一一月二八日、マリノフは南ドブルジャをルーマニアが占領した事に抗議して辞任した。翌年一一月二七日、ヌイイ・シュル・セーヌでブルガリアと連合国の間で講和条約が締結される。ブルガリアは占領地を全て放棄し、トラキアも失陥した上、兵力も最大二万人に制限された。更に賠償として石炭・家畜・鉄道設備をギリシア・ユーゴスラビア・ルーマニアへ譲渡し、三七年に亘り二二億五千万フランを支払うよう求められる厳しい内容であった。終戦後もブルガリアは厳しい道を進む事を余儀なくされたのである。

終戦直後に政権を離れたマリノフであるが、その後もブルガリア政界において主に野党の領袖として重きをなし、一九三一年にスタンボリスキ首相を追放した蜂起にも一枚噛んでいたという。マリノフが首都ソフィアで没したのは一九三八年三月二〇日の事であった。享年七〇歳。

自由主義者であり、第一次大戦への参戦に反対であったマリノフは、戦中において野党の領袖的存在であった。戦争の長期化によりブルガリアが内外とも行き詰まる中、前任者と反対の色合いを持つ事もあり起用された。マリノフが政権の座に就いて間もなく、国内では反戦暴動が高まり、対外的にも軍事的崩壊に直面したため（従来からの主張通りとはいえ）早急な終戦に持っていく他なかった。その際に交渉による有利な講和条件を引き出せなかったのはブルガリアの国力を考えると止むを得ないであろう。マリノフは、大勢に流される形ではあるが、国家の危機に対処し、その破滅を何とか避けたといえる。

オーストリア・ハンガリー二重帝国概略

ハプスブルク家はスイス北部を揺籃の地とし、一二七三年にルドルフ一世が神聖ローマ帝国皇帝に選出されたのを契機に存在感を増し、婚姻政策などを通じて次第に領地を増やし、一五世紀以降は神聖ローマ帝国の帝位を独占してヨーロッパ有数の名門となった。三〇年戦争で神聖ローマ帝国が有名無実化した後もハプスブルク家はオーストリアを中心として中央ヨーロッパに広大な領地を支配し、強国として君臨。一九世紀初頭にナポレオンがヨーロッパを席巻し、神聖ローマ帝国が正式に消滅した後はオーストリア帝国を名乗り、ナポレオン没落後も列強の地位を保っている。

しかし、一九世紀に入るとフランス革命やナポレオン戦争を契機にヨーロッパに民族主義が勃興。領土内に多くの民族を抱えるハプスブルク家の帝国は民族運動に悩まされる事となった。更にドイツ諸国の中でもプロイセンが力を伸ばし、一八六六年の普墺戦争でオーストリアは敗れ、オーストリアを除いた形でのドイツ統一がなされる事が確定する。そこでオーストリア政府は翌年、ハンガリーのマジャール人と結んで領土を分割し、西のオーストリアをドイツ系、東のハンガリーをマジャール人が支配層として諸民族を抑える方針を導入。こうしてハンガリー王国を建設し、オーストリアと対等の地位に引き上げ、オーストリア皇帝がハンガリー国王を兼ねるという形でオーストリア・ハンガリー二重帝国が成立した。両国は外交・軍事や一部の財政を共有するものの、それぞれ別個の政府・議会を有して独自の政治を行っていたのである。

しかし、その後も政府と諸民族の間には摩擦が絶えなかった。特に工業化によって経済力を付け、社会的実力を向上させたチェコ人はドイツ系と対等の地位を要求していた。とはいえ、諸民族は政治的に独立すると周囲の強国に対抗できないのを理解していたため、ハプスブルク家の支配から逃れる事は望んでおらず、あくまで要求は帝国の枠内での権利拡充に留まっていた。ただし帝国南部では南スラブ人の間でセルビアと一体化して南スラブ人国家を求める動きも見られている。

二〇世紀に入ると、セルビアが汎スラブ主義を唱えて二重帝国南部の南スラブ人にも運動を及ぼし、南スラブの民族運動はますます深刻化する。中でも一九〇八年に二重帝国がセルビア人の多いボスニア・ヘルツェゴビナを併合した事はセルビアを更に刺激し、数々のセルビア人秘密結社による反墺活動が開始されるに至った。

こうした中で皇太子フランツ・フェルディナント大公は民族単位の連邦制導入を構想しており、特権を失うのを恐れるマジャール人と摩擦を生じていたが、一九一四年六月二八日に訪問していたボスニア・ヘルツェゴビナの中心都市サラエボでセルビア人青年に暗殺される（サラエボ事件）。二重帝国はこれを機会としてセルビアを撃滅し、南スラブ問題の根幹を絶とうと目論み、同年七月にセルビアに宣戦。それに応じてオーストリアの同盟国ドイツやセルビアの同盟国ロシアも参戦し、ここに第一次大戦が勃発する。

オーストリア軍はセルビアに侵入するが撃退され、セルビア軍が逆にハンガリーに侵攻。オーストリア軍の大半はロシアを迎え撃つために派遣されており、こちらでも蹴散らされた。ロシアはガリチアのほとんどを侵略し、カルパチア山脈の峠まで到達するが、タンネンベルクの戦いでドイツ軍がロシア軍に圧勝したため、それ以上の侵攻は免れた。一九一五年初頭、オーストリア軍はドイツ軍と共同してロシア軍をガリチアから追い出し、同年終わりにはセルビアを破るが、戦争の主導権はドイツに握られ、オーストリアはドイツの補助者以上の立ち位置ではなかった。一九一五年のイタリア参戦に際してもドイツはオーストリアの領土を提供してイタリアを買収しようとしており、オーストリアの独立性は薄くなっていたのである。

一九一六年にオーストリアはコンラート・ヴォ

ン・ヘッツェンドルフの指揮でイタリアと戦闘するが、勝利できずその弱体ぶりを晒した。この頃、帝国内部ではドイツ系が主導的になり、ガリチアをポーランドに、ダルマチアをイタリアに譲渡してドイツ語を単一の公用語とした国家とする要求をするなどドイツ中央集権主義を唱える傾向が見られるようになる。一方でマジャール人は帝国内部での地位を揺るがせておらず、ハンガリー政府は小麦の輸出を管理し、その供給をオーストリアから政治的譲歩を引き出す手段として利用していた。また彼らは王朝の没落を意識して独立ハンガリーも選択肢に入れていたようである。こうしたドイツ・ハンガリー両民族の動き、特にドイツ人の強権志向は多くの民族にとってはハプスブルク帝国の存在がヨーロッパでドイツが主導権を握るための助けとなりかねないと映りつつあったのである。とはいえ、これが直ちに諸民族の帝国離脱へと繋がったわけではない。例えば、ポーランド人はドイツ人・マジャール人の自立的な動きに対抗しようとする帝国首脳部と結んで、第三極を目指す事で帝国内の立場を高めようとしていた。議会内のポーランド人議員は戦争支持を宣言し、民族指導者ピウスツキーはポーランド軍団をハプスブルクの名の下で形成。彼らは「オーストリア・ポーランド」帝国を作る決議を考案し、帝国内の第三の存在としようとしたが、これはドイツ人・マジャール人の拒否権に遭い、果たせていない。また、セルビアによって帝国離脱を働きかけられている南スラブ諸民族の足並みも揃っていなかった。セルビアはクロアチアと連合しようとしたが果たせず、クロアチア人の多くはマジャール人とイタリア人に対抗するためハプスブルク家を必要と考えた。またスロヴェーン人もドイツ人・イタリア人に対抗するため王朝の権威を利用しようとしており、民族指導者コロシェッツの下でハプスブルク家への忠誠を表明している。一九一七年時点でも、正面からハプスブルク帝国からの離脱をも辞さなかったのはチェコ人くらいであった。ただし、戦争に伴うドイツ人・マジャール人の専権強化は諸民族の反発を強め、戦況悪化は諸民族に対する圧力を弱める。水面下で民族運動激化の種は確実にまかれていた。

そうした中で一九一六年一一月二一日、皇帝フランツ・ヨーゼフが八六歳で没し、後をカール一世が継いで即位した。新皇帝カールは内外の苦境を収拾しようと苦闘する事となる。

カール一世

一八八七～一九二二

Karl I

オーストリア・ハンガリー二重帝国　皇帝

在位一九一六～一九一八

ハプスブルク帝国に長年に亘り君臨し、沈み行く帝国を支え続けた皇帝フランツ・ヨーゼフ一世が第一次大戦中の一九一六年に没した後、帝位を継承して苦しい戦局の舵取りを委ねられたのがこのカール一世である。カールはフランツ・ヨーゼフの甥の子にあたり、一九一四年に皇太子フランツ・フェルディナントが暗殺された後に後継者に指名された。フランツ・フェルディナントは妻の身分がボヘミアの伯爵家であり、身分が釣り合わないため皇帝の意向に沿って子供達の帝位継承権を放棄していたためである。

カールは即位した時点で二九歳の若さであり、更にロシア戦線で軍事指揮を採った経験はあるものの政治に関しては未経験であり、困難な局面を乗り切るには不安があった。前皇太子であるフランツ・フェルディナントの側近グループから支持を得る事は出来たが、彼等も激しく変化する情勢を理解し、対応するには及ばず、十分に新皇帝を補佐できたかは疑問のようだ。

それでも、カールは帝国の苦境を乗り切り、平和を回復するための方策として連合国との和平工作に乗り出す。彼は立太子前の一九一一年に旧フランス王家の一族であるブルボン・パルマ家のツィータと結婚しており、その伝を利用し義兄のブルボン・パルマ家出身であるジクストゥス公を通じてフランスと単独講和を打診した。条件としてドイツがアルザス・ロレーヌを返還するように働きかける事（これに関しては、ドイツがイタリアを味方として参戦させようと交渉する際に無断でオーストリア領を与えようとしたときの意趣返しという説もある）や領土保全以外に野心を持たない事を条件に持ちかけるが、南チロルやトリエステ獲得を望むイタリアが反対し、交渉は纏まらなかった。またこの単独行動は同盟国ドイツの怒りを買い、ドイツの大本営にカール自らが呼び出され、ドイツの戦争遂行に無条件で従う事を受け入れさせられている。オーストリア軍は局地戦で善戦は見せるものの、戦局全体ではドイツ軍の援助によって戦線を支えているのは否めず、主導権をドイツに握られた形である事を改めて思い知らさせる事となった。

そして、国内的にもカールには難問が待ち構えていた。長期在位で多くの臣民から敬愛されていた先帝フランツ・ヨーゼフと異なり、カールは臣民にとって疎遠であり、彼の即位を契機に帝国内の民族運動が激化する。カール即位の直前からドイツ人とハンガリー人による支配を強める動きが目立っていたのも一因であった。特にチェコ人は敵対する民族がドイツ人のみであり、ハプスブルク王朝がドイツ人に支えられている状態だったため、指導者であるマサリクは「民主主義」を綱領として帝国からの離脱とボヘミアの独立を目指すようになる。加えて、上述のフランスとの秘密交渉が一八年に国内離間策を意図したフランス側により暴露されると、ドイツ人とマジャール人を激怒させる結果となり、彼らと帝室との分裂も埋めがたくなっていく。カールはハンガリー領内の諸民族との宥和を図るためハンガリーの普通選挙を考慮したが、国内での既得権益を手放すのを嫌ったハンガリーの反対もあり、成功しなかった。またチェコ人と関係改善するため逮捕されていたチェコ人指導者恩赦を与えたり、帝国議会を復活させようとしたり、「諸民族の閣僚」を作ろうともした。しかしドイツ人とマジャール人の意向に逆らう事は出来ず、各民族への対策は文化的自治に留めるほかなかったのである。こうして帝国内の諸民族を再びまとめようとするカールの努力は実る事はなかった。

一九一八年三月三日、ロシアの政権を奪取したボリシェヴィキは戦争から離脱するため、同盟国側とブレスト・リトフスクで講和条約を締結。同盟国側にとっては東部戦線が解消され、戦局打開が期待された。この局面においても、オーストリア・ハンガリーは自主的な外交行動を行う力はなく、ドイツの動きに同調して交渉を行うしかなかった。ウィーンの飢餓を改善させるためロシアから小麦を得た事が唯一の主体的行動だったのである。またボリシェヴィキからの緩衝地帯としてウクライナ独立を歓迎したが、この際にホルム西部をウクライナに譲渡する条件を持ち出したためポーランド人の離反を招く結果となってしまった。更にホルム譲渡を取りやめようとしたためウクライナ人の支持も勝ち得られない始末。

この時期になると国内では農業・工業生産が麻痺して物資不足が深刻であり、やがてロシアから帰った捕虜はボリシェヴィキ思想に影響され、反政府・民族自決を国内に広めて国内不安に拍車をかける。こうした空気の中で、一八年一月にボヘミアで主権国家要求がなされ、チェコ人の資本家・知識階級が王朝から離反。ロシアでチェコ人部隊が反ボリシェヴィキとして戦った事も、チェコスロバキアがハプスブルクに代わるボリシェヴィキへの防壁として連合国から見られ、その独立が容認される要因となった。元来、連合軍はオーストリア・ハンガリー二重帝国の解体を望んでいなかった。例えばフランスはドイツやロシアへの牽制役として、イタリアはドイツや南スラブを抑える存在としてハプスブルク帝国を有用と見ていた。そのため、帝国の領土削減は考えていたが消滅は必ずしも考えていなかったのである。しかしここに至り、チェコがハプスブルクの代用となる見通しが立った。そのため、連合国も帝国の存続にこだわる必要がなくなった。

同年九月にブルガリアが崩壊すると、イタリア戦線を支える事が出来なくなり、オーストリア・ハンガリーもスラブ人部隊やハンガリー人部隊を撤収させる。カールは敗北を覚悟し、九月一四日には王朝存続のため、改めて連合国相手に講和交渉の用意があることを表明する。そして十月四日にはアメリカのウィルソン大統領が提唱する一四ヶ条平和原則を受け取って帝国の未来を彼に委ねる事にした。この時、ウィーンの新聞は「オーストリアには首相がいるが、ワシントンに住んでいる。彼の名はウッドロウ・ウィルソンである」A・J・P・テイラー『ハプスブルク帝国1809-1918』倉田稔訳、筑摩書房、三六二頁）と書き、政府を揶揄。そして民族自決の原則を踏まえ、諸民族の指導者たちにもう一度「諸民族の内閣」を作るので入閣するよう要請するが、既に帝国は彼らに見放されており、誰も応じなかった。十月一六日に連邦国家の計画もなされたが、ここに至ってもハンガリーに属する諸民族を含まないよう、マジャール人から求められる始末である。更に十月二一日、ウィルソンはオーストリア政府にチェコスロバキアと南スラブの要求が正当なものであり、自治ではなくその独立を認める意向を回答。二七日、カールは外相アンドラーシを通じてウィルソンの覚書に応じる形で諸国家の独立を受け入れて、即時停戦のための交渉をすると申し出をしたが、応答がなかった。もはや、王朝存続のための講和を行う機を帝国は逸していたのである。

そして凋落する帝国から諸民族が次々に独立していく。十月二八日にチェコスロバキア、一一月一一日にポーランド、一一月一六日にハンガリーが独立を宣言。一二月一日には南スラブ民族がセルビアに合流し、ユーゴスラビアが成立した。更にドイツ系オーストリア人も王朝を捨て、民族自決を利用して自立を図る始末である。一一月三日、ハプスブルク軍の最高司令部はイタリア軍と交渉し、休戦に漕ぎ着けるが、直後にイタリア軍から攻撃され、多くの将兵が捕虜とされた。帝国は既に無力であり、既に政府は皇帝個人の安全のための交渉以外できる事がなくなっていた。そうした中で一一月にウィーンで民衆が蜂起し、皇帝退位を要求する。十月三〇日に成立していたカール・レンナーを首班とする国務会議も一一月一一日には皇帝に国事への関与をしないよう要求。万策尽きたカールは一一月一一日にオーストリア政府に対し、一三日にハンガリー政府に対して

「汝らすべてへの変わらぬ親愛の情をもって、今ここに宣する。余は汝らの自由な発展に対する障碍となることを欲せず。汝らは、その代表者を通じて政府を継承した。余は国事への一切の関与を放棄することを宣する」（リチャード・リケット『オーストリアの歴史』青山孝徳訳、成文社、一二八頁）

と権限放棄を宣言し、シェーンブルン宮殿からエッカルツァイへ移る。ここにハプスブルク王朝はその歴史に幕を下ろした。一九一九年三月、国務会議からハプスブルク家の財産没収や国外への

移住要求が出され、カールは政治活動をしないという条件でスイスに亡命を許される。しかし一九二一年四月と十月にハンガリー王位回復を求めるが失敗、約束を守らなかったとしてスイスからも亡命延長を拒絶され、ポルトガルのマデイラ島へ移住し、一九二二年四月一日に三五歳で肺炎のため没した。

カールは本来、ハプスブルク一族の中でも比較的玉座から遠い位置にいたが、先帝フランツ・ヨーゼフの親族の相次ぐ不幸により帝冠を手にする事となった。しかしこれは彼にとって苦難でしかなかった。政治経験もなく、国外生活が長く、帝国の現状も知らず国民からも認知されていない。加えて戦況は不利であり、戦争遂行の主導権すら同盟国ドイツに握られている。更に国内は諸民族の運動により分裂の危険を抱え、重臣にも人を得なかった。これでは手の打ちようがない。それでもカールは国内民族対立の解消や戦争の終結を目指し努力したのであるが、力及ばずまた力を振える状況でもなかった。彼自身は問題点をよく把握し、打つべき手を打とうとしているだけにその悲運が際立つように思われる。民族主義が勃興し民族自決の原則が唱えられるようになった時代の中で、国内に多数の民族を抱えたハプスブルク帝国はその命運が尽きつつあった。青年皇帝一人の力量でどうにかなる段階では既になかったのである。欧州第一の名門に生まれ、伝統を誇る帝国の帝位が転がり込むという一見幸運としか思えない巡り合わせのゆえに、カールは何一つ叶わず失意と不遇のうちに若くして生涯を閉じる羽目になった。運命の皮肉さを思わずにはいられないと共に、若き最後の皇帝に同情を禁じ得ないところである。

オットカール・ツェルニン伯爵

一八七二〜一九三二
Ottokar Czernin
オーストリア・ハンガリー二重帝国
王室長官・外務大臣
在職一九一六〜一九一八

オットカール・ツェルニン伯爵は一八七二年九月二六日にボヘミアのディモクールで現地貴族の家柄として生まれ、プラハのドイツ大学で法学を修めた。一八九七年に外交官の道を選び、パリ駐在のオーストリア・ハンガリー大使となる。その後、一八九九年にハーグ在住の使節を務めた後に健康上の理由で一九〇二年に一旦辞任。一年後にボヘミア地方議会の議員に選出されて政界入りし、一九〇五年にはオーストリアの選挙改革を保守的な視点から激しく非難した論文『オーストリアの選挙権と国会』を著したのを契機に皇太子フランツ・フェルディナント大公の目に留まり、その腹心となった。それ以降、一九〇八年から一九一三年にかけてツェルニンは保守的な大公の周囲にあって、最も強硬で非妥協的な論客として知られるようになる。一九一二年二月、フランツ・フェルディナント大公の肝いりで上院議員となり、翌年十月にはブカレスト駐在公使に任じられた。この時期のツェルニンは大公の信頼も篤く、周囲からは大公が即位した際には外務大臣に任じられると目されていたが、一九一四年のサラエボ事件で大公が暗殺してその夢は一旦頓挫する。

一九一六年八月にオーストリアとルーマニアが戦争状態に入った事でツェルニンは公使の職を解かれウィーンに帰還し、新皇帝カール一世と謁見。国内に支持基盤を持たないカールは前皇太子フランツ・フェルディナントの側近たちにその役割を期待しており、ツェルニンもその流れの中で同年一二月二二日に外務大臣に任命された。実質上、皇帝に次ぐ首脳の地位である。ツェルニンは帝国の解体を避けるために早急な講和が不可欠という点では皇帝と意見が一致していた。カールが義兄であるブルボン・パルマ家のシクストゥス大公を通じてフランスと秘密交渉をしていたのに並行して、ツェルニンは戦況に関して悲観的な見通しを述べた覚書を残している。ただしその一方で、彼は一九一七年五月のクロイツナハ会議でドイツの戦線拡大要求に応じており、態度が首尾一貫しないとの批判を免れない。そのため、政敵からは講和交渉に真剣に取り組んでいないという批判を受ける事となる。

一九一八年二月、ロシアで政権を掌握したボリシェヴィキは戦争からの離脱を宣言し、ドイツやその同盟諸国とブレスト・リトフスク条約を締結。ルーマニアとも講和に成功し、ツェルニンは「平和を実現した」外相として国内で高い評価を受ける事となる。ただし、大戦中のオーストリアは戦争遂行において主体的な行動を出来る立場になく、この講和に際してもツェルニンはドイツに追随したに過ぎなかったのであるが。

同年四月にブルボン・パルマ家を通じての交渉が失敗に終わり、皇帝の権威が失墜する中、ツェルニンは皇帝を擁護するのを拒み、辞職する。帝国が崩壊した後、彼はオーストリア・ハンガリーを構成していた新国家がボリシェヴィキに対抗して連合する運動を主導。やがてこの運動は民主党と連合し、ツェルニンは一九二〇年から二三年にかけてオーストリア共和国議会内部で自由主義派の領袖として存在感を示す事となった。ただし最晩年には議会民主主義に反発し、独裁を求める政治団体の結成に助力していたらしく、本人の主張自体は変化していなかったのであろう。一九三二年四月四日、ツェルニンは人々から忘れられた中でウィーンで没した。享年六〇歳。

イストファン・ブリアン伯爵

一八五一〜一九二二
Istvan Burian
オーストリア・ハンガリー二重帝国
王室長官・外務大臣
在職一九一五〜一九一六、一九一八

イストファン・ブリアンは一八五一年一月一六日にハンガリーの古い名門の子としてプレスブルク近郊スタンフェンで生まれた。外交官となってアレクサンドリア、ブカレスト、ベオグラードで勤務した後、一八八二年から八六年までモスクワの領事となり、その後はソフィア、シュトゥットガルト、アテネで特命全権公使を務めて民族運動で揺れていたバルカン半島問題の専門家として外務省内部で評価された。一九〇三年から一二年にかけて、ブリアンはオーストリアとハンガリー両政府の蔵相を務めている。二重帝国がボスニア・ヘルツェゴビナを併合した後は、ブリアンはこの地域を統治し、住民を信頼すべき二重帝国臣民として扱おうとする一方で、この地方の民族運動に影響を与える隣国セルビアには強硬な態度で臨んだ。

第一次大戦中の一九一五年一月、外相ベルヒトルドはどちらの陣営に付くか揺れているイタリアへの譲歩を唱えて罷免され、ブリアンが後継となる。彼も強硬な態度はイタリアを敵に追いやると考えて領土問題で妥協を示そうとするが、結局はイタリアが連合国側にまわるのを止めることは出来なかった。ブリアンは戦争に勝利し、二重帝国を強国の地位に留める事、そして帝国内部でのハンガリーの地位を高めるという難題に取り組んだ。例えば彼はブルガリアと同盟する事へのドイツの要請は受け入れたが、ルーマニアへ妥協するようにという要求はハンガリーにおけるマジャール人の影響力を弱めるとして難色を示している。彼は二重帝国がドイツと対等な関係を保ち、政治・外交の主体性を保とうと努力したが報われる事はなかった。一九一五年末の時点ではブリアンは占領したセルビア領を新たにハンガリーに併合するよう要求する拡張主義者であったが、二重帝国がドイツに依存の度を深め、戦況も苦しくなるにつれ、そうした主張を改め、翌年末にはドイツに合同和平提案をするなど戦争終結への動きに傾く。

フランツ・ヨーゼフ一世が没してカール一世が即位すると、ブリアンは外相職を一旦ツェルニンに譲って第一線を退く。しかしカールのフランスとの秘密交渉が失敗した後の一九一八年四月一五日、再び外務大臣職に返り咲き、事態の収拾に当たる事となる。ブリアンは和平への足がかりを模索すると同時にドイツとの緊密な連携を再確認するが、特に成果を残せず同年十月二四日に辞任して公職から去った。引退生活に入ったブリアンがウィーンで没したのは一九二二年十月二〇日である。

アンドラーシ・ギューラ伯爵

一八六〇～一九二九
Andrassy Gyula
オーストリア・ハンガリー二重帝国
王室長官・外務大臣
在職一九一八

アンドラーシ・ギューラ（子）は一八六〇年六月三〇日にハンガリーのトケテレベスで生まれた。彼の父も同名のアンドラーシ・ギューラといい、二重帝国におけるハンガリー初代首相を務めている。アンドラーシ（子）は法学校を卒業した後、外交官の道を歩み、ベルリンやコンスタンチノープルで勤務。一八八五年にはハンガリー議会議員に選出され、サンドル・ウェケーレ内閣の無任所大臣として教会改革に従事した。一八九五年に政界から一旦身を引いて歴史学に転身。その政治的見識や歴史学者としての力量を評価され、一九〇四年にはハンガリー科学アカデミー会員に選ばれている。

一九〇五年に憲法問題が起こると、アンドラーシはハンガリー政府代表として皇帝フランツ・ヨーゼフ一世と交渉し、ハンガリーの権益を守っている。その後、第二次ウェケーレ内閣の内務大臣を一九〇六年から十年まで務め、普通選挙導入やハンガリー独自の軍隊設立を目論んだが、普通選挙法案がマジャール人からの強い反対にあって辞任した。

一九一〇年には帝国議会議員となり、一三年以降は憲政党指導者として二重帝国の政界で重きをなす。第一次大戦開戦後は、対外強硬的な戦争指導に反対する立場を取る。一九一五年に東部戦線でロシア軍が反攻した際には和平交渉開始を主張し、一九一六年までには二重帝国からのハンガリー独立を唱えるまでになる。

一九一八年十月二四日、カール一世はアンドラーシを二重帝国外相に任命し、連合国との講和条件交渉を行うためスイスに派遣する。二重帝国とドイツとの友好関係はアンドラーシ（父）が一八七九年に打ち立てたものである事を考えると、その息子がドイツからの離反への動きを示すのは歴史の皮肉というしかない。ともかく、十月二八日に領内の諸民族の権利を認め、連合国との和平を提唱したが、既に時は遅かった。同盟国側は次々に戦線離脱を始め、帝国内部の諸民族は自立の動きを示し、二重帝国は自壊しつつあった。そんな中で連合国は交渉の必要を認めなかったのである。得るところなくしてウィーンに帰還したアンドラーシは一一月一日に辞任し、引退した。やがて二重帝国は崩壊、彼が最後の外務大臣であった。

二重帝国が崩壊した後の一九二〇年、アンドラーシは新生ハンガリー議会の一員として政界に復帰し、翌年からはキリスト教民主党の党首となった。一九二一年にカール一世をハンガリー国王として復位させる運動が起こった際にはアンドラーシは王党派としてこれに加担したが、失敗に終わる。一九二六年に政界から引退し、一九二九年六月一一日にブダペストで死去した。

ツェルニン、ブリアン、アンドラーシはいずれもオーストリア・ハンガリー二重帝国が敗戦によって崩壊に向かう中で何とか王朝を守ろうと奮闘した政治家・外交官である。しかしいずれも有効な手を打つことが出来ず、二重帝国の崩壊を留める事は適わなかった。ツェルニンは早急な和平が必要な事を理解できるだけの見識は持ち合わせていたが、その一方でドイツからの戦争遂行協力強化の求めに応じるなど、首尾一貫しない外交の動きを示してもいる。二重帝国がドイツへの依存度を高め、自らの意思だけで外交を行うのは難しい状態にあったとはいえ、彼が定見を欠いたと批判されるのは止むを得ないところであろう。また彼は強硬な保守派であったが、民族運動が激化する中で彼の理想と帝国内の現実の乖離が生じていた可能性も否定できない。ブリアンは「欧州の火薬庫」バルカン問題に長らく関与し、帝国を取り巻く現実はよく理解し、柔軟な対応を心がけていたようである。しかし彼の場合、それがかえって周囲に振り回され主体性を持った政治運営が出来ない結果になった面はあるようだ。アンドラーシは自由主義的な性格の強い穏健保守政治家であったが、彼が二重帝国の政治運営に関与した時点では全てが遅すぎた。彼らは彼らなりに祖国を思い全力を尽くしたのであろうが、力不足であったり、時運に恵まれなかったため成果を残す事は出来なかった不運な面々であったといえる。

オスマン帝国概略

全盛期には地中海周辺に広く支配領域を広げたオスマン帝国であったが、ヨーロッパ諸国の台頭と共に次第に勢力を縮小させていく。特に海への出口を求めるロシアは積極的にオスマン帝国領への侵攻を行っていたし、民族主義の勃興により支配下の諸民族が独立を求めるようになっていた。そうした情勢に対応するため、オスマン帝国はヨーロッパを手本にして軍制改革・政治改革を行い、近代化を推進。それによって国力の再建を図ると共にヨーロッパ列強の好意を買い、諸国のパワーバランスを利用する事で生き延びる道を探る。この政策はある程度の効果を示していたが、トリポリ戦争といった対外戦争での敗北やそれに伴う支配下諸民族の独立はオスマン帝国が地中海社会で自力による防衛ができず、周辺列強の助けをあてにする方策は必ずしも有効ではない事が明らかになった。そんな中で、トルコ民族主義を奉じる青年将校たちを中心とする「統一と進歩委員会」は一九〇八年にクーデターを起こし、一度は挫折した立憲政治の復活を行い、更なる近代化によって国家再建を目論む。

この頃、オスマン帝国は頼りになる同盟国を求めロシアやイギリスとの同盟を模索するが不調に終わった。それでも一九一一年から一二年の時点ではイギリスとの関係は比較的安定していたが、同じ頃にロシア・イギリスと対立していたドイツのヴィルヘルム二世がオスマン帝国への接近を図る。ドイツはバルカン半島や中近東地域への進出を望み、ベルリンからバグダードへの鉄道建設に情熱を燃やしていた。その一貫としてオスマン帝国軍へのドイツの影響力も強くしようとしている。さて「統一と進歩委員会」指導者タラートは当初ロシアと密な関係を望み、英・仏・露らに同盟の申し出をするも軽く扱われたため、熱心に接近するドイツとの交渉も視野に入れていた。

同じ頃、オスマン帝国海軍はイギリスから軍艦を二隻購入していたが、一九一四年に第一次大戦が勃発すると八月一日にイギリス海軍が引き渡し直前であったこの二隻を接収。この知らせを受けてオスマン帝国では反英感情が盛り上がる。イギリス政府は対価を払うと申し出たが、時を同じくしてドイツ軍が巡洋戦艦「ゲーベン」と軽巡洋艦「ブレスラウ」を譲渡する。こうしてドイツ寄りへと国内感情は傾き、オスマン帝国は八月二日にドイツと秘密裏に同盟を組む。この同盟が適用されるのはロシアへの軍事行動のみとされていたが、参戦した際にはオスマン軍をザンデルス将軍が指揮することも定められていた。それでもしばらく参戦には躊躇っていたが、タンネンベルク会戦でドイツがロシアに圧勝するのを見るに及び、ロシアに力が残っていないとしてエンヴェル（汎トルコ主義者）はカフカス地方で失った領土を取り戻す機会と判断。またドイツと手を組んだことによってイギリス海軍から圧力をかけられており、これを跳ね除ける必要があった。こうして一九一四年十月二八日、オデッサ、ニコラエフ、セバストポリをオスマン海軍が砲撃。一一月にはオスマン帝国は正式に同盟国側として参戦を宣言した。

ところでイギリスは伝統的にロシアがオスマン帝国領を侵食し、地中海へ勢力を伸ばす事がイギリスのインド支配に脅威となることを恐れており、クリミア戦争でイギリスがオスマン帝国を助け、ロシアと戦ったのもそのためであった。しかしこの頃にはロシアはイギリスへの経済的依存を強めつつあり、イスタンブールをロシアが握って地中海へ進出する事へのイギリスの忌避は薄まっていた。つまり、この戦争ではオスマン帝国をロシアが撃破しても英露両国の同盟関係にひびが入る事はなかった。イギリスにしてもロシアにしてもオスマン帝国の処遇に遠慮は要らない状態であった。一方、ドイツは連合国相手に早期決着を付ける初期戦略に失敗しており、東部戦線でオスマン帝国の存在が重要となっていた。こうして第一次大戦に参加したオスマン帝国の主要な戦線は以下の通り。

1　東部アナトリア：オスマン軍はロシア軍の進撃を食い止めるのに成功し、汎トルコ主義者・エンヴェルはカフカスへ進撃したが撃退される。これを契機にアルメニア人の独立運動が誘発され、帝国はアルメニア人に対し、強制移住などで対応。この際に虐殺等で五〇万人以上の犠牲者が出たとされており、現在でも問題となっている。

2　スエズ運河方面：ジェマル・パシャが運河攻略を目指すが、エジプト人が「解放」に呼応しなかったため果たせず兵を退却させている。

3　ガリポリ半島：一九一五年三月一八日、英仏両国はバルカン諸国を味方に引き入れるため、艦隊を突入させるがオスマン海軍に阻まれる。また一九一五年四月にイギリス軍はガリポリ半島に上陸するが、オスマン帝国陸軍の迎撃で多数の犠牲を払う。連合軍は多くの資材・食糧を残して撤退した。ムスタファ・ケマルがこの戦いで名を挙げている。

4　イラク方面：一九一五年九月、イギリス軍がバスラに上陸し、バグダード攻略を図るが一一月三日にクートでオスマン軍に包囲され、翌年降伏。その後もフォン・デア・ゴルツ将軍率いるオスマン軍は善戦するが、一九一七年にインド軍が参戦するに至り、三月にバグダードが失陥した。

5　アラブ方面：イギリスはオスマン帝国内部の反政府アラブ勢力に接近を試み、その結果としてハーシム家のフセインが一九一六年六月五日に挙兵。これに対するアラブ人の反応は鈍かったが、オスマン帝国は三万の兵力をこれに備えて割く必要が生じた。ただし、インド総督はインド国内にムスリムの蜂起が波及する可能性を恐れて、この政策には反対していたらしい。

この他、エンヴェルはドイツと組んでインドのムスリムを聖戦の名の下に蜂起させようとするが失敗。メソポタミアからペルシア南部まで工作員を送り、精油所を破壊しようとするが阻止された。またリビアのムスリムを蜂起させ、イタリアに抵抗させている。

さて、戦争が長引く中でオスマン帝国の国内経済は打撃を受けていた。地方は自給自足体制だったため当初は比較的余裕があったが、消費地である首都イスタンブールは最初の年から食料不足に陥る。首都への避難民の流入とチフス禍がこれに拍車をかけた。更に兵役による労働力不足が地方にも響くようになり、戦場となった地域ではロシア軍による荒廃も問題になった。そして鉄道も軍需優先で運用されたため、民需の物資運輸に悪影響が出る。こうして国内経済が破綻に直面する中、ドイツからの経済援助で辛うじて持ちこたえていた。一方で戦争中も「統一と進歩委員会」による近代化への動きは進められており、宗教裁判所判決への控訴も一般裁判所にできる事として長老の影響力を削ぎ、イスラーム的位階制を崩す政策や、夫の不倫が妻からの離婚申し出の理由として認められるように改め、女性の社会的地位を高める政策が実行に移されていた。

一九一七年二月にメフメト五世が死去し、弟のメフメト六世が即位。この頃、シリアの指揮官であったアフメット・ジェマル・パシャは独自の和平交渉を希望するようになったが反体制派への弾圧を強化し、逆に敵の結束を固めさせてもいる。

こうして苦境に陥っていたオスマン帝国であったが、一九一七年のロシア革命を契機に一旦改善の兆しがあるかに見えた。ブレスト・リトフスク条約でロシア軍を東部アナトリアから撤退させ、ベルリン条約で失った領土を回復。更にエンヴェルはアゼルバイジャンへ侵攻して汎トルコ主義の実現を目指す。しかし、同盟国側の国力は限界に達しつつあり、反攻にも限りがあった。西部戦線ではアメリカが本格参戦した事もあり、一九一八年には同盟国側は崩壊を始める。それもあって、同年二月にはウィルソンの平和原則を受け入れての講和を目指す動きが生じた。ウィルソンは無賠償・無併合・勝利なき平和を唱えており、寛大な講和条件への希望が持てたためである。六月には「トルコ・ウィルソン連盟」なる政治団体も出現。戦況悪化はオスマン帝国にも及び、十月にダマスカス、ベイルートが陥落。こうした流れを受けて十月八日にタラートが辞職し、「統一派」政権は崩れる。しかし親「統一派」のアフメト・イゼット・パシャが大宰相として和平に当たる事となった。

メフメト六世

一八六一～一九二六
Mehmed VI
オスマン帝国　皇帝
在位一九一八～一九二二

メフメト・ヴァフメッディン（後のメフメト六世）は一八六一年一月一四日にイスタンブールで生まれた。短気でやや視野の狭い所はあるが、聡明で前途有望視された皇子であったという。帝国が連合国相手に苦戦に追いやられていた第一次大戦末期、病弱であった兄メフメト五世が病死したため一九一八年七月三日に即位する。メフメトが即位した時点で帝国は戦況悪化し、末期段階にあったが、それでも王朝を存続させ、兄帝アブデュルハミト二世のように強い政治権力を維持しようと図った。

メフメトはもはやこれ以上の戦争継続は王朝をも傾けると判断し、「統一と進歩委員会」の反対を押し切るようにして和平へと傾く。その結果、十月八日に大宰相タラートが辞職し、「統一」派政権は崩壊。後任の大宰相となったアフメト・イズト・パシャも親「統一」派ではあったが彼はスルタンの命を受けて二六日に和平交渉を開始した。そして十月三〇日、レムノス島ムドロス港に停泊する英国軍艦アガメムノンで休戦協定が結ばれる。正式な講和条約締結まで帝国を連合国の弁務官が管理する事が定められた。一一月一日に「統一」派はドイツへ亡命し、一一月一一日にアフメト・テウフィク・パシャが大宰相となる。

一二月八日、メフメトは休戦協定に従って連合軍が首都イスタンブールに進駐するのを承認。連合軍占領下で何とか国内の支配を維持し、王朝存続を連合国に認めさせようと考えた彼は連合国の要求を拒めず、一二月二一日には国会を解散し、トルコ民族派の動きを抑えようとする。これに対し民族派は大戦の英雄ムスタファ・ケマルを指導者に擁して反発、翌年にはメフメトと交渉し、領土と独立を保全するため努力する事と、新たな選挙を行う事に同意させた。その選挙で民族派が地滑り的勝利を挙げたため、連合国は内乱を警戒して弾圧を要求、メフメトは再びこれに応じて一九一九年四月一一日に再び議会を解散。民族派はアナトリア地方のアンカラに逃れる。五月九日、ケマルは敗戦後の混乱で無政府状態になるのを恐れた帝国政府によって鎮定のためサムスンに派遣されていたが六月に帝国から独立を宣言し、祖国解放戦争を開始した。

一九二〇年にメフメトは連合国とセーブル講和条約を締結。この条約で帝国は多くの領土を失い、イラク・パレスチナ・シリアとアラビア半島を放棄する他にイスタンブール周辺以外のバルカン半島における領土もギリシアに割譲する事が定められた。更にイズミル地区をギリシア、ドデカネス諸島とアナトリア南西部をイタリアが、キリキア・クルディスタン南部をフランスが管理する事となる。加えてイスタンブールに面するダーダネルス・ボスポラス海峡は非武装・国際管理下に置かれ、帝国は連合国による治外法権と共同管理財政を認めるという独立国としての実を失うに等しい内容であった。これは民族派を深く憤らせ、多くの兵士もケマル陣営に流れた。これに加えて、連合軍が治安維持のためイスタンブールを占領していた事も反感に拍車をかけていた。一九二〇年四月にケマルは大国民議会をアンカラで開催。これに対してギリシア軍がトラキアに侵入し、アナトリア南西部が落とされる。ケマル軍はアルメニアを二分してソ連と国境画定し、その後はソ連の兵器や機材の援助を受けながら戦う。九月一七日にギリシア軍を叩き出したケマルが勝利し、十月に休戦に持ち込む。占領軍として駐留していたイタリア軍・フランス軍も自主的に撤退し、ケマルのアンカラ政府はオスマン帝国支配領域を掌握。

こうして帝国の実権を握ったケマルは一九二二年一一月一日に大評議会の同意の下でメフメトを廃位。もはや孤立無援となったメフメトはその一六日後にイギリス軍艦でマルタへと亡命せざるを得なかった。ケマルの下で新生トルコ政府は一九二三年に改めてローザンヌ条約を連合国と締結し、トラキア・全アナトリア・キリキア・アルメニア・クルディスタンの分割を撤回させ、連合国軍隊を両海峡およびイスタンブールからの撤退させると共に、治外法権・財政管理も取り下げさせる事に成功している。

その後もメフメトはヘジャズでカリフ（イスラームの宗教的指導者）として復位しようとするが二四年にはケマル指導下のトルコ政府によりカリフ制も廃止された事もあり、失敗に終わる。メフメト六世がイタリアのサン・レモで失意のうちに没したのは一九二六年五月一六日の事であった。

メフメト六世が即位した時点では、もはやオスマン帝国の戦争継続能力は尽きつつあり、祖国を守るには敗戦を認めるより選択肢はなかった。そして元来、独力で列強に対抗する力を持たなくなり、諸国間の力関係を利用して生き延びていた帝国は、現状では連合軍相手に有利な講和条件を引き出す事は難しかったのである。王朝を存続させるためメフメトは連合国の要求に応じる方針を採ったが、これは欧州からの影響で高まりつつあったトルコ民族主義を刺激する事となり、かえって帝国の命脈を絶つ結果となった。帝国の独立そのものを否定するに等しい講和であったため止むを得ないところであるが。メフメトの尽力に関わりなくオスマン帝国の命運は既に尽きていたといえ、彼はその意に反して帝国の死亡診断書に署名する役回りを演じざるを得なかった不運な人物であった。思えばこの大戦でロシア、オーストリア・ハンガリー二重帝国も歴史に幕を降ろしている。多民族を支配する「帝国」の時代が過ぎ去り、国民国家の時代が本格的に始まったといえる。

メフメト・タラート・パシャ

一八七四〜一九二一
Mehmet Talat Pasha
オスマン帝国　大宰相
在職一九一七〜一九一八

メフメト・タラート・パシャは第二次立憲帝政期の指導者の一人で、一八九〇年からトルコ民族運動に関与。一九〇六年に「オスマン自由委員会」設立やパリ・グループとの合同に主導的役割を果たす。一九〇八年の革命後も文官のリーダーとして内相などを歴任した。一九一七年から一九一八年まで大宰相を務め、苦しい戦況の中で国政を握るが、皇帝メフメト六世が和平を決意すると解任される。敗戦後はベルリンに脱出するが、そこでアルメニア人によって暗殺された。

アフメト・イズト・パシャ

一八六四〜一九三七
Ahmed izzet Pasha
オスマン帝国　大宰相
在職一九一八

アフメト・イズトは一八六四年にマケドニアのマナストゥルで富裕な役人の子として生まれる。一八八七年にイスタンブールのオスマン陸軍士官学校を卒業し、一八九一年から九四年にかけてドイツで訓練を受けた。一八九七年にはギリシアと戦いその功によって大佐に昇進。一九〇五年にはイエメンでの戦役で功績を上げ、准将となっている。二年後には少将となり一九〇八年にはイスタンブールに召還され、大将として参謀総長に任じられた。一九一一年から二年間イズトはイエメンで反乱軍鎮圧に従事し、「統一と進歩委員会」政権の下で一九一三年には暗殺されたマフムート・シェヴケト・パシャの後任として陸軍大臣となるが、翌年にエンヴェル・パシャに地位を譲った。

第一次大戦にオスマン帝国が参戦すると、イズトはバルカン半島での攻勢に反対し、守勢戦略を主張。一九一六年四月には現役復帰し、コーカサス戦線の指揮官を務める。エンヴェル・パシャの積極攻勢策に基づいてロシア軍に攻撃をかけるが失敗に終わっている。その後は後方支援、及び外交面での活動に従事。

一九一八年十月八日に大宰相タラートが辞職するとイズトは後任の大宰相となる。彼はスルタンの命を受けて二六日に和平交渉を開始し、十月三〇日にムドロス港で休戦協定を結ぶ。一一月一日に「統一」派はドイツへ亡命し、イズトはその無責任に抗議する形で一一月一一日に辞任。後をアフメト・テウフィク・パシャが継ぐ。

その後もイズトは幾つかの閣僚を歴任したが、ケマルの革命によりトルコ共和国が成立した後は引退。一九三七年四月一日、イスタンブールで死去した。

アフメト・テウフィク・パシャ

一八四五〜一九三六
Ahmed Tevfik Pasha
オスマン帝国　大宰相
一九〇八、一九一八、一九二〇〜二二

アフメト・テウフィクはクリミア汗国の末裔であり、外交官としてキャリアを重ね、外務大臣にもなっている。「統一と進歩委員会」が政権を掌握した一九〇八年に大宰相の座に据えられたが、翌年にアブデュルハミト二世が廃位されると辞任しロンドン駐在大使となった。一九一八年一一月一一日、休戦協定を締結したアフメト・イズト・パシャが辞任したのを受けて再び大宰相となるが、間もなく辞任して上院議員となる。翌年にオスマン帝国全権の代表としてパリ講和会議に参加したが、一九二〇年五月のセーブル条約の内容を屈辱として署名を拒否している。

彼はアンカラで挙兵したケマルらのトルコ民族主義運動に同情的であり、一九二〇年十月に三度大宰相となった際も反乱軍であるケマルへの支持を公言。一九二二年に皇帝メフメト六世が廃位されると彼も大宰相職を辞任し、オスマン帝国最後の大宰相となった。没したのは一九三六年である。

オスマン帝国が苦戦を強いられる中で、大宰相を務めた政治家達も実質上の最高指導者として苦しい国家運営を余儀なくされた。メフメト・タラート・パシャは厳しい戦況の中でも基本的に主戦的な立場であったようで、ロシア革命によって戦線の一角が崩れたのを利用して戦局の打開を図ったが果たせず、皇帝が和平に傾くと辞職に追いやられている。アフメト・イズト・パシャは主戦的な「統一と進歩委員会」に近い立場であったが、前線の苦しい状況を熟知していたため、皇帝の意を受けて休戦に漕ぎ着けた。正式な講和の交渉に当たったのがアフメト・テウフィク・パシャであったが、敗戦による屈辱的な条約に納得できずケマルによる革命勢力に希望を託した。彼らはいずれも祖国の改革・近代化を志した有能な軍人・官僚・外交官であったが、老朽化するオスマン帝国を救うだけの術は持たなかった。新たな時代は旧秩序を破壊し、新生トルコを建設した英雄ケマルの手に委ねられる事となるのである。

ケマル・アタチュルク

一八八一〜一九三八
Mustafa Kemal Atatürk
トルコ共和国　大統領
在職一九二三〜三八

ムスタファ・ケマル（後のケマル・アタチュルク）は一八八一年にオスマン帝国治下のサロニカ（現ギリシア北部テッサロニキ）に税関吏の子として生まれた。コーランを暗誦させる教育に反発して軍人を志し、陸軍幼年学校時代に教師から才能を認められケマルと称される。一九〇五年に陸軍大学を卒業し、参謀大尉としてダマスカスに配属。衰退する帝国を憂いて「祖国と自由委員会」を結成したが一九〇七年に「統一と進歩委員会」へ合流し、解散した。〇八年には「統一と進歩委員会」が政権を握り、第二次立憲体制が成立すると参謀長となり、翌年にイスタンブールで蜂起が起こった際には反乱の拡大防止・鎮圧に当たっている。しかし、彼は国内の分裂を恐れて軍人の政治不介入の原則を主張したため「統一と進歩委員会」首脳部と対立して参謀長を解任された。一九一一年にイタリアがトリポリに侵入した際には抵抗戦に参加。第一次バルカン戦争では参謀本部に配属され、戦争後はソフィア駐在武官となる。

オスマン帝国が第一次大戦へ同盟国側として参戦すると、ケマルは一五年に未編成の師団長に任命され、短期間で編成を完了。ガリポリでイギリス・フランス連合軍の侵入を阻止して准将に昇進、国民的英雄となった。更にコーカサス戦線でもロシア軍相手にアナトリア東部のビトリス奪還に貢献。その後、皇太子のドイツ訪問に従った他、シリア方面軍の司令官も歴任した。

オスマン帝国が敗戦した後、首都イスタンブールが連合軍に占領される様子を見たケマルはアリ・フアトら同志と共に占領軍からトルコ民族の独立を回復する事を誓い合い、アナトリア地方のアンカラを拠点として民族運動を計画した。一九一九年五月一九日、ケマルは帝国政府の承認の下でアナトリア地方の敗戦後の混乱に対する治安回復の名目でサムスンに上陸、連合国による帝国領分割を承認する帝国政府に反対し、祖国解放運動を開始した。連合国はケマルが独自の動きを示すのを危険視して帝国政府に解任を要求、これに応じ、皇帝メフメト六世はケマルの権限剥奪を宣言し、その逮捕を命令する。

しかし一万八千の軍勢を率いるキャーズム・カラベキル将軍がケマル陣営に馳せ参じ、一九一九年七月二三日にはケマルを議長としてエルズルム会議が組織された。ケマルは勢力を拡大すべく更にシワス会議を結成した後、帝国政府や連合国の力が及ばないアンカラに拠点を築いた。これは帝国政府内部の講和に反発する人々が少なからずアンカラ政府に身を投じる効果をもたらし、その中には戦争大臣フェヴズィもおり、彼はケマル陣営の参謀長を務める事となる。

さてケマルは一九二〇年四月二三日にアンカラで大国民議会を召集し、そこで指導者に指名される。八月十日にセーブル条約が帝国政府によって締結されると、ケマルはその条約を認めない声明を出す。彼はソ連と友好関係を築き、兵器や機材の援助を受けながら帝国政府や外国の占領軍と戦った。アナトリアに侵入したギリシア軍との戦いを優勢に進めた事でフランス軍やイタリア軍との交渉も有利に進め、彼らを自主的に撤兵させる事に成功。独立を宣言したアルメニアに対してもソ連の援助を受けながら再占領し、アルメニアを二分する事でソ連と国境確定した。

その後もギリシア軍はブルサを占領するなど攻勢を取り、イノニュ川周辺で衝突を繰り返し、一九二一年七月にはアンカラ近郊のサカリアまで迫った。これにより政府内での反ケマル派が勢いを持ったが、ケマル自らが指揮を採ってサカリアでギリシア軍を撃退し、トルコ領から追い出しムダンヤで連合軍と休戦。占領軍を追い出した後の一九二二年一一月一日、ケマルの発議を受けて大国民議会は投票によりスルタン制廃止を決議。二三年七月二四日には連合国との間にローザンヌ条約を締結し、セーブル条約で定められていたトラキア・全アナトリア・キリキア・アルメニア・クルディスタンの分割を撤回させ、連合国の軍隊を両海峡およびイスタンブールから撤退させると共に、治外法権・財政管理も取り下げさせるなど大きく待遇を改善させる事に成功した。この成功を背景に同年十月二九日、ケマルはトルコ共和国の成立を宣言してアンカラを首都と定め、初代大統領に選ばれた。

その後、ケマルは一九三八年に没するまで大統領職を務め、政治・社会の大規模な改革を行った。彼は政教分離を推し進めて教育を重視、イスラム国家から近代西欧風の国民国家への改造を進める。具体的な施策として民法改正・太陽暦やメートル法採用・文字改革（アルファベット導入）・女性参政権などが挙げられる。また産業振興にも力を入れ、外国への依存からの脱却を目指した。こうした功績により一九三四年、国民に姓を導入した際にケマルは大国民議会から「アタチュルク（トルコ人達の父）」の姓を授与される。一九三八年一一月十日、ケマルはイスタンブールのドルマバフチェ宮で在職のまま病死。享年五七歳。

ケマルは「アタチュルク」という尊称が示すとおり「近代トルコの父」と呼ばれるに相応しい業績の持ち主である。軍人としては卓越した戦術能力で大戦中に功績を上げ、敗戦後も占領軍を駆逐し、政治家としては飛躍的な近代化を成功させ、長期に亘り独裁権力を手中にしながらも道を誤る事がなかった。長い低迷と苦悩の時代を経はしたが、その末にこのような指導者を持ちえたトルコ国民は幸福であったといえよう。ケマルにとっても、末期オスマン帝国の政治的中枢にいなかった事は帝国とのしがらみから彼を自由にする結果となっており、大きな幸運であった。彼自身の努力や苦労も無論並ではなかったろうが、天運が彼に味方した感がある。まさに時代が選んだ英雄といえる。

ケマルの事績は敗戦処理というよりも「リターンマッチを挑んで勝った」という方が相応しい面があり、本書で扱うかは少し迷った。しかし、オスマン帝国及び後継のトルコ共和国にとっての第一次大戦が完全に一段落するのがローザンヌ条約である事を考慮すると、やはり彼の偉業は取り上げるに価すると判断した次第である。

ドイツ帝国概略

　ドイツは長らく統一国家を欠き、多くの国家に分立していたが、一九世紀になるとフランス革命やナポレオン戦争による影響からかドイツ人としての民族意識が高揚。そうした中でオーストリアとプロイセンがドイツ統一の主導権を巡って争うようになる。プロイセンは宰相ビスマルク・軍事大臣ローン・参謀総長モルトケら傑出した人材を活用してプロイセンを中心としたドイツ統一を果たし、プロイセン王ウィルヘルム一世はドイツ皇帝となった。

　ドイツは統一の過程で隣国フランスと戦いこれを破り、アルザス・ロレーヌ地方を割譲させていたため、それに対するフランスの復讐に備える必要があった。ビスマルクは周辺諸国と友好な関係を築き、フランスを外交的に孤立させる事で戦略的優位を保とうとする。中でも関係を重視したのが同じ君主制を採り、隣接した大国であるロシアとオーストリアであった。しかしビスマルクが引退した後、この方針は破綻した。欧州各国間に利害対立が生じる中で、フランス以外全てと友好関係を維持するのは困難な命題であり、またドイツ自身が新興の強国として周辺から警戒を呼ぶ存在であったためである。加えて皇帝ウィルヘルム二世は外交方針を誤ってロシアとの関係を悪化させ、また積極的な対外進出政策を取ったためイギリスの警戒も呼び起こした。その結果、フランス・イギリス・ロシアは相互に友好関係を築いてドイツに対抗するようになり、ドイツはオーストリア以外の主要国から逆に外交的包囲を受ける形となった（イタリアとも同盟国であったが、オーストリアと領土問題を抱えており、信頼が置けなかった）。そうした中、オーストリアはバルカン半島のセルビアと対立関係にあった。南スラブ民族の多い地域を領土に含むオーストリアと、南スラブ民族統一国家を目指すセルビアとは深刻に利害対立が生じていたのである。一九一四年、オーストリア皇太子がサラエボでセルビア人青年に暗殺され（サラエボ事件）、それを契機として両国は戦争に突入。それに応じて、ドイツやロシアもそれぞれの盟邦として戦争に参加し、更にそれが他の諸国の参戦も招く結果となった。

開戦時、ドイツは国際的に孤立しており、頼みとなる同盟国はオーストリアのみであったためその動揺は致命的となりえた。そのためサラエボ事件ではオーストリアの保護者として振る舞い、セルビアに強硬姿勢を採るオーストリアを後押しして戦火を招き寄せる結果となった。またロシア軍の近代化を強く警戒しており、数年後にはドイツの優位は失われると考えていたため、開戦が遅れれば遅れるほど勝算は薄くなると見込んでいた。また、戦前の参謀総長シュリーフェンはドイツの外交的孤立に対応して多正面作戦を前提として、迅速な攻撃でフランスを撃破し、返す刀で動員に遅れのあるロシアを葬る方針を立てていた。ドイツ軍は幾許かの修正を加えながらも原則的にこのシュリーフェン計画を基本方針としてベルギーを通じフランスに進撃するが、マルヌの戦いで後退を余儀なくされ、短期間でのフランス軍主力包囲殲滅は不可能となった。そこで一九一五年、前年に東部戦線でタンネンベルクの戦いでロシア軍に大勝したのを利用してロシアへの打撃を集中的に与え、単独講和を目指す方針に転換。ガリチア・ポーランド・リトアニアなどを占領するがロシアは屈せず、狙いは失敗に終わり、同年末には再び西部戦線へ重点が置かれることとなった。同年五月にはイタリアが参戦し、イタリア戦線が開かれ、オスマン帝国との陸上連絡線を確保するためセルビアを占領。これらによって戦線は更に拡大した。これを受けて総力戦が意識され、戦争統制経済が本格化。インフレや労働力の不足に悩まされる事となり、左翼勢力を中心に反戦派が勢いを持つようになる。一九一六年二月にはベルダンの戦いが始まるが、戦力を消耗するにもかかわらず戦局を打開できない。同年四月二七日、タンネンベルクの英雄であるヒンデンブルクが参謀総長となり、ルーデンドルフと共に実質的な最高司令官として戦争指導に当たるが、この頃には国民を軍需産業に動員する「愛国的労働奉仕法」の制定、不作による食料不足・燃料不足が国民生活を圧迫し始めていた。悪い事は重なり、一九一七年二月には無制限潜水艦戦を宣言したのを契機にアメリカの参戦を招いた。国内経済は窮迫し、同年四月にはストライキが頻発。そんな中、ドイツは一九一六年末から西部戦線を一部縮小して東部戦線に再び力を注ぎ、革命後の七月攻勢へ反撃して占領地を広げバルト海沿岸に迫った。ロシアでレーニンらボリシェヴィキが政権を握り、戦争終結を求める動きを示したためドイツはこれに応じる形で一九一八年二月にブレスト・リトフスク条約を締結し、フィンランド・バルト海沿岸・ウクライナを割譲させ、これらの地に親独政権を樹立。こうして東部戦線での戦いを終結させ、多正面作戦から脱出できたドイツは、この幸運を活かして戦況を打開すべく西部戦線で大攻撃を行い、五月にはパリに迫るが、あと一歩で及ばず結局は連合軍の物量がドイツ軍の底力に勝った。七月からは連合軍が反撃に移り、ドイツ軍は戦線を崩壊させていく。そして九月には盟邦であったブルガリアが降伏、更にオーストリアも戦線を支えられなくなっていたため西部戦線の安定が保障できなくなった。ここに万策尽きたルーデンドルフは停戦を求める。そこで、対外的な好印象を期待し、自由主義的とされるバーデン公マックスが宰相となり、和平交渉に当たる事となったのである。

マクリミリアン・フォン・バーデン

一八六七―一九二九
Maximilian, Prinz Von Baden
ドイツ帝国　宰相
在任一九一八年

マクシミリアン・フォン・バーデンは一八六七年七月十日にバーデン・バーデンで生まれた。成人後はプロイセン軍に入り、一九一一年に軍を退役した時点では騎兵少将にまで昇進している。また、退役後は法学博士号を取得。一九〇七年、従兄弟であるバーデン大公フリードリヒ二世に子がなかったためその後継者と定められ、バーデン議会上院議長となった。しかしマクシミリアンは政治より当世風の学問や芸術に興味があったようだ。

一九一四年に第一次大戦が勃発すると、マクシミリアンは大公家の代表として第一六軍団司令部に名を連ねる。しかし名誉職に祭り上げられたのに不満だったのと健康が優れなかったため、同年十月には帰郷し、以降は国内の戦争捕虜救済事業に従事した。彼はバーデンにおける赤十字社の名誉会長にもなっており、戦争捕虜救済運動を高揚させるのに大きく貢献している。一九一六年には世界ＹＭＣＡ連合にも協力し、ＹＭＣＡが組織する米独戦争捕虜救済組織の名誉会長にする話も出されている。

一九一八年になるとドイツを始めとする同盟国側の国力は限界に達しつつあり、戦場でも「春季攻勢」に失敗し、敗北に直面していた。また九月二五日には同盟国であったブルガリアが力尽きて降伏。これを受けてスパの大本営では二九日、アメリカ政府の掲げる十四ヶ条平和原則を基礎とした講和受け入れが決定した。それを受けて、十月三日に宰相ヘルトリングが辞任し、バーデン公マクシミリアンが後任の帝国宰相に就任。議会多数派に基礎を置き、社会民主党・中央党・進歩人民党と連立したドイツ第二帝政における初の準議会主義の内閣であった。講和交渉を行うに当たり、アメリカの心証を良くするため議会と協調した政権が必要と判断され、バーデン公はそれまでドイツ国政に関与しておらず、更に自由主義的傾向が強いと見なされていたため適任とみなされたのである。大本営からの依頼を受け、バーデン公は内閣成立当日にアメリカのウィルソン大統領に十四ヶ条の平和原則に則って講和交渉を行う用意がある旨を伝えた。ただし一方でバーデンは交渉決裂に備えて社会民主党から国民的防衛を呼びかける同意を取り付けてもいる。

この和平交渉はまずアメリカとの単独交渉を前提とし、アメリカも自らの構想下で講和条件の主導権を握るためこれを受け入れている。四日、ウィルソンは返書でドイツ帝国の軍当局を国民の意思に従わせる権力手段がなく、政策へのプロイセン王の支配的影響は弱体化しておらず、決定権は依然として支配層にあると批判するものの休戦後の戦闘再開の可能性は否定した。以降、両国間で講和の条件に関して覚書の往復が行われ、ドイツに対し、「従来と同じ専断的権力」として信頼すべき相手であることを示すため国内改革着手が求められた。そこでバーデンは十月改革と呼ばれる一連の改革に乗り出し、戦争・平和の決定権が帝国議会に委ねられる事、帝国宰相の帝国議会に対する政治的委任の法的規定などを定める。一方、講和交渉においては武装解除を拒絶する返答をしている。十月二二日、バーデンは議会でウィルソン講和と国際連盟を受け入れる方針を正式に表明。しかしこれを受けてアメリカからもたらされた覚書は、依然としてドイツは軍国主義的・専制主義的体制であると批判していた。ウィルソンとしては他の連合国や国内世論を納得させるためにもドイツへ強硬なポーズを取って見せる必要があったのである。しかしこの覚書はドイツ国内に動揺と反発を呼び、大本営のルーデンドルフはこれに反発し、交渉の打ち切りを主張する。軍の実権を握るルーデンドルフの反対によって講和交渉そのものが破綻するのを恐れたバーデンは、自らの辞任をちらつかせて皇帝に圧力をかけ、ルーデンドルフの罷免を要求。これを受けて十月二六日にルーデンドルフは解任され、後任としてグレーナーが任命される。十月二八日に憲法改正が行われ、宣戦・講和に帝国議会の同意を要する事、宰相に対する帝国議会の不信任規定、皇帝の全ての政治的行為について宰相の責任規定が盛り込まれた。また平等選挙の導入も決定されている。こうして、紆余曲折はありながらも、講和に向けて対外信用を勝ち取るためという名目の下でドイツは議会政治主体に改革されつつあった。

アメリカが講和条件として皇帝退位を要求しているという情報がバーデンの耳に入ったのはこの頃であった。まず十月二五日、チューリヒのアメリカ副領事マクナリーから皇帝退位と休戦条約が不可分であると伝えられた。事実関係を確かめるためバーデンは政府顧問クルト・ハーンを通じてコペンハーゲンのアメリカ公使館員リズゴラ・オズボーンと連絡し、オズボーンの個人的意見という形ではあるが民主化の証拠として、やはり皇帝退位・皇太子の王位継承権放棄が必要との見解を得た。これを受けてバーデン自身も、王室維持のために皇帝退位が必要との考えに傾く。しかしこの情報は不確実であり、少なくともこの時点ではウィルソンは皇帝退位を必須とは考えていなかったのである。

皇帝退位問題は諸政党に飛び火し、左派勢力は共和制への呼び水として退位を要求。社会民主党の帝国議会会派内でも退位支持が多数であった（ただし後にワイマール共和国初代大統領となるエーベルトは反対にまわっている）。十月三〇日には政府内でも皇帝退位を求める声が多数となり、翌日に皇帝退位、皇太子の継承権放棄、皇太孫ウィルヘルム即位、皇太子の弟アイテル・フリードリヒの摂政就任が討議された。こうした動きに対して皇帝周辺は退位に否定的であり、二七日に退位要求を突き付けられるのを避けるため、スパの大本営に移動する。バーデンは皇帝に自発的退位を求めるが拒否された。宮廷人の間では、前線部隊を率いてベルリンに進撃し「帝国秩序を回復」する事を進言するものすらいたという。この時期に退位していれば帝制自体は存続した可能性は十分あったと思われ、帝室にとっては最後の機会であった。

一一月一日にキール軍港で出撃命令拒否に端を発した水兵の反乱が勃発、これを契機として厭戦気分の蔓延した労働者・兵士によって自発的に評議会が結成された。ドイツ革命である。その直後である一一月六日にアメリカより休戦条約については連合国の保障する条件で行うという「ランシング・ノート」が届く。この時点ではヨーロッパ連合国は十四ヶ国平和原則を講和の基礎にする事に同意しており、無併合・無賠償・勝利なき平和を基調とする同盟国に寛大な戦後体制の見通しが立ったのである。しかしドイツ帝室にとっては既に遅かった。ランシング・ノートの到着が数日早ければバーデンは講和交渉をまとめ、ドイツ帝国を救った宰相として歴史に名を留められたかも知れない。バーデンは帝国議会と連邦参議院による議会主義化を基礎として君主制維持を目指す方向を打ち出すと共に、労働者評議会設置・団結権への法的制限の撤廃・政治犯への恩赦を打ち出す事によって労働者を懐柔しようとしたが果たせず、革命は数日でドイツ全土に伝播。中でも保守的なバイエルンで八日にアイスナーによる左派政権が成立し、バイエルン王室が転覆した事はバーデンに衝撃を与えた。更に九日早朝、社会民主党は十月改革路線での事態収拾が不可能であると判断して政府からの離脱を通告、労働者にゼネスト参加を呼びかけた。これを受けて一刻の猶予もないと判断したバーデンは同日午前、独断で皇帝退位を発表し、多数派社会民主党の指導者エーベルトに政権を移譲。エーベルトも革命を阻止し、速やかな憲法制定国民議会を開催する事で体制を維持する事を考えていたため最低限帝政は維持できると読んだためである。しかしこの狙いは社会主義革命を求める左派の機先を制するため新政権が共和制を宣言した事によって頓挫した。バーデンは講和交渉と帝政存続の双方とも果たせず、失意のうちに政界を去ることになる。

戦後、バーデンは回顧録を著述すると共に、新たなドイツ指導層を育成すべくクルト・ハーンと共同でコンスタンツ湖にサレム寄宿学校の設立に関与している。マクシミリアン・フォン・バーデンは一九二九年一一月六日にコンスタンツで没した。

マクシミリアン・ヴォン・バーデンは本来、政治に関心の少ない名門貴族として生涯を過ごす筈であった。しかしドイツ帝国が崩壊に直面し、講和交渉の当事者として敵方から信頼を得られる穏当な人材が求められたため、政治の表舞台に意図せずして引き出されることとなった。ウィルソンの寛大な平和原則に乗る事で君主制を維持する事を目標として、自由主義的な改革と和平交渉に当たったが皇帝や軍部との十分な意思疎通ができず政権運営に苦しみ、最後は長期戦に苦しむ国民を抑え切れず不満を爆発させてしまった。皇帝が自らの地位に執着した事やアメリカとの外交駆け引きによる数日の遅れにより革命勃発・王朝転覆という結果になったのは運がなかったが、十分な情報収集を行わないままに皇帝退位が不可欠と一人合点した点は批判を受けても止むを得ないかもしれない（敗戦処理という弱い立場で戦勝国の詳細な情報収集は困難であったろうが）。

彼は穏当で人道主義的な人となりの持ち主であったが、皮肉な星の巡り合わせによって意図せぬ舞台に立たされ、必ずしも適性のない難事業に当たらされた不運な人物であったといえる。

フリードリヒ・エーベルト

一八七一～一九二五
Friedrich Ebert
ドイツ帝国　宰相
在職一九一八
ワイマール共和国　大統領
在任一九一八～一九二五

　フリードリヒ・エーベルトは一八七一年に仕立て屋の子としてハイデルベルクに生まれた。成長すると馬具職人として修行し、ドイツ各地を行商。その過程で政治に関心を持ち、一八八九年に社会民主党に入党した。彼はマルクス主義の教条的な思想よりもドイツ労働者の実際的な生活環境改善を重視し、社会主義革命志向には与さず、労働組合運動主体の漸進主義・自由主義的な立場を採る。エーベルトは一九〇五年には党執行部書記となり、タイプライターやファイルを導入して事務の効率を改善させた。社会民主党は従来は家宅捜索を恐れてそうした証拠になりうるものは用いていなかったが、党勢拡張により社会的影響力も拡大したため導入に踏み切ったのである。一二年以降は帝国議会議員となり、一三年には党議長ベーベルの死去を受けてハーゼと共に後任の党議長に選ばれた。彼の下で社会民主党は更に政界における発言力を拡大していく。一九一四年に第一次大戦が勃発すると、エーベルトは党を戦争協力に向かわせる。当時のヨーロッパにおける社会主義政党は国際的連帯より祖国への帰属感が強く、こうした動きを見せたのは彼だけではなかったのである。彼の下で社会民主党は全面的な戦争協力を行う。

　しかし一九一七年三月、党内左派がこれに反発して離脱し、ドイツ独立社会民主党、ドイツ共産党・スパルタクス団を結成して戦争協力を拒絶する。彼らは社会主義革命を模索し、議会政治設立を目指すエーベルトらと対立した。エーベルトは中央党や進歩人民党と共に「ワイマール連合」を結成。一九一八年に宰相に任命されたマクシミリアン・フォン・バーデンはこの三党を与党として組閣し、連合国との和平交渉に当たる。バーデン内閣で議会民主主義に向けた改革がなされているのを目の当たりにしたエーベルトは、革命なしで民主化が可能という自らの主張が裏付けられる思いをしたようだ。彼は与党の一角として革命の防止に努力し、バーデン首相に「私は革命を罪のごとく嫌悪しています」と述懐している。

しかしエーベルトの思いもむなしく、一一月一日のキール軍港での暴動を契機にドイツ革命が勃発。この革命が求めたのは共和制でも民主主義でも社会主義でもなく平和であったが、やがて共和主義・社会主義派が勢いを占めるようになる。一一月九日、バーデン公は皇帝の退位を宣言し、エーベルトに後任の帝国宰相を依頼。エーベルトも帝政を維持する事を考えていたのでこれを受諾したが、同日に社会民主党のシャイデマンは独断で議事堂のバルコニーから群集に共和国の成立を宣言。リープクネヒトら革命派からなるスパルタクス団が王宮前で社会主義共和国の成立を宣言しようとしていると情報があったため、機先を制して政治的主導権を確保するための行動であった。エーベルトはこの行動に怒りを示したが、事態が事態であったため納得せざるを得なかった。同日夜、エーベルトは軍のトップであるグレーナーと連携を取り、新政府に対する軍の忠誠を確保する。

スパの大本営では皇帝が退位後もプロイセン国王として留まる事を主張していたが、ベルリンからの退位発表が伝わり、スパの警備部隊も革命を支持する情勢であったため十日に皇帝はオランダに亡命。ベルリンではエーベルトは評議会体制による独裁を拒否し、評議会の委任に基づいて独立社会民主党と連立した「人民代表委員会」を臨時政府とした。アメリカは革命政府の成立を知り、一旦交渉を打ち切るが、比較的早期に穏健な左翼を含めた非ボリシェヴィキ政権を相手に休戦する必要を感じ、食糧長官ハーバート・フーヴァーを通じた食糧援助を考慮する。ただし連合国相手の意見調整に手間取り（英国は経済封鎖がドイツを押し込めるために必要と考えていた）、実際に援助が行われたのは翌年三月以降となった。その間に共産主義者が蜂起し、ドイツがボリシェヴィキ化する脅威が現実となったため連合国も食糧援助を認めざるを得なくなったためである。一一月九日、臨時政府は非ボリシェヴィキである事を示し、連合国から政府の正統性を認めさせるためソビエト政府と国交断絶。その成果か一一日、コンピエーニュの森で臨時政府と連合国の間に休戦協定が結ばれた。一一月六日の時点でバーデン政権の代理として派遣されていたエルツベルガーが新政府から改めて電報で交渉継続を指示されていたのである。こうして第一次大戦は終結した。一一月二九日、皇帝は帝位・プロイセン王位からの退位宣言に署名。一二月一日には皇太子も継承権を放棄した。ここに帝政が復活する道も絶たれ、ドイツは共和制となる事が確定したのである。

一二月一六日、全国労働者・兵士評議会大会が開かれる。極左派によって社会主義共和国の基礎として評議会を位置付ける提案がなされたが否決され、国民議会の選挙日程が翌年一月一九日に決定された。またエーベルトを首班とする人民委員政府が承認され、人民委員政府は移行期のものと定められる。エーベルトは軍の力を借りて社会主義革命派の動きを鎮圧し、選挙実施に漕ぎ着けた。一九年の選挙では与党が八五パーセントを占め、社会民主党のシャイデマンを首班とする政府が成立し、ワイマール憲法が制定される。エーベルトは初代大統領に選ばれた。エーベルトは法学者ヒューゴ・プロイスと共に中央集権的な国家の確立を目指すが、旧帝国を構成していた州邦はその動きに抵抗。帝国旧体制を変革するだけの実力は政府にはなく、また極左社会主義者や共産主義者との内乱状態にも苦しんだ。エーベルトは国防相グスタフ・ノスケと諮り、旧軍人による私的軍隊を公認し、極左過激派の鎮圧に当たらせざるを得なかった。これら私的軍隊は共和国政府への忠誠ではなく、彼ら自身の共産主義への憎悪に基づいて戦っていたが、ともあれこれが共和国軍の支柱を形成していく。こうしてユンカー（エルベ川以東の地主貴族）ら特権階級は革命後も社会的地位を保つ事になる。一九二〇年の選挙で与党は敗北し、エーベルトの政治的発言力も著しく弱まった。これは明らかに前年に結ばれたヴェルサイユ講和条約で莫大な賠償金と領土の放棄、著しい軍備縮小が定められた事による影響であった。多くのドイツ人がこの条約によってドイツが破壊されると感じたのである。選挙の敗北に加えて、同年三月にウォルフガング・カップら軍部内の極右派がヴェルサイユ条約に反発してクーデターを起こした。カップ一揆である。蜂起自体は数日で鎮圧されたが、この事件は社会民主党政権と軍部の連携を崩壊させた。

一九二三年一月にはフランスがドイツの主要工業地帯であるルール地方を占拠、エーベルトは大規模なストライキを支援する事でこれに対抗したが、ドイツ全体が不況によって苦しむ結果を招いた。インフレが国民生活を苦しめ、政治的にも不安定な状況が続いた。そうした中で中道右派の人民党から首相に就任したグスタフ・シュトレーゼマンは辣腕を発揮し、事態の収拾に相当の成功を収める。当初、エーベルトは彼を余り評価していなかったが、次第に信頼を寄せ、全面的に協力するようになった。エーベルトの所属政党である社会民主党がシュトレーゼマンを右翼的であると抗議した際もこれに叱責を加えている。結局社会民主党は連立から離脱し、シュトレーゼマン内閣を同年一一月に崩壊に追い込むが、自らの政治的影響力も以降減退させていく。

しかしともあれエーベルトやシュトレーゼマンらの苦闘により国家の統一は何とか保たれ、インフレーションは貨幣改鋳で収束し、賠償金もアメリカの仲介で一部減額された。しかし右翼はエーベルトを嫌い、戦中に軍需産業労働者のストライキを支援したと中傷。これに関する裁判でも法的に反逆になると判断された。大統領としての激務に加え、この裁判による心労も心身を蝕み、一九二五年二月二八日に任期満了を目前にして死亡した。

エーベルトは君主制を容認した上で労働者の生活改善や議会民主主義の実現を求める穏健な社会主義者であった。大戦末期にはバーデン公と共に帝政の維持や戦争終結に向けて努力したが、革命の盛り上がりの中で共和制を容認せざるを得なかった。革命による交渉決裂を何とか回避し、戦争終結には漕ぎ着けたが、苦難の政治運営はそれからが本番で左右両翼の過激派との内乱や連合国からの過酷な要求の対応に心身を磨り減らす羽目となる。彼は中道的な政治運営を旨とし、極左派に対しては武力弾圧すら辞さなかったが、右派からも反発を受け、中傷に苦しんだ。そうした中でも政務に励み、国家再建にはある程度成功したが、評価される事なく没し、その死後には世界恐慌や第二次大戦による再びの国家崩壊が待っていた。その業績や苦労にもかかわらず、報われない生涯であったと言わざるを得ない。

チャコ戦争概略

一九世紀初頭に独立して以来、チャコ平原はボリビアとパラグアイの間で国境係争地域となっていた。チャコ平原は雨季乾季での気候の変動が激しく居住に適しているといいがたく、人口も少ない地域であったが、両国はこの地域を開発の余地があると見なしていたのである。太平洋戦争で太平洋沿岸の領土を失ったボリビアはパラグアイ川を通じて大西洋への出口を求めており、パラグアイは三国同盟戦争での痛手からこれ以上領土失陥をしたくないという思いが強く、またチャコで生産されるケブラコ（ウルシ科の樹木、皮はなめしや染料に用いる）の樹皮や牛革に外貨獲得を依存していた。一九〇七年にアルゼンチンの調停が入り、両国は暫定的な国境を定め、対立は回避されたかに見えたが、一九二〇年代になるとこの地域の油田開発を巡って領土問題が再燃する。両国はこの地域の調査を進め、前哨隊を送り込むだけでなく、第一次大戦後にヨーロッパで不要になった武器を盛んに輸入。更にパラグアイの政情不安定に乗じてボリビアはチャコ地方に要塞を建設までしている。しかしチャコ平原は戦争行動を行う上で両軍にとって兵站面で難があり、軍事計画策定を難しくしていたようだ。こうして戦争を視野に入れていた両国の背後には石油メジャーの存在があった。すなわちスタンダード・オイル・オブ・ニュージャージー社はボリビアの油田権益を手に入れていた関係からボリビアを後押ししており、ロイヤルダッチ・シェル社がパラグアイの油田利権を握り、これに対抗する関係だったのである。両国の対立は石油メジャーの代理戦争という性格を呈していたのだ。

一九三五年に就任したボリビアのダニエル・サラマンカ大統領は国内問題への不満を逸らそうと対外積極策を採った。こうした中で一九三二年六月、北チャコの汽水湖・ピチアンツタ湖で戦闘が勃発したのを契機にボリビア軍は東部チャコに攻撃をかけ、ボケロン砦を始め小砦を多数占領。一方でサラマンカは本格的な戦争突入までは考えていなかったのか、アルゼンチンがパラグアイに味方して参戦するのを恐れて攻撃を止めさせようとしている。一方、ボリビア軍の攻勢に直面したパラグアイはすぐに反撃してボケロンを九月二九日には奪回。

ボリビアはこの敗北に衝撃を受け、かつて政治犯として追放していたハンス・クント将軍を呼び戻す。彼は第一次大戦後にボリビア市民権を獲得した元ドイツ軍将校であり、ボリビア軍近代化の父であるため、ボリビア国民はクント将軍なら勝利できると考えた。一九三二年一二月、クントは国民の期待を負ってナナワ砦を中心に東部チャコにおけるパラグアイの砦に攻撃を繰り返したが、犠牲を出すばかりで成果は上がらなかった。ナナワ砦は南米のベルダン要塞と異名を取るようになる。結局、クントはボリビア軍最高司令官であるパニャランダ将軍によって解任される。

一九三三年十月、パラグアイ軍は攻勢に入り、中央チャコを経由してボリビア軍を砦単位でチャコ平原から追い出しにかかる。しかしチャコ平原南西端のピルコマジョ川堤防にあるバリビアン砦でボリビア軍は頑強に抵抗。この砦はボリビア軍にとってチャコ防衛の象徴的存在となる。しかしパニャランダはトロ将軍に防衛戦を短縮するため砦の放棄を命じた。トロはこの命令を拒絶し、パニャランダもそれを黙認せざるを得なかった。

一九三四年七月までにフランコ大佐率いるパラグアイ軍はボリビア軍をチャコから北へ駆逐し、非係争地域であるボリビア領に侵入。フランコ大佐の軍の補給戦は伸びきっており、パラグアイ軍最高司令官ホセ・エスティガリビア将軍は撤退を命じる。一方、トロ将軍はその補給戦を絶とうとバリビアン砦から主力を率いて出撃。パラグアイ軍はその動きを看破し、トロ軍を引っ張り込む作戦に出る。トロはフランコ軍を包囲しようとするが果たせず、撤退するフランコによってチャコ平原内部へと引き込まれる。一九三四年一二月、エスティガリビア将軍率いるパラグアイ軍の本体がフランコ救援に駆けつけ、トロの隊の水分補給を絶つ。トロの主力は包囲され、約一万千のボリビア兵のうち半分が捕らえられた。次いでパラグアイ軍は防御の弱ったバリビアン砦を占領している。こうした敗北続きの中で、この年にサラマンカ大統領も捕虜となって解任され、チャコ平原の油田地域も占拠された。副大統領であったテハダ・ソラノが大統領に昇格し、事態の収拾に当たる事となる。

ホセ・ルイス・テハダ・ソラノ

一八八二～一九三八
Jose Luis Tejada Sorzano
ボリビア　大統領
在任一九三四～一九三六

ホセ・ルイス・テハダ・ソラノは一八八二年一月一二日に生まれ、弁護士を経て銀行業や外交に従事した。一九一四年から一九一八年にかけて国会議員を務め、グエラ大統領時代には蔵相となっている。一九三一年には副大統領となり、サラマンカ大統領が辞任したのを受けて一九三四年に大統領に昇格。敗色濃厚なこの戦争を終結に導くのが彼にとって重要な政治課題であった。

一九三五年前半になるとチャコ平原の係争地域の大部分はパラグアイ軍に占領されており、ヴィラ・モンテの町も包囲下にあった。しかしここへきてパラグアイ軍の補給戦は伸びきり、今度はボリビア軍がそれに付け入る形となった。

またボリビアは総動員体制を採り、人口で勝る強みを生かしてパラグアイ軍を苦しめようとする。しかしこの頃には両国とも疲弊し、財政破綻寸前となっていたためテハダ・ソラノはパラグアイ政府と和平を模索する。またアルゼンチンなど、南アメリカ諸国が調停に入り、三五年六月一二日に停戦合意が成立、一四日に発効した。こうしてチャコ戦争は終結に導かれた。

なお、一九三八年に締結された平和条約ではボリビアは一九〇七年の国境よりも約五万平方キロメートル相当の領土割譲を余儀なくされている。この戦争での戦死者はボリビアが五万七千人であり、パラグアイは三万六千人であった。

こうしてどうにか戦争を終結させたテハダ・ソラノであるが、十分な指導力を発揮したとは見なされず、一九三六年には戦争を通じて名声を高めたブッシュやトリら軍人によってクーデターで放逐される。

軍事政権はボリビアの油田を支配していたスタンダード社を接収して国有化し、経済再建に乗り出した。因みに勝利したパラグアイでも戦争指導への不満が強く軍部によって同年にアヤラ大統領が追放され、新政権は国家主義的傾向を見せ、三国同盟戦争で戦死したソラーノ・ロペス大統領を顕彰する傾向を示している。失脚したテハダ・ソラノが失意のうちに死去したのは一九三八年十月四日であった。

テハダ・ソラノは大統領が捕虜になるという困難な情勢で、政権を引き継ぐ事を余儀なくされた。どうにか持久戦に持ち込んだところで戦争終結させることはできたが、前政権以来の軍部との不協和音が禍して指導力に疑問を持たれ、失脚した。

基本的に平時の人材であり非常時に力を発揮するタイプとは言い難かったかもしれないが、困難な時局に対応した末の報われない結末であった。負け戦を終わらせるという事業は、困難であるにもかかわらず不名誉や恥辱を伴い、正当な評価が与えられにくいものであるようである。

第二次世界大戦

フランス概略

一九三九年、ドイツがポーランドに侵入したのを受けてフランスはイギリスと共にドイツに宣戦布告。こうして勃発した第二次世界大戦であるが、最初の一年はドイツとフランスの間にほとんど戦火が交えられなかった。そして一九四〇年五月十日にドイツ軍がベネルクス三国へ攻撃をかけ、西部戦線が本格的に戦闘へ突入。ドイツ軍はマジノ線（フランスがドイツに備え、構築した防衛線）と機動部隊の蝶番であるアルデンヌ地方から侵入、早くも一三日にはドイツ軍が防衛線を突破し、同日にソンム川河口へ到達した。

フランス軍の兵力はドイツ軍とほぼ互角であったが、整備が不十分であり、訓練も不足していた。開戦から一年ほどの戦火を交えない「奇妙な戦争」を通じて士気の弛緩も見られた。また、戦車の数でもドイツ軍を上回っていたが機動力で劣り、小部隊ごとに戦車を分散配置しており、有効な活用が出来ていなかった。あくまで歩兵の補助とする第一次大戦時の思想から抜け出せていなかった。更に防衛戦としての要塞構築の範囲を巡って軍の重鎮であったジョッフルとペタンが対立し、上層部の意思統一がなされていなかった面も大きな弱みであった。

一方ドイツ軍はグデーリアン将軍らによる機甲師団が陸軍の先鋒を務める思想を採用しており、また空軍力に力を注ぎ、フランスの三倍に当たる航空戦力を確保していた。その空軍が急降下爆撃機で戦車と共同作戦を採ることで、ドイツ陸軍のわずか八パーセント程度の兵力でしかない機甲師団が敵に有効な打撃を与えることが可能となった。そしてマンシュタインが提唱した通行不可能と考えられていたアルデンヌ森林地帯を通過する案が採用された事により、フランス軍が完全に裏をかかれたのも見過ごせない。

またフランス軍は突破された後には防衛線をその都度作る事を怠り、側面からの大攻撃に拘るがドイツ軍の前進が迅速で後手に回った事も敗因として挙げられる。

こうした劣勢からフランス軍は恐慌状態に陥り、例えば五月一三日時点ではまだドイツ軍戦車はミューズ川を渡っていなかったにもかかわらず、戦車の幻影を見た兵士から集団ヒステリーが広がって潰走状態に陥る部隊もあった。そんな中、五月一五日にはガムランからヴェイガンへと総指揮官が交代。フランス軍はイギリス・ベルギー軍と共同でアラス・アミアン間で側面から反撃をしかけようと計画するが統制が取れず、不可能であった。ド・ゴール大佐の機甲師団が善戦するものの、戦局全体からは局地的なものに留まっている。ドイツ軍はミューズ川を押し渡り、一週間で二六〇キロメートルを走破して袋の鼠にし、ダンケルクに追い詰めた。ヒトラーがフランス全土攻略のため戦車を温存したこともあり、連合軍の撤退作戦は遮ることなく行われた。なお、五月一五日にはペタンが国務大臣・副首相として入閣要請を受けている。

六月四日にダンケルクを制圧したドイツ軍は再びパリへ向かう。フランス本土侵攻を受けてもフランス軍は適切な戦略を打ち出せず、六月八日には政府はパリを捨てて、ツールへ退避することが決定し、十日に官公庁・外交官がパリを離れた。一一日にはパリは無防備都市宣言し、一四日にドイツ軍が入城。一一日の英仏首脳会談ではフランス軍が限界に達しているという声が上がり、ペタンらから休戦を考えるべきだという意見も出されレイノー首相とペタン元帥の対立が表面化。レイノーはイギリスに更なる援助を求めると共に、アメリカに参戦を要請したが色よい返事は得られず。更に一三日の閣議の時点ではチャーチルが帰国しており、ペタンの休戦を求める主張が勢いを得る。一四日に政府はツールから更にボルドーに移動。

一六日には英仏連合の打診も行うが、閣僚から反対され、レイノーは精根尽きて退陣。休戦のための政権としてペタンが首相となる。

アンリ・フィリップ・ペタン

一八五六～一九五一
Philippe Pétain
フランス共和国　首相／在職一九四〇
フランス国（ヴィシー政府）　国家主席
在職一九四〇～一九四四

ペタンは一八五六年八月二四日に北フランスの農家に生まれ、サン・シールの陸軍士官学校に進学。青年時代はアルプス連隊で少尉として勤務しており、それによって彼が一般兵士の心情を理解できるようになったと伝えられる。その後、ペタンは陸軍大学で教鞭を執り、戦術理論を担当する。しかし、当時は積極攻勢論が主流であったにもかかわらず、ペタンは火力を重視しての守勢を重んじたため、首脳部からは疎まれ昇進は遅かった。

それが一変したのが第一次大戦の時である。大戦が勃発した一九一四年、ペタンは戦時体制のおかげで五八歳にしてようやく将官となった。一九一六年にはベルダン要塞の指揮官としてドイツ軍を迎え撃ったが、その際には味方の前線・輸送体制を再編すると共に砲兵を有効活用し、更に配下の士気を高めて敵の絶望的なまでの猛攻に耐え抜く。この戦いによってペタンは「ベルダンの勝利者」と呼ばれ、端正な風貌もあって国民的英雄として祭り上げられる。もっとも、この時の戦いで前線兵士の疲労が蓄積しないよう頻繁に前線・後方の要因を交替させる方法を採ったため、数多くの師団を割く必要が生じ、ソンムの戦いにまわせる兵力が減少したと批判も受けてはいる。翌年には全フランス軍の総司令官となり、長期戦によってフランス兵の間で相次いでいた反抗に対しても個々の兵士を説得し、生活環境を改善するという温情的処置によって抑え、軍の内部崩壊を防いだ。戦略的には連合軍の戦力が十分に整うまで守勢を保ち、ドイツ領となっていたアルザス・ロレーヌ地方を回復する条件でドイツと講和に持ち込もうと考えていたが、積極攻勢を主張する将校たちの反対に遭っている。予備兵力を前線に置くか司令部に配置するかで連合軍総司令官フォッシュ元帥と対立するが、一九一八年にドイツ軍に対して大攻勢をかける際にはフォッシュ指揮下に入り、参加した。

大戦終了後の同年一一月、ペタンは元帥に昇進。その後は一九二五年にモロッコのリフ人の大反乱を鎮圧し、更に陸相（一九三四）や駐スペイン大使（一九三九〜四〇）を歴任するなど、フランス陸軍の大御所的存在として防衛主体の戦術・戦略思想を定着させた。もっともこれは第一次大戦の経験にとらわれてド・ゴールらによって唱えられた戦車師団重視の理論を軽視し、第二次大戦時に不覚を取る原因となるのだが。

第一次大戦によって開かれたペタンの運命は、第二次大戦によって再び転換点を迎える。英仏両国は一九三九年時点でポーランドに侵入したドイツに既に宣戦布告していたが、翌年四月にドイツ軍がフランスへと侵攻を開始。そうした中でレイノー首相は五月一五日にヴェイガン将軍を総司令官に、一八日にスペイン大使であったペタンを呼び戻して副首相に任命して、崩壊しつつある戦局の打開を委ねた。しかしこの時点で既に英仏連合軍は手痛い敗北を喫して、ダンケルクへ撤退開始する段階であった。わずかにド・ゴールの機甲師団が一時的にドイツ軍を阻止する局面はあったものの大勢に影響を与えるには及ばなかった。ヴェイガンはソンム川からマジノ線までの防衛戦を再構築して反撃しようと試みたが、六月四日にはダンケルクを制圧したドイツ軍が再びパリへと進撃を開始。もはやこれに対し十分な防衛体制を築く事は困難であり、パリ陥落は必至の情勢であった。

六月十日、官公庁・外交官がボルドーへ逃れ、パリは無防備都市を宣言。更に同日にイタリアがフランスに宣戦布告し、これは瀕死のフランスにとって致命傷と思われた。一四日にはドイツ軍がパリ入城し、更にリヨン、クレルモン、ボルドーにも進出。一方、英仏首脳は一一日に会談し、その際にペタンはフランス軍が限界に達しているため休戦を考えるべきだと意見を述べ、抗戦継続を唱えるレイノー首相との対立が表面化した。抗戦を継続しようとするレイノーは英米への援助を要請したが十分な返答を得られず、一三日には休戦を主張するペタンに賛同する者が増える。一四日に政府はツールから更にボルドーに移動。レイノーは政府が亡命するとした上で軍独自の降伏をヴェイガンに呼びかけ拒絶された。一五日にボルドーで開催された閣議では、レイノー首相・マンデル内相やド・ゴール将軍は休戦が英国との約束違反であると主張し、海外領土や海軍の存在を頼みとして抗戦すべきとした。一方でペタン副首相・ヴェイガン将軍らは戦闘に終止符を打ち、指導部を本国に残し、民間人を保護することが現実的と唱える。実際、この時期には避難民が六百～八百万人単位で南に移動しており、国民の物質生活が壊滅状況にあったのである。また一六日にはレイノーはイギリスと市民権・防衛・外交・経済を共有する英仏連合の打診も行うが、閣僚から反対された。ペタンはイギリスとの連合を「死骸との融合」と揶揄していたし、閣僚の中にはイギリスに併合されるならドイツの一州になる方がましと公言する者すらいた。また軍部はもはや抗戦の能力を失っており、また「三週間後には、イギリスはニワトリのように首をひねられてしまう」（W・S・チャーチル『第二次世界大戦1』河出文庫、一四四頁）という意見が強かった。

こうした中で、精根が尽きたレイノーは「閣僚の多数が敵との対話を望んでいる」と述べて退陣。同日二二時にはペタンがルブラン大統領から首相に任命され、組閣要請を受ける。この時点でペタンは既に閣僚名簿を用意していた。ショータンが副首相、ヴェイガンが国防省、ダルランが海相、ボードワンが外相という陣容である。「休戦条件を質すことは、必ずしもそれを受諾することではない」（W・S・チャーチル『第二次世界大戦1』河出文庫、一四五頁）と主張し、休戦交渉を求めていたショータンを起用した事からも分かる通り、ペタンはこの内閣を休戦のためのものと位置づけていた。一七日にド・ゴールはフランスを逃れ、同日昼にペタンは国民に向けてラジオで「わたくしは、国民のみなさんに戦闘を中止せねばならないこと［のちの説明では『戦闘をやめようとするときがやってきた』と修正された］を告げるのは、断腸の思いです」「わたしは昨夜ドイツにたいし、軍人同士あらゆる名誉にかけて、敵対行為をやめる方法をもとめる用意があるのかどうかを打診はした」（ジョン・ウィリアムズ『パリ陥落　ダンケルクへの撤退』宇都宮直賢訳、サンケイ新聞社出版局、二一〇頁）と述べて休戦の必要性を説明し、夜の閣議で休戦条件をドイツに尋ねる方針を決定した。一九日六時二五分、ドイツからフランス側の全権委員に関する照会があり、二〇日に全権を派遣する。休戦交渉に際して、ドイツからフランス艦隊の引き渡しや、植民地の占領を求められた際は交渉を打ち切ることが決められていた。二一日にはパリ郊外のコンピエーニュの森でヒトラーらナチス政権首脳も臨席する中、ドイツ側のカイテル将軍から休戦条件が提示された。ここは第一次大戦でドイツが敗戦を認める休戦協定に調印したのと同じ場所であり、ドイツはその際に用いられた車両を持ち出して、同じ部隊で今度はフランスに降伏させるという趣向を行っていたのである。二二日一八時五〇分に調印が行われ、フランスは降伏。四八時間後に今度はローマでイタリア相手に停戦に調印した。二五日〇時三五分に全地域で戦闘が中止された。休戦の際、フランス国土のうち北海・英仏海峡沿岸部や北部は立ち入り禁止地区に指定され、残りの地域もドイツ軍が支配する占領地区とフランス政府の権限が及ぶ自由地区に分割される事が決定されている。こうしてフランス政府には本土の三分の一が残された。

休戦が成立した後の七月一日、政府は温泉町ヴィシーに移転し、上下両院を国民議会として召集。七月十日にはペタンに全権を与える事が決議され「フランス国」の憲法が制定される事となった。翌日に彼は国家主席に就任し、議会を休会。また同年十月には県議会を廃止して行政委員会（任命制）に変えた。四一年一月には議会に代えて国民評議会を設けるが、これはペタンの諮問機関に過ぎなかった。こうして、ペタンの手に残された地域では彼の独裁体制が確立。「フランス国」（通称ヴィシー政府）は占領地区への自由な往来はドイツによって禁じられていたものの、植民地の支配や休戦監視軍十万と海軍の保有は認められていた。

ペタンは「労働、家族、祖国」をスローガンとして、ヴィシー政府をドイツとの休戦のための臨時政府であるに留まらず、第三共和制の否定と「国民革命」を推進するものと位置づけた。ペタンは「知的、道徳的再建」を強調し、敗因を享楽の精神による気の緩みであるとして国民的な統一と団結が必要であると訴え、文化政策・教育を重視した。また国民的団結を高めるためペタンへの個人崇拝も様々なメディアで行われた。しかし、第二次大戦後半になるとラヴァルらファシズム勢力が台頭し、フランスの伝統追求よりもドイツへの積極的な戦争協力を求める動きが強まる。また対外的にもペタンは対独関係に苦慮し、一九四二年四月にはラヴァルを副首相としてドイツの心証改善を図らざるを得なくなる。この後もペタンは国家主席の地位を保持するがドイツの衛星国化が進行する中でその権威は弱まり、更に一九四二年一一月になるとドイツ軍はフランス全土を占領。ここにヴィシー政府は自由地区・植民地・艦隊・休戦監視軍の全てを失った。ペタンは憲法制定権以外の全権をラヴァルに移譲。そして戦況がドイツに不利になるとドイツからのヴィシー政府への圧力は強化され、強硬な対独協力者の入閣を行わざるを得なくなる。この時期には工業生産の四〇パーセント、農業生産の一五パーセントがドイツに提供され、ユダヤ人迫害も積極的に行われたという。連合軍がノルマンディーに上陸すると、ペタンやラヴァルらは終戦工作を始め、アメリカやド・ゴールとの交渉を試みたり、国民議会開催を目論むが失敗し、ドイツ軍によって捕らえられ、ジグマリンゲンに幽閉された。

戦争が短期で決着するという見通しでペタンは降伏・対独協力に踏み切り、国家を保全しようとした。その試みは一応は成功したかに見えたが、戦争が長期化した事によりフランス国民の生活を苦しくする結果となった。またドイツが追い詰められる中で形式上残されていた祖国も失う羽目となった。軍事的崩壊に直面して祖国を何とか守ろうとしたペタンの努力は、ここに水泡に帰する。なお、その後もブリノン、デアら対独協力者たちがドイツで代理政府を作るが実体はなかった。

戦後、ペタンは対独協力の罪に問われ、一九四五年八月に死刑を宣告される。後に終身刑に減刑され、服役中の一九五一年に没した。九五歳であった。

　ペタンは第二次大戦初頭に祖国が崩壊する中で、これ以上の抵抗は不可能と考えて、敵に降伏する事で何とか祖国を存続させようと図った。フランス軍に国民を守り、敵に抵抗する能力が失われていた以上、それはその時点では現実的な選択肢であったが、結果的にフランスをドイツに奉仕させた上で事実上国家消滅させる羽目になり、自身は売国奴の汚名の中で生涯を終える。ヴィシー政権時代におけるペタンの政治的活動が適切だったとは必ずしも言い難く、彼自身に責任がないわけではないが、だとしても報われない最後であったとは言える。

　思えばペタンは不遇な一軍人であったのが第一次大戦で国民的英雄となり、第二次大戦でその名を地に堕とす結果となった。二つの世界大戦に翻弄された数奇な人物である。

イタリア概略

イタリアは第一次大戦に勝利したものの、国力が消耗し、領土問題も十分に解決できなかったため国内に不満がたまっていた。そんな中でムッソリーニが極右派の支持を集めて台頭。政権を取る。一時大戦後もイタリアは経済状態が苦しく、前時代から更新されない兵器も多かった。更にムッソリーニがエチオピア侵攻やスペイン内乱介入など積極的軍事行動を行ったため、国力の疲弊を招いていた。

エチオピア侵攻を契機にドイツとイタリアは接近していたが、ドイツによるポーランド侵攻によって第二次大戦が勃発した際にはイタリアは参戦できる状況ではなかった。ヒトラーもイタリアが準備を整えるには三～四年かかると考え、物資援助・イタリア人労働者派遣のみを求めていた。

ムッソリーニは早い段階での参戦を望んだが、軍事問題について軍部に放任していたため軍備の不足について知らなかった。軍部や国王はこれに反対。陸軍の保有弾薬は一ヶ月分のみで、軍服も行き渡っていない師団や火砲の充足率が一割未満の師団もあった。第二次大戦勃発時点で鉄鋼が二週間分・鉄鉱石が六か月分・ニッケル二〇日分の備蓄しかなかった。また、小銃は一九世紀末のカルカノ銃が未だに主力であり、機関銃の性能も劣悪であった。火砲も第一次大戦中のものが主で、当初から威力不足。戦車も訓練用がせいぜいの小型戦車が大半。装備の更新が図られはしたが、工業力・経済力不足のため果たせていない。

しかしドイツの快進撃を見て、イタリア世論も参戦を求めるようになり、これに応じて参戦。しばらくは国境で睨み合っていたがドイツ軍のパリ入城を見て、バドリオ元帥にフランス進撃を命じるが烈しい抵抗にあってほとんど進捗しなかった。その後、イギリスのインド輸送路遮断・紅海制海権把握を狙い、英領ソマリランドへ侵入、更にエジプトを押さえ、スエズ運河・地中海制海権確保のため北アフリカに戦線を広げる。これらの作戦は一時的に成果を上げるも苦戦を強いられた。更に四〇年にはギリシアを攻撃するがこれも苦戦。実力を超えて各地に戦線を広げた事が苦戦を余儀なくした。四一年一月には北アフリカで大敗、三月にはエチオピアも奪われる。ドイツは地中海制海権を連合軍に奪われるのを恐れ、これらの戦線にもてこ入れするに至った。イタリア国内でも敗色が濃くなると、それまでファシズム体制を支えてきた王制・独占資本・教会の三つの伝統的勢力が体制から離反し始め、労働者のストライキやレジスタンス運動も激化していく。

そして一九四三年、シチリアで敗れ、連合軍がイタリア本国に迫る。ムッソリーニはなおも抵抗を考えていたが、ファシスト党幹部は国王・軍部（参謀長アンブロシオら）と共に造反を目論んでいた。その中にはムッソリーニの娘婿であるチアーノも含まれており、彼らの要求によりファシスト大評議会が一九三九年以来四年ぶりに七月二四日から二五日にかけて開催される。大会では ムッソリーニが烈しく非難され、軍の統帥権を国王に返還する事が求められた。二五日、ムッソリーニは国王により逮捕され、代わりにギリシアでの敗戦で引退させられていたバドリオ元帥が首相となった。

ピエトロ・バドリオ

一八七一〜一九五六
Pietro Badoglio
イタリア王国　首相
在任一九四三〜一九四四

グラッツァーノ・バドリオは一八七一年九月二八日にグラッツァーノ・モンフェッラートで生まれ一八九〇年に軍人となる。エチオピアとの戦い（一八九六年）やイタリア・トルコ戦争（一九一一〜一二）に参加し、第一次大戦では一九一六年八月のモンテ・サボティーノ山占領作戦を立案・指揮して成功し、頭角を現す。翌年にはカポレットの戦いで敗れるものの、これで彼の評価が下がる事はなく、大戦末期に陸軍参謀長代理として抜擢され、軍の再建に従事。第一次大戦後の一九一九年から二一年には参謀長を務めている。

この時期、ムッソリーニが台頭するがバドリオは彼とは当初接触を持たなかった。ムッソリーニ政権が二二年に成立した後もバドリオは政権と深い関係は持たず、一九二三年にはブラジル大使として国外に出ている。しかしやがてムッソリーニの目に留まり、二五年には再び参謀長に任命され、翌年には元帥となった。一九二八年から三四年までリビア総督となり、サボチーノ侯爵の称号を与えられる。

バドリオはムッソリーニのエチオピア侵攻政策には反対しているが、一九三五年に侵攻軍の司令官に任命され、苦戦しながらも翌年に首都アジス・アベバを占領し、エチオピア総督に任命された。また、後にこの時の功績からアジス・アベバ公爵の称号を受けている。

バドリオはエチオピア侵攻やスペイン内戦への介入といったムッソリーニの対外積極策に対し批判的であり、一九四〇年にイタリアが第二次大戦にドイツ側に立って参戦した際も反対の立場を取った。参戦後は総司令官となり、ギリシア侵攻作戦に従事するが、作戦が惨憺たる失敗に終わると同年末に解任され、二七年以来務めていた統合参謀本部長官の職も解かれた。ムッソリーニと意見の相違を廻って対立を深めつつあったのが大きな理由であろう。

さてその後もイタリア軍は軍事的敗北を重ねる。四三年二月にはシチリアでも敗れ、連合軍がイタリア本国に迫る事態となったが、ムッソリーニは参謀総長人事の異動で自己の責任を逸らそうとした。新参謀総長アンブロシオはバルカンからの撤退をムッソリーニに進言するが、面子を考えるムッソリーニに拒絶される。こうした中、国王ヴィットーリオ・エマヌエーレ三世はムッソリーニを見限り、後釜の国家指導者として密かにバドリオに白羽の矢を立て、ムッソリーニ逮捕の計画を進めていた。

一方でムッソリーニの独断専行に反感を募らせていた与党ファシスト党員は七月一三日、一九三九年以来開かれていないファシスト大会を開催するよう要求。こうした状況下の一九日にムッソリーニはヒトラーと会見したが、その場でこれ以上戦いを続けられない旨をヒトラーに告げられず軍部や側近からも見放されるに至る。そして二二日にファシストの重鎮であるディノ・グランディがローマに到着し、政権と軍の統帥権を国王に返還するよう求める。二四日に開かれたファシスト大会で、グランディは王室はもっと権力を保持すべきだと提案し、ムッソリーニの娘婿であるチアーノもこれを支持。投票では二八票のうち一九票がグランディを支持し、ムッソリーニに身を引くよう求めた。ムッソリーニは支持母体であるファシスト党からも公式に見捨てられたのである。翌二五日にムッソリーニは国王と会見し、国王から「いまや貴下はイタリアで最も憎まれている人である。貴下にはいまやただ一人の友人しか頼ることはできない。残ったただ一人の友人は、私である。私が貴下に身の安全について恐れる必要がないというのもそのためである。私は保護を引き受ける。いまは当面をあずける人は、バドリオ元帥であると私は考えている。」(W・S・チャーチル『第二次世界大戦4』河出文庫、二九頁）と述べられる。国王はムッソリーニの身柄を確保して病院車で輸送し、ポンザ島に幽閉。こうして二〇年に亘るムッソリーニ独裁体制は崩壊し、バドリオが後継政権を担い、国家の危機に当たる事となった。余談であるが、チャーチルは興味深いことにムッソリーニに一定の評価をしている。

「かくてムッソリーニのイタリアにおける、二十一年間に及ぶ独裁は終りを告げた。この間彼はイタリア国民を、彼が一九一九年に陥ったかもしれない、ボルシェヴィズムから守り、いまだかつて占めたことがない地位にまでイタリアを高めたのであった。新しい衝撃が国民生活に与えられた。一九三五年、ムッソリーニは彼の意思の力によって、国際連盟に打ち勝った――「五十か国が一国によってひきずられた」――かくて彼はアビシニア(エチオピア)征服を完成することができた。彼の統治はあまりにも高い犠牲を払わせ、イタリア国民には耐えがたいものであったが、その統治が成功している間は非常に多数のイタリア国民の心に訴えていたことは、疑いを入れない。かつてフランスが倒れた当時私が彼を呼んだように、彼は「イタリアの立法者」であった。

彼の支配がなかったとすれば共産主義者のイタリアが出現していたであろうし、それはイタリア国民とヨーロッパの双方に、異なった性質の危険と不幸をもたらしたであろう。戦争の結末がはっきりしてきたときですら、ムッソリーニは連合国側から歓迎されたであろう。彼は戦争のコースを縮めるために、与えるものを多く持っていたのだ。彼は術策と配慮をもって、ヒトラーに時宜を得て宣戦布告することができたのだ。彼はそれをせずに誤った方向に曲ってしまった。彼はイギリスの力を理解しなかったし、またこの島国の抵抗力と

海軍力の耐久性をも知らなかった。かくして彼は滅亡の道を進んだ。」（W・S・チャーチル『第二次世界大戦4』河出文庫、三一頁）

ヒトラーに対する徹底した否定と比べると雲泥の差と言える。

ともあれ、この日の午後にバドリオは軍首脳と文官からなる新内閣を組織した。総参謀長にアンブロシオを留任させ・警察庁長官にセニーゼ、王室担当相にアクアローネを任命して軍部支配を固めた上で二七日からバドリオが職務に就く。バドリオはイタリアがこれ以上戦争を継続するのは不可能だと考えており、連合国への単独降伏を目論んでいたが、ドイツからの妨害を恐れて「戦争は継続され、ドイツとの同盟を保つ」と放送してドイツを牽制した上で連合国と秘密交渉を行っている。ドイツもバドリオの目論みは察しており、ヒトラーは「もっとも手ごわい敵のバドリオが政権を取った」と述べているが、戦争継続の声明をバドリオが出している以上は大っぴらに干渉することは出来ず、静観するしかなかった。九月三日、シチリアのシラクサ近くのオリーブ林の中でカステラーノ将軍がイタリアの降伏に関する軍事条件に署名。同日、イギリス第八軍は本土に渡るためメッシーナ海峡を渡った。また七日に米国のテイラー将軍がローマに派遣され、飛行場確保を目指す。一方、ローマ周辺にはイタリア降伏を察知したドイツ軍が集結し、侵攻の準備をしていた。九日にテイラーはドイツ軍に飛行場を奪われたので休戦約定の発表を延期するよう依頼したが、アイゼンハワーは拒絶し、同日一八時に休戦の布告が発表される。これを受けて宣言文がバドリオ元帥より一時間後にローマから発表され、イタリアの降伏が公式に完了した。これに対応して八日から九日にかけてドイツ軍がローマに侵入し、同日深夜に王室とバドリオ政府要人が脱出し、十日にブリンディシに逃れた。バドリオらが国民に抵抗を呼びかけることなく逃亡したのは、レジスタンス活動が革命の呼び水となるのを恐れたためといわれている。かくして一一日にドイツ軍はローマを占領した。ここにイタリアはドイツが占拠した北部と連合国に降伏した南部に分裂する。

ブリンディシに逃れたバドリオ政権は、ファシスト党・ファシズム大評議会・特別裁判所といったファシスト時代特有の事物は廃止するものの、専制的な支配体制自体は維持していた。そのため、レジスタンスを形成した反ファシズムの六政党はバドリオ政権をファシズムの延長とみなして協力を拒む。こうした中で、九月一八日にアイゼンハワーは①現政府に諸政党の代表を加えて国民連合政府を作る　②制憲議会選挙を戦後に行い、政体については国民が決める　③現国王が退位し、皇太子が即位するという三つを講和条件として出してきた。この時点で、南イタリアは連合国政府が直接支配しており、一方で北イタリアではドイツ軍に救出されたムッソリーニが九月二三日に、サロでイタリア社会共和国の成立を宣言している。

バドリオ政権の力が及ぶ範囲は極めて限られたものであり、レジスタンスの協力が得られない以上は連合国による承認・支持のみが頼みであった。そこで十月一三日、バドリオ政府は連合国への心証改善と、より有利な講和条件を獲得するため対独宣戦に踏み切る。ただし連合国はバドリオ政権を正式な同盟国の一員としては認めず「共同参戦国」の扱いに留め、正規軍再編にも厳しく制限を付けた。それでも連合国はイタリア政府（バドリオ政権）が味方として加わる事に政治的有用性を認めたようで、同年十月末のモスクワ三国外相会談ではバドリオ政権支持が決定され、四四年三月一三日にはソ連もバドリオ政府と外交関係を樹立。こうした外交成果はバドリオ政権に国内向けの威信を与え、政権安定化へと繋がった。共産党のトリアッティが調停に入る事で反ファシズムの六政党も政権に参加し、一九四四年四月二二日にバドリオは改めて政党勢力も加えて組閣した。この際、バドリオと諸政党との間で国王制については終戦後に国民投票で決定する事、ローマ解放の時点で国王は引退し、皇太子が代理となる事が妥協案として定められた。連合国もイタリアの政体の最終決定権はイタリア人民にあるとしてこの決定を追認。南・中部イタリアは連合軍によって解放され、軍事上の重要性がなくなった地域から順にバドリオ政権に施政権が返還されたが、北イタリアは反ファシズム政党の指導する国民解放委員会によるレジスタンスがミラノ・トリノなど北部の主要都市を自力で解放していく。六月四日、連合軍はローマをドイツ軍から解放し、翌五日に国王は皇太子ウンベルトを代理として全権移譲した。ローマ解放はイタリア再統一を目指す上で大きな一歩であったが、バドリオはローマのレジスタンスからの協力を得られず総辞職。ボノーミ内閣が替わって成立した。その後、四五年四月には北イタリアのドイツ軍・ファシスト軍は降伏し、スイスに向けて逃亡中のムッソリーニもパルチザンに逮捕され、処刑される。こうしてイタリアにおける戦いは終了する。

バドリオは政権の座から降りた後はグラッザーノで隠退生活に入って回顧録の著述に従事し、一九五六年一一月一日に病没した。

バドリオはムッソリーニ体制の下で軍の重鎮であると共に批判的な存在であった。そのため第二次大戦参戦後まもなく引退を余儀なくされたが、かえって敗戦責任を負ってムッソリーニと運命を共にするのを免れた。連合国に降伏した後は、連合軍に加わってドイツと戦う道を選び、軽んじられながらも戦勝国の一員としての地位を確保している。日本やドイツが敗戦国としての十字架を背負う羽目になったのと比べると、驚くべき巧みな身の処し方というべきであろう。イタリアが南北に分裂した以上、再統一のためにはドイツとの戦いは避けられない状況であった。それを利用する事によって国際的地位の確保には一応成功したが、国土回復における主導権をレジスタンスに許す結果となったため、政治的基盤が脆弱なままで自らの政治生命や王制を守る事は適わなかった。敗戦確実な状況で政権の座に就き、祖国の生き残りに奔走し、巧妙な立ち回りを見せたバドリオであるが、彼の存在は同時に敗戦処理時の政権運営の困難さや割の合わなさも教えてくれる。

フィンランド概略

　フィンランドは第一次大戦の時点ではロシア領であったが、一九一七年にロシア革命に伴って独立を果たす。ロシアの権力を握ったソビエト政府としては、民族自決を認めて独立させれば革命が早まり、ソ連への再併合が可能になるとの計算の下でフィンランド独立を認可したのである。しかしその当ては外れ、フィンランドでの共産主義革命は起こらなかった。それればかりか、カレリア地方を巡ってソ連と対立するようになったのである。フィンランドとソ連は一九三二年に相互不可侵条約を締結するなど、安全保障の交渉もしばしば行われるが、フィンランドはソ連を信用できずスカンジナビア諸国と結んで対抗しようとする。そしてソ連にとってもフィンランドで革命が起きず、存在している事自体がイデオロギー的に脅威であった。

　そんな中で一九三八年、ソ連はオーランド諸島を要塞化するのを認める代わりにフィンランド領のスールサーリ島に防衛基地を作らせてほしいと申し出たがフィンランド側は拒否。三九年秋にはヘルシンキの西にあるハンコ岬をソ連軍の海軍基地として貸与するよう求められ、最高司令官マンネルヘイムや主席交渉担当官パーシキヴィはソ連と軍事的に対抗できないと考え、別の島を貸与する案で妥協するよう主張。ソ連もそれに一時乗り気になったが、反対する世論に押されたフィンランド政府は結局拒絶した。ソ連側としては、東方へ勢力拡大を開始したドイツに備えてレニングラード（現サンクトペテルブルク）防衛の見地からフィンランド領内に基地が必要となったのである。

　ともあれ交渉は結局一一月九日に最終的に決裂し、ソ連は軍事介入を決意。フィンランド共産党のクーシネンを中心とした「人民政府」を用意させた。フィンランド側もこれに対抗して動員。一一月二六日、ソ連は不可侵条約を破棄し、三〇日に攻撃開始（冬戦争）。フィンランド軍は車両を高く積み上げて道を塞ぎ、ソ連軍の前進を阻む。それでも一週間経つとソ連軍は予め作られていた防衛陣地（マンネルヘイム線）に到達し攻防戦となった。一二月から翌年一月初旬にかけてソ連軍を食い止め、全世界から賞賛される。スオムスサルとラーラでソ連軍の二個師団を撃退し、国土分断を阻止、またトルヴァヤルヴィやスンマでも勝利した。

フィンランド軍は地理を熟知しており、冬の戦闘にも長じていたため、それを利用してゲリラ戦を仕掛け、射撃に長じた兵士たちが成果を拡大。しかし大規模な戦闘の経験がなく、また国力的にも反攻に出るのは難しかった。四〇年一月にはソ連軍は長期戦を覚悟し、六〇万人の大軍を投入。一方で両国は交渉を再開するがまとまらず。二月中旬にはマンネルヘイム線の西に退却。連合軍の介入を期待するが、スウェーデンはドイツを刺激するのを恐れて連合軍通過を拒絶したため連合国の援助が期待できなくなり、ソ連の条件を入れるよりなくなった。それでも連合国側による介入の可能性をちらつかせ交渉カードとして用いてはいた。ソ連側は交渉には応じるが休戦は拒否し、戦闘継続してフィンランドに圧力をかける。フィンランドにとって前線の状況も厳しくなりつつあったため、三月一三日に屈服してソ連の言い分を容れて、モスクワ条約を締結した。この条約によってフィンランドはスールサーリ島と周辺の島々、北部のザッラ抱領、ルイバチ半島をソ連に割譲し、南部の国境もラドガ湖からヴィープリ湾の線に後退した。またハンコ岬をソ連に三〇年貸与する事も定められた。これによってフィンランドは国土の十分の一を失う。

一旦戦争が終了した後も、フィンランドの苦難は去らなかった。例えば同年八月、マンネルヘイムはソ連による再侵攻の動きを察知して兵力動員を求めている。またフィンランド国内でフィンランド・ソ連平和友好協会（ＳＮＳ）がソ連のために働き、フィンランド内部の切り崩しを行っていた。そんな中、ソ連との開戦を目論んでいたヒトラーは同年七月にフィンランドを味方に引き入れるべく、武器提供を申し出る。これを受けたマンネルへイムとリュティ首相はフィンランド領内通行をドイツ軍に認める決定をした。こうしてフィンランドとドイツの協力関係が築かれたのである。

一九四〇年にカッリオ大統領が辞任するとリュティが後継となった。このリュティ政権の下で、フィンランドは翌年に失地回復すべくドイツ軍と共同でソ連に戦いを挑む（継続戦争）。ただしフィンランドは独ソ戦に深入りするのは避け、フィンランドはドイツと別個の防衛戦争を行っていると主張した。例えばレニングラード包囲戦に参加するよう求められた際にはマンネルへイムは物資と兵力の不足を理由に断っている。この論法は国内的に反対者を押さえ込むのには有効だったが、国際的には通用せず、ドイツ陣営に組み込まれたとみなされた。フィンランド軍は四一年九月初旬には割譲した領土をほぼ取り戻したが、その後も前進を続け、米英の懸念を買う。マンネルへイムらは東カレリアを占領し、民族主義的な政策を導入（東カレリア人を蜂起させたり集会でフィンランドへの併合を望む決議をさせる、フィンランド人化教育、「非同胞」を強制収容所に送る）しており、それが悪印象を与えていたものであろう。

一九四二年ごろからドイツが徐々に不利になり、四三年にスターリングラードで敗戦するとフィンランドでは早期に戦争から手を引くべきとする意見が強くなる。アメリカの仲介でソ連と交渉を開始するが、三月にドイツからはソ連との交渉を禁じられる。また一九四三年末のテヘラン会談で米英がフィンランド問題をスターリンに一任したため講和にはソ連の条件を飲むしかなくなる。しかし国民は一九三九年時点の国境の回復を熱望しており、講和に納得するとは考えにくかった。四四年一月になるとソ連軍が再びフィンランド領内に侵入する危険が生じてきた。また交渉でソ連はフィンランド国内のドイツ軍の抑留か追放、六億ドル相当の賠償を五年以内に行う事を要求してきたため四月一八日に一旦交渉は決裂。そんな中、六月九日から十日にカレリアで大攻撃を受け、マンネルヘイムは東カレリアから撤退せざるを得なくなった。苦しい状況下で徹底抗戦もやむなしと考えられる情勢下、マンネルヘイムはリュティ大統領にドイツを本格的に頼る事を要求する。それに応じて六月二二日、ドイツのリッベントロップ外相がヘルシンキを訪れ、援助を約束した。この時、リュティ大統領はヒトラー宛の書簡でドイツの同意なしに休戦・和平をしないと約束した。こうしてソ連軍への抗戦がやや楽になる見通しは立ったものの、対外的にはフィンランドが完全にドイツの支配下に入ったと捉えられ、国際的な心証は悪化。また六月下旬に反撃に成功したため再びソ連との講和が可能になる見通しが立ったが、今度はドイツとの協定やリュティ大統領によるヒトラーとの約束が妨げとなった。そこでリュティは責任を取って辞任し、後継者はそれに拘泥する必要はないとの立場を取る。その上で八月四日に最高司令官マンネルヘイムが大統領となり、ソ連との講和交渉を担う事となったのである。

カール・グスタフ・エミール・マンネルヘイム

一八六七〜一九五一
Carl Gustaf Emil Mannerheim
フィンランド　大統領
在職一九四四〜四六

カール・グスタフ・エミール・マンネルヘイムは一八六七年六月四日に南西フィンランドのトゥルクでスウェーデン系の家に生まれた。当時フィンランドはロシア領であったため、ペテルブルクのニコラエフスキー騎兵学校を卒業してロシア軍に入り、一八八九年のポーランド駐留騎兵連隊を皮切りに翌年にはペテルブルクのエリート部隊である騎士衛兵連隊に転任。日露戦争では中佐として騎兵突撃に参加し、大佐に昇進。日露戦争後の一九〇六年から〇八年には極東地域で情報活動に従事し、そのときの働きから皇帝ニコライ二世にその能力を認められ、〇八年には謁見を許される。そしてポーランドの騎兵部隊を指揮下に置き、少将に任命された。第一次大戦でも活躍して中将まで昇進したが、一九一七年にロシア革命が勃発しボリシェヴィキが政権を取るとロシア軍を退役し、独立を宣言したフィンランドに帰国。フィンランドでもロシアと同様にボリシェヴィキと保守派による内戦に突入し、彼は保守派・君主制支持者であったため翌年初頭には「白衛軍」(反革命軍)として「赤衛軍」(ボリシェヴィキ側)と戦い、四ヶ月後にはフィンランドから放逐する。この戦いで英雄となったマンネルヘイムであったが、政府の親独策と合わず辞任。その後は連合国側を歴訪して関係改善に尽力した。一八年末には国の執政に選出され共和制移行案を承認するが、翌年の第一回大統領選挙ではストールベルイに敗北したのを契機に中央政界から引退し、社会福祉に携わる生活に入った。

一九三一年、マンネルヘイムは国防評議会議長に就任して久しぶりに公職に復帰。在職中、レニングラードに面したカレリア地峡に沿って防衛陣地を構築し、ソ連からの侵入に備えた。この要塞群は「マンネルヘイム線」と後に呼ばれることとなる。しかしソ連に対抗するための軍備拡張要求は適えられていない。三九年にフィンランド政府がソ連と領土問題で交渉した時には、主席交渉担当官パーシキヴィと共に軍備不足で対抗できないと判断し、ソ連への妥協を主張したが、政府は世論を背景に強硬姿勢を崩さず交渉は決裂。これを受けてソ連軍がフィンランドに侵入すると、マンネルヘイムは総指揮官として活躍し、卓越した指揮によって数で勝る敵軍を翻弄し、マンネルヘイム戦で数ヶ月に亘り相手を釘付けにすると共に局地戦でも勝利を収めた。しかし結局は衆寡敵せず、ソ連の要求を呑んでの和平を余儀なくされる。

その後も、マンネルヘイムは国防責任者としてソ連の再侵攻に備える立場にあり、四〇年夏には兵力を再び動員する事を主張。そして対ソ開戦を控えたドイツがフィンランドに接近すると、マンネルヘイムはヨーロッパを席巻しつつあったドイツを味方にする事でソ連と対抗することを望み、リュティ首相と共にドイツ軍が国内を通過するのを認める方針を採った。同年、カッリオ大統領が辞任しマンネルヘイムは後継大統領の座を望むが、ソ連とドイツの両方から支持されず、結局はリュティが後継となる。

翌年、フィンランドはソ連との戦争で失った領土を回復するためドイツと共同歩調を取り、ソ連に再度戦争をしかける（継続戦争）。マンネルヘイムは再び総指揮官となり、英米への心証悪化を避けるため独ソ戦に深入りするのは避ける方針を採り、ドイツからレニングラード包囲戦に参加するよう求められた際には物資と兵力の不足を理由に断っている。四一年九月初旬には割譲した領土をほぼ取り戻し、更に東カレリアを占領。マンネルヘイムは東カレリアで占領軍として民族主義的政策を採り、「フィンランド化」を進めた。

ドイツが劣勢になるにつれてフィンランドはソ連と和平交渉を模索するようになるが、一方で物資をドイツに次第に依存するようになっていく。四四年六月にソ連軍の大攻勢に直面したマンネルヘイムは、東カレリアから軍を撤退させると共にリュティ大統領にドイツとの協力関係を強化し、更なる援助を受けるよう依頼。これを受けてリュティはドイツの同意なしにソ連と和平しないという条件でドイツの支援を引き出した（リッベントロップ協定）。しかし七月に前線の戦況が改善すると、再びソ連との講和が成立可能な空気が醸成される。フィンランドとしては当面を乗り切るためドイツとの協定を結ばざるを得なかったものの、苦境に陥ったドイツと一蓮托生で徹底抗戦する方針に長期的な展望は見出せない状況にあった。そのため今回の機会を逃すわけにはいかないのであるが、今度はリッベントロップ協定が和平の妨げとなる。そこでリュティは辞任し、八月四日にマンネルヘイムが大統領となる。この時七七歳。マンネルヘイムはドイツとの協定をリュティがヒトラーにした私的な約束とみなして自分には拘束力がないと主張し、ソ連との交渉を進めた。九月二日にドイツと同盟を断絶し、「大国ドイツは敗れてもその存亡に関わる事はないが、小国フィンランドにとっては国家の存亡に直結する」述べて理解を求めるがヒトラーからは返答がなかった。ヒトラーとしては味方を失っただけでなく、面目を汚された形であり、当然の反応であろう。それでも、マンネルヘイムはドイツの軍部や財界から敬意を寄せられていたためこの戦線離脱によってもドイツからの反発は比較的少なくて済んだという。ソ連との和平が成立したのは九月一四日であり、この際にフィンランドは冬戦争で割譲した領土を再び失うと共に

①北極海に面したペッツァモを新たに割譲
②首都ヘルシンキ近郊の要衝ポルッカラの租借

権をソ連に与える
③三億ドルをソ連に賠償
④ラップランドからドイツ軍を追い出す

という条件を課された。過酷というべきであるが、六月時点ではソ連は国土の大半を占領する事を考えており、これでもかなり条件は緩和したと言える。抵抗戦による一定の成果が得られたといえよう。

さてこの条件に従い、フィンランドは二週間の猶予期間を経てドイツ軍に引き上げを求め、ドイツ軍もこれに応じてある程度は撤退。ソ連から残りのドイツ軍を戦闘によって追放するよう求められ、やむなくドイツ軍に攻撃をかける。それでも数年の戦いを通じて戦友関係であったドイツ軍に本気の攻撃はしにくく、ドイツ側も事情は同じだったため当初はいわば「いかさま戦争」の様相を呈していたが、ソ連の要求もあり、やがてフィンランドは激烈な攻撃をかけざるを得なくなる。これに激怒したドイツ軍も激しく抵抗し、ラップランドは戦災によって破壊された。この戦闘は一九四五年四月まで続く。

また内政面でもマンネルヘイムはソ連の要求に応じた政策を取らざるを得なかった。親独・反ソ団体を禁止し、リュティらを戦争犯罪人として裁かねばならなかった。ただし他の敗戦国である日本・ドイツと異なり、国内法によって自らの手で裁判を行う権限は勝ち取る事が出来た。なお、マンネルヘイムは自身も裁判にかけられるのを危惧していたが、ソ連がそれを求めず免れている。

終戦後の四六年、病気のためマンネルヘイムは首相であったパーキシヴィに大統領を譲り、引退。パーキシヴィはソ連と友好関係を保つと共に制度としては資本主義を守る体制をとった。マンネルヘイムはスイスで回想録を著述しながら晩年を過ごし、一九五一年一月二八日にローザンヌで死去した。享年八三歳。

マンネルヘイムはフィンランド独立後、軍事・

政治・外交の場で一貫して祖国防衛のため戦い抜いた英雄である。前線の指揮官として戦術能力が卓越していただけでなく、ソ連の軍事力が自国より遥に強大であることを直視して、柔軟な外交政策を望む見識も持ち合わせていた。とはいえ、継続戦争の際に積極的な侵攻を行って連合国の不興を買ったり、ドイツとの結び付きを強める事で講和が難しくなった事に関しては彼も責任なしとはいえない（彼だけの責任ではないし、世論の要求や戦況から止むを得ない面も大きかったが）。そして進退窮まった状況で政治的に色の付いていない指導者として和平に当たり、独立を守り抜いた。だが、ソ連との講和は従来の盟邦ドイツへの不義理となり、戦い続ければ祖国の破滅という痛し痒しの立場であった。また、自らが求めた協定によってリュティが辞任に追い込まれただけでなく、自らの手で戦争犯罪人として訴追せねばならなくなっており個人としても複雑な心情であったろう。敗戦処理に当たる国家首脳は、こうした「汚い」仕事をもせねばならない立場なのである。マンネルヘイムが成し遂げた偉業と近代フィンランド再興の英雄としての名声の陰に、同様に祖国のために死力を尽くし報われなかったリュティらの存在があったことは忘れてはならないであろう。

ドイツ概略

第一次大戦で敗北したドイツはヴェルサイユ条約で海外領土の削減や軍備の厳しい縮小、そして莫大な賠償金を課せられた。この過酷な扱いの修正が共和国の伝統的な課題と見なされるようになる。

大恐慌の中で成立したヒトラー政権は、軍備再建を利用して経済再建を行う。そして外交面でも恫喝と交渉を巧みに交えて英仏伊から譲歩を引き出し、オーストリアやチェコスロバキアを勢力圏に加える事に成功した。この時のドイツの軍事力は周辺列強が考えるほど大きなものではなかったが、戦争回避を第一とする英仏はドイツに主導権を握られたのである。続いてヒトラーはポーランドのドイツ人が多い地域やダンツィヒの割譲を求め、ここに至り英仏も強硬となる。

一九三九年九月一日、ドイツはポーランドへ侵攻し、短期間で占領。ここに第二次世界大戦が勃発する。一九四〇年四月にはデンマークとノルウェーを占領、五月にはオランダ・ベルギーへ侵攻し西部への進撃を開始した。これに対しフランスは短期間で戦線を崩壊させ、六月二二日には降伏。

その後、ドイツはイギリスへの空爆を行うと共に上陸作戦を目論むが成果が上がらず失敗。またイタリアが参戦した後は北アフリカやバルカン半島へと戦線が拡大し、イタリア軍が戦果を上げられない事もあり、ドイツ軍の負担は大きくなる。北アフリカではロンメルの活躍によりしばらくは優勢に戦いを進めるものの、四二年八月にエル・アラメインで敗北し、次第に補給に苦しみ守勢に追いやられる。一方、ヒトラーはソ連に東欧の石油などを押さえられる事でドイツの物資自給が難しくなる事や、イギリスと密かに結んでいる可能性も考慮し、四一年六月二二日にバルバロッサ作戦を発動させソ連に攻撃を加え、東部戦線が開かれた。緒戦では大戦果を上げスモレンスクまで迫るが、その辺りから反撃に遭い、冬の到来もあって膠着状態へと向かった。同年末には日本の真珠湾攻撃を契機としてアメリカが参戦。四二年にはアメリカ参戦による効果が現れないうちにソ連を屈服させようと大攻勢に出たが、冬のスターリングラード攻防戦で大打撃を受けた（四三年一月に降伏）。

以降、ドイツ軍は徐々に劣勢に追いやられる。海を隔てた強大な海軍国と広大な後背地を持つ陸軍国を相手に多正面作戦を行い、それに加えてイタリアを支えるため各地に戦線を拡大し、更に最強国アメリカをも敵に廻したのであるから、国力的に勝ち目はなかったといえよう。

一九四四年六月六日にノルマンディー上陸を許した後は連合軍の進撃によって本格的に押される。八月にはパリが奪われ、東部戦線でもソ連軍の侵攻を防げなくなっていた。同年一二月一六日には西部アルデンヌ方面へ最後の大攻撃をかけるが失敗。四五年になると全方面で戦線崩壊しており、ヒトラーは国内の軍事施設や交通・土木施設などを破壊する焦土作戦を命令していた。四月二〇日にはソ連軍がベルリンに達して砲撃開始、二五日から攻囲戦が始まる。

四月二〇日、ドイツは北部を海軍司令官デーニッツ、南部をケッセルリング将軍が支配する方針となった。四月二二日にはヒトラーはベルリンに留まると決意。既に南部に逃れていたゲーリングは、これを受けて彼が後継者として行動する旨を確認、ヒトラーに罷免される。その後、ヒトラーの「政治的遺書」でデーニッツが「尊敬に足る人間」で「あらゆる手段を尽くして戦争続行の任務を果たすだろう」と評価され、後継者に指名される。これを受けて四月三〇日夜、デーニッツにボルマンから後継者に指名された事と「情勢に応じたあらゆる措置」を取るべき事が電報で通知された。ヒトラーの自殺と共に、ドイツの命運はデーニッツに委ねられたのである。

カール・デーニッツ

一八九一～一九八〇
Karl Dönitz
ドイツ第三帝国　大統領
在職一九四五

カール・デーニッツはエルベ川に注ぐザーレ川河口の村長・司法官の家柄に生まれる。彼の家は代々プロテスタントの軍人、牧師、学者を輩出していたという。幼少期、フリードリヒ大王や諸国民戦争といった祖国の栄光の歴史に興味を持つ。海軍士官となり、第一次大戦では潜水艇長として功績を上げる。しかし終戦直前の一九一八年十月四日、デーニッツの乗ったUボート（潜水艦）は護送船団攻撃中にエンジン不調で操縦不能になり、英国巡洋艦に降伏。マルタ島で一年間捕虜になった。一九一九年七月に送還され海軍に復帰。水雷艇艇長やバルト海艦隊旗艦航海長などを歴任。一九二四～二七年にはベルリンの海軍総司令部で勤務し、軍紀維持などに従事した。また一九三〇年から三四年にかけて北海方面海軍司令部の先任参謀として内乱に備える。三四年一一月から中佐時代には巡洋艦艦長としてアフリカ沿岸などの旧植民地を歴訪。三五年に帰国した後は、海軍司令エーリヒ・レーダー元帥によりUボート部隊の指揮官に任じられる。この直前にヴェルサイユ条約が破棄され、これに替わる英独海軍協定でドイツは軍艦に関して英海軍の三五パーセント、潜水艦に関しては四五パーセントが認められたのに応じての処置であった。この時期、潜水艦の効力は低く見積もられていたのである。同年九月末には九隻のUボートが完成し、デーニッツは集団攻撃を想定して訓練を進めた。彼は大型より小型船の方が小回りが利くと考えたが、海軍上層部は第一次大戦時と同様に大型潜水艦を採用した。またデーニッツの構想では次の戦争は大西洋が主戦場と予想されるため、遠距離出動の可能な潜水艦が三百隻必要との試算を立てるが上層部では砲撃戦重視が主流であった。

この頃のデーニッツは、ナチス政権初期の失業問題改善や対外的威信高揚などからヒトラーへの傾倒を深めていく。ただし、第二次大戦には反対でヒトラーが英国人気質を読み誤っている事を懸念していたという（ただし対英開戦自体は不可避と考えていたともされる）。

第二次大戦開戦時、行動可能だったのは四六隻だが作戦上適性があったのは二二隻であり、国際法上の規定（臨検して敵対国物資があった際のみ沈没させてよいが乗組員を救助してからにする）から大々的には行えなかった。しかし彼の考案したUボート集団作戦および夜間浮上攻撃はやがて大きな戦果を上げるようになり、連合国側を悩ませた。

一九四三年一月、ヒトラーは大型艦に軍事的価値がないとみて廃艦を命じたが、レーダー長官は反対し辞任。レーダーは、ヒトラーが潜水艦戦を重視するつもりならデーニッツが適任と述べ、それに従ってデーニッツが後任の海軍司令となった。しかし、デーニッツはヒトラーの予想とは反して大型艦廃艦が人材・資材の点で得るところが少ない事を述べて反対し、ヒトラーに廃艦命令を撤回させている。デーニッツは海軍司令となった後もヒトラーを憚ることなく直言したが、これで逆鱗に触れる事はなく、むしろ信任されたようだ。さて同年三月にはUボートは敵空母に搭載された航空機によって妨害され、最新鋭レーダーによっても発見・撃退されるようになった。八月に新式逆探知装置を装備して対応を図ったが十分な巻き返しはできず、一一月にはデーニッツは大西洋での作戦を断念せざるを得ないと判断。翌年にはイギリス本国への西からの航路にUボートの大部分を配置する作戦を採り、空軍の協力で索敵する方針を採ったが、空軍は海上作戦に不慣れであり成果を上げられなかった。これを受けて同年三月には大西洋から完全撤退。「敵はあらゆる切り札を有している」「敵がわが方の内を知りつくしているのに対し、われわれは敵について何も知らない」というのが撤退に当たってのデーニッツの弁であり、意のままにならない戦況への苦渋が現れているといえる。一九四五年になると燃料不足のため海軍はなす術がなく、新型の電気Uボートに希望を繋ぐものの二隻しか就役できず大勢には影響がなかった。

さて一九四五年一月、デーニッツは英国の「エクリプス」命令を傍受し、ドイツをソ連・英・米が分割する方針である事を知る。この頃になるとソ連が攻勢に出て、シュレージエン地方に侵入し、現地に在住するドイツ人が虐殺される。ソ連の従軍作家エーレンブルクはソ連軍将兵に殺戮を煽っていたという。こうした情勢下、デーニッツは東部ドイツ住民や東部戦線の将兵を救出する事を最優先とした。一九四四~四五年の冬の間の終戦は、東部戦線の将兵三五〇万人がロシアの地で捕虜になる事を意味しており、彼等を凍死・餓死に追い込みかねない。そのためこの時期の降伏はかえって犠牲を大きくすると判断していた。この時期、燃料不足に加えてソ連軍の攻撃でバルト海東端地区のドック・基地が破壊され、新型艦による大規模な出撃は不可能になった。そこでデーニッツは海軍要員や余剰人員を陸軍に譲ったり海軍陸船体を組織したりして対ソ連の陸戦援助に力を注ぐ。まず五万人の海軍人員を東部防衛に参加させ、その間に住民や将兵を西に移動させる時間を稼ぐ方策を採った。一方で北海・ノルウェーの海上部隊は東部戦線補助や難民輸送のため必要であり、そのための施設を保持する必要があった。そのためヒトラーが焦土作戦を命じた際も、デーニッツは海港内の破壊は自分の承認を必要とするようヒトラーに要請し、許可を得ている。

そうした中で四月十日、北ドイツの指揮権（民間部門のみ、軍事面ではヒトラーが南部に逃れたとき限定）を任される。南ドイツ担当はケッセルリンク将軍である。これを受けてデーニッツは二二日にホルシュタイン地方のプレーンに司令部を置いた。彼は引き続き東部ドイツの住民や将兵をソ連軍の虐殺から救出する事を第一とし、東部戦線の防衛を継続するためにハンブルクの単独降伏の動きがあるのを抑え、一致して防衛に当たる態勢を作った。そしてその間に、東部ドイツの住民や将兵を西に移動させる事としたのだ。

さて二二日にヒトラーはベルリンに留まることが決定し、一元的な戦争指導に問題が生じる。包囲された中で情報取得が困難になっていたためである。二三日、ナチス・ドイツのナンバー2であるゲーリング国家元帥は自身が後継者として振る舞うと宣言し、反乱と判断され罷免された。四月三〇日には降伏したという親衛隊長ヒムラーを処置するよう命令がデーニッツに伝達されたが、デーニッツは戦力がないとして動かなかった。

同日、ヒトラーは自殺を決意し、シュペーア軍需相の推薦によりデーニッツを後継者に決定。その「政治的遺書」でデーニッツは「尊敬に足る人間」で「あらゆる手段を尽くして戦争続行の任務を果たすだろう」と評価され、後継者に指名される。なお、ヒトラーが遺言で支持した閣僚人事はゲッベルスが首相、ボルマンが党担当大臣、ザイス・インクヴァルトが外相、シュヴェリン・フォン・クロージク伯が蔵相というものであった。後継者に決定した旨がデーニッツに知らされたのは一八時。ボルマンから無電で

「前帝国元帥ゲーリングに代って、総統は貴提督を後継者として任命する。令状は送付中。貴下は直ちに情勢に応じたあらゆる措置を取られたし。ボルマン」（W・S・チャーチル『第二次世界大戦4』河出文庫、四〇七頁）

との内容であった。デーニッツはドイツ軍が統一的士気を保つため必要な処置と考えて後継者の地位を受諾。基本方針をアメリカ・イギリスに対

してのみの分割降伏とした。「遺言書の効力発生」とボルマンから知らされたのは翌五月一日の朝であり、ゲッベルスからもヒトラーの自殺が伝えられる。後継者となるに当たって、デーニッツにはヒムラーの動向を抑える必要があった。ゲーリングが失脚した後、ヒムラーが後継者となると一般には予測されていたからである。同日夜にヒムラーは親衛隊士官を引き連れてデーニッツの司令部を訪問。デーニッツは万一に備えてピストルを用意しながらヒムラーに無電を見せる。ヒムラーは意気消沈しながらも自分を新政権の次席に加えてほしいと懇願するが、デーニッツは彼に与える席はないと拒絶した。

一方で、同日にデーニッツはラジオ放送でヒトラーの死と自分が後継者となったことを国民に知らせた。ボルマンからはしばらくヒトラーの死を伏せるよう命じられていたが、早急に後継者として指揮権を確立させ、混乱を避ける必要があると考えたのである。放送で「ドイツの男女よ……われらが総統アドルフ・ヒトラーは死んだ……彼はまごうことなくまっすぐで着実な人生を歩んだあと、ドイツ帝国の首都で英雄の死を遂げた」(ジョン・ピムロット、アラン・ブロック『地図で読む世界の歴史第二次世界大戦』田川憲次郎訳、河出書房新社、一九〇頁)と語り、

「総統は私を後継者として指名した。責任の重きを感じ、私はこの悲運の時に当ってドイツ国民に対する指揮を引き受けた。私の第一の任務は、進撃しつつある敵、ボルシェヴィズムに対する殲滅から、ドイツ国民を救うことである。この目的のためにのみ戦いがさらに続くのである。イギリス軍およびアメリカ軍によってそれが阻止される限り、また阻止されている間は、われわれは両軍に対して防衛し、また彼らとの戦いを続けねばならない。そうなるとイギリス・アメリカ軍はもはや自国民のために戦争を続けるのではなく、ただヨーロッパにボルシェヴィズムを拡めるために戦

うことになる。」（カール・デーニッツ　山中静三訳『10年と20日間　デーニッツ回想録』光和堂、三八六頁）

と宣言した。そして国防軍にも、自分がヒトラーの後継者となった事と今後も対ソ連戦を継続して東のドイツ人・将兵を救う方針である事を公表し総統への宣誓が後継者である自分にも引き継がれる旨を認めさせた。一方、西側諸国へは降伏の準備を進め、フリーデブルク海軍大将にイギリスのモントゴメリー元帥への交渉に備えてキールで待機させた。東部戦線のドイツ軍や難民を西のイギリス軍占領区域まで移動させ、イギリス軍の保護下に置くのが基本方針であった。

それに並行してデーニッツは大統領・国防軍総司令官として暫定内閣の編成に腐心する。軍事面における最優先課題は前述したとおり東部の軍民をソ連軍から救出する事であったが、政治面で焦眉の急であったのは食糧供給や交通再建であった。首相・外相・蔵相にシュヴェリン・フォン・クロージク伯、内相・文化相にシュトゥッカルト、経済相・生産相にシュペーア、食糧・農林相バッケ、労働社会相ゼルテ、交通・郵政相ドルプミュラーという布陣であった。同日夕方にヒトラーからの遺言書が届けられるが、命令書が以前の内容と異なり、徹底抗戦を明言していた事や後継人事が考えていたものと異なっていた事からデーニッツは文書を凍結し、握りつぶしている。

五月二日、イギリス軍がシュレースヴィヒ・ホルシュタインを占領。デーニッツはこの地域を確保して難民を流れ込ませようと考えていたので西側諸国相手にも防衛戦を継続していたが、それが適わなくなったため西側への降伏を決意。それと共に司令部が孤立するのを防ぐためプレーンからフレンスブルク郊外に移動した。そしてフリーデブルクに北ドイツの軍事的部分解除をモントゴメリーに要求するよう命じ、東部戦線における難民と撤退将兵の輸送についても交渉することとした。

同時に、オランダ・デンマーク・ノルウェーも引き渡しに備えて心配りする。翌三日、南部のケッセルリング元帥に西部方面の敵に単独降伏する許可を与える。この日、フリーデブルクからはモントゴメリーは分割降伏（西側のみに降伏し、ソ連とは戦闘を継続すること）の申し出を拒否しなかったと報告があった。四日には、モントゴメリーから降伏条件として北ドイツ・デンマーク・オランダの降伏、軍艦・商船の引き渡しを伝達され、受諾。これは五日八時に発効した。次いでフリーデブルクはランスのアイゼンハワー（米軍）に会見したが、アイゼンハワーは分割降伏を拒否し、全戦線におけるドイツ軍の即時降伏を求めた。デーニッツは再度、ヨードル上級大将を派遣して再交渉させた。分割交渉の許可が得られなかった場合には、戦闘停止・行動停止に段階を設ける段階的全面降伏を打診する事と降伏受諾についてはデーニッツに承認を求めるよう命じた。七日一時、アイゼンハワーはやはり当日中の降伏調印を要求して譲らず段階的降伏も拒否、さもないと一切の交渉を打ち切ると通達。ドイツ側は降伏命令を末端に伝達するのに二日を要するという理由で二日の猶予を得るのが精一杯であった。同日、デーニッツの判断で二時四一分にヨードルは降伏文書に調印。九日〇時に一切の行動停止が規定された。この時に得られた猶予期間で極力多くの軍民を東部から西部に移動させたものの、多くの人々がソ連軍の捕虜となる憂き目を見る。八日、ベルリンでカイテル陸軍元帥、シュトゥンプフ空軍上級大将、フリーデブルク海軍上級大将がソ連軍・ジューコフ元帥の司令部で降伏文書調印。

降伏が発効してからも、デーニッツはドイツ全土を統括する政府が曲がりなりにも存在しないと連合軍に軍政を敷く理由を与えると判断、外部から辞任をやむなくされるまで留任する事とした。チャーチルはデーニッツ政府を戦後統治に利用する意向であったが、ソ連が強硬に反対。結局五月二二日、デーニッツはフリーデブルクやヨーデルと共に逮捕され、戦争犯罪人としてニュルンベルク軍事裁判で被告として裁かれた。

裁判の席で、デーニッツは、終戦直前までナチスの戦争犯罪を知らなかったと主張。曰く、海軍再建時代は海上勤務であり、開戦後は潜水艦戦の指揮と技術的開発に忙殺され、ラジオ放送は双方のプロパガンダで信用がならないと判断し、聞いていなかった。そのため海軍以外の世界には関心がなく無知であったという事である。実際のところどうだったのかは意見が分かれており、ユダヤ人絶滅計画についてヒムラーから聞かされたことがあるとする説もあるようだ。いずれにせよ、積極的にナチスの戦争犯罪に関与した人物でないとは言えそうだが、薄々感づきながらも敢えて知ろうとせず、責任から逃れたと見る事も出来るかもしれない。さて真相がどうかはともかく、裁判では結局デーニッツは四六年に禁固十年の判決を受けている。判決内容を見ると、デーニッツは国家首班として「東方における戦争は継続されねばならぬ」と指令した事から通常の軍指揮官とは区別されている。戦争遂行の決定には関わっていないが、それを実行した事は刑の対象とみなされ、中立国の艦艇を攻撃する命令を出した事も重要視された。一方、イギリス海軍の捕虜をジュネーブ協定に従って扱ったことは減刑材料として考慮された。しかし「ヒトラーの後継者」としては軽い刑罰であるのは否めず、積極的にナチスの戦争犯罪には関わっていないと認定され、また貧乏くじを押し付けられる形で政権を担わされた事に一定の同情が与えられたと見られよう。それでも、デーニッツは自分を国家首班に推薦したシュペーアに含むものがあったようで、一九五六年にシュパンダウ刑務所で「お前のせいでわたしは一一年をむだにした。すべておまえの責任だ！　このわたしがいやしい犯罪者のような判決を受けたのは。わたしが政治にどんなかかわりがあったというのだ？　おまえがいなかったら、ヒトラーはわたしを国家元首にしようなどという考えをけっして起こさなかっただろうに。わたしの部下たちはみな、指揮権を復活した。だがこのわたしを見ろ！　まるで犯罪者だ。私の軍歴がめちゃめちゃだ。」と恨み言を述べている。ちなみにこれに対するシュペーアの答えは「あの戦争では数百万人の人間が殺されたのだ。さらに数百万人が、例の犯罪者どもによって強制収容所で殺されている。ここにいるわれわれはみな、政府の一部だった。ところがここできみを悩ませているのは、五千万人の死者よりも、きみの十年間だ。そしてこのシュパンダウでのきみの最後の言葉はこれか――軍歴！」というものだったという（括弧内はいずれもグイド・クノップ『ヒトラーの共犯者（上）』高木玲訳、原書房、三七〇頁）。デーニッツの心情は察するに余りあるが、シュペーアの反駁通りややみっともない物言いであった嫌いは否めない。ともあれ良くも悪くも、彼の自己規定はナチス高官ではなく一海軍軍人であったようだ。

刑期を終えた後、デーニッツは回想録の著述に従事し、一九八〇年にその数奇な生涯を終えた。潜水艦戦の専門家として新戦術を編み出して大いに敵を苦しめると共に、運命の悪戯から敗北に直面し、荒廃したドイツの国家元首に押し上げられ敗戦処理に奔走した。ナチスの戦争犯罪にどの程度関与したかに疑問が残るし、出獄時の愚痴でやや株を下げたとはいえ、畑違いでしかも誰にも手の付けられない難題からも逃げることなく最善を尽くし、国民や将兵の生命保護に腐心した功績は否定できるものではない。デーニッツは優秀な海軍提督として、そして責任をもって敗戦処理をした武人として十二分な評価に値するであろう。

日本概要

　日本は一九世紀後半から二〇世紀初頭にかけて急ピッチでの近代化を成し遂げ、日清・日露戦争で勝利して国際的地位を確立。第一次世界大戦でも連合国側に参戦して戦後国際秩序では国際連盟の常任理事国となるなど大国として扱われるようになった。しかし第一次大戦後より慢性的な不況に悩まされ、加えて関東大震災による首都圏の壊滅や一九二九年からの世界恐慌によって経済危機に陥る。こうした中、日本は「満洲」（中国東北部）を始めとする大陸への進出によって事態を打開しようと図った。一九三一年、「関東府」（遼東半島に存在する日本の勢力圏）に駐屯する日本軍が独断で挙兵して「満洲」を占領。また、日本国内でも経済危機に加えて政治家の腐敗が問題とされ、軍部はそれに乗じて五・一五事件や二・二六事件などのクーデターやテロによって政治への発言力を強めていく。そして日本軍は河北への軍事的勢力伸張を目論む中で、一九三七年に中国軍と全面戦闘に入る。日本軍は首都南京を始め都市部は占拠するものの、各地で強い抵抗に苦しめられ、戦いは泥沼化。また国際的にもアメリカとの対立を深める結果となり、ドイツ・イタリアと結んで対抗するが、アメリカ主導の経済封鎖によって苦境に追い込まれる。そうした中、陸軍の有力者である東條英機が首相となり、一九四一年一二月八日に日本はハワイ真珠湾のアメリカ艦隊を攻撃し、アメリカ・イギリス等とも開戦。当初、日本は優勢に戦いを進め、太平洋の広範な地域を占領するがミッドウェー海戦での大敗を契機に形勢が逆転。ガダルカナル島攻防戦で惨敗したのを始め、各地でアメリカ軍の前に敗北を強いられた。そうした中、一九四四年にサイパン島が陥落し、アメリカ軍は日本本土への空襲が容易となる。東條内閣の強権的な姿勢は重臣達から強い反発を受けていたが、これを受けて重臣達は東條に引責辞任を迫り、退陣に追い込んだ。とはいえ、重臣達には後継首相の目処も立っておらず、戦争の行く末に関しても確たる方針はない状況であった。

小磯国昭

一八八〇〜一九五〇
大日本帝国　首相
在職一九四四〜一九四五

小磯国昭は一八八〇年に宇都宮市で生まれた。陸軍士官学校・陸軍大学校を卒業し、参謀本部員を経て一九三〇年（昭和五年）には軍務局長となっている。その後、陸軍次官、関東軍参謀長などを歴任し、三七年（昭和一二年）には大将となり、翌年に予備役に編入された。平沼騏一郎内閣・米内光政内閣では拓相となり、一九四二年（昭和一七年）には朝鮮総督となっている。全体的に、高級軍人として出世はしているものの軍の中枢からは遠ざけられた経歴である。第二次大戦中においても、予備役であり戦争指導には預かっていなかった。通常であれば、そんな彼に首相の任が回ってくる事はありえなかったといえる。

一九四四年（昭和一九年）七月、サイパン島が陥落すると岡田啓介・若槻礼次郎・米内光政ら首相経験者を中心とする重臣達は東條英機内閣に圧力をかけて退陣させる。しかし、重臣達はまず東條の失脚ありきで動いており、後継首相の人選も行っていない状況であった。南方軍総司令官の寺内寿一らも首相候補であったが、陸軍が第一線の司令官を替えることに反対したため、消去法によって朝鮮総督で陸軍大将の小磯が後継に決まった。因みにこの時、小磯を推薦する積極的な理由に困ったのか重臣達は「敬神家である」として小磯を称揚している。昭和天皇は小磯に一九三一年（昭和六年）の三月事件（軍部によるクーデター未遂事件）に関与した経歴が有ることから首相任命を躊躇されたが、重臣達に押し切られる形で七月二〇日に海軍の米内光政と共に協力組閣の大命を下された。こうして二二日に小磯内閣が成立。

重臣達が東條を失脚させたのは戦争継続から和平交渉へと方針を転換させるためであったが、彼らは陸軍によるテロを恐れて依然として「終戦」を口に出すことが出来ないでいた。それもあって、小磯は重臣達が何を期待しているかを読み取る事が出来ず、戦争貫徹・本土決戦という東條内閣時代と変わらない方針を唱える。まず戦争指導体制の改革に手を付け、大本営政府連絡会議を最高戦争指導会議に改組し、国内統治の面では東條内閣の憲兵政治からの脱却を図り、支配階級内部の反対派には緩和策を取った。

しかし小磯は第一線から離れて長く、戦況の悪さを実際に知らず「日本はこんなに負けていたのか」と驚く始末であった。その体たらくや元来陸軍でも非主流派であったこともあり、出身母体であるはずの陸軍からも反発を買い、「この内閣は二ヶ月で潰す」と公言されていたという。こうした状況で有効な手が打てるはずもなく、また戦況改善の実際的な手段があるわけでもなかった。その間にフィリピンでの日本軍が壊滅し、東京大空襲に代表される各地への空襲で工業生産が壊滅、更に船舶の八五パーセントが撃沈され、物資の輸送もままならない状況となっていた。小磯は国民に総武装を呼びかけ、徴兵年齢の引き下げ・台湾への徴兵令施行に加え、女子挺身勤労令・学徒勤労令を公布し、朝鮮への一般徴用を適用するなど勤労動員の強化も実施した。加えて首相自身も大本営に出席し、戦争の完遂を図ったが焼け石に水であった。

流石に小磯も実際問題として戦争貫徹が困難であることに気づいたのか、こうした流れの一方で和平への道筋を探り始めている。方策として独ソ和平の仲介・重慶政府との和平・対英和平を掲げたが、独ソ和平は両国から相手にされず対英交渉も同様であった。やはり長らく現場から離れていたせいか、現実感覚に欠如があると評価されても致し方ないところであろう。この中である程度現実性があったのが対重慶政府との和平である。日本が傀儡として擁立していた南京政府の要人・繆斌《みょうひん》は実は蒋介石率いる重慶政府からのスパイであったのだが、彼を通じて蒋介石と和平交渉を行おうとしたのだ。蒋介石も戦後におけるソ連との対立を見越し、その抑止力として強い日本の存在を望んでいたため、日本の全面降伏でなく和平を考慮しており、交渉には実現への望みがある程度あったといえる（もっともアメリカなど他の連合国が認めなかった可能性は高いが）。しかし、繆斌が信用に価するかという問題を巡って重光葵外相らから反対が出て、閣内不一致に陥る。これは、日本にとっては面子を保ちつつ和平をする最後の機会であった。交戦諸国との全面講和に至らず中国との単独講和に終わったとしても、中国に割いた兵力を考えると相当な負担減に繋がるはずであった。その機会を掴めなかったのは日本にとって痛恨であったと言える。ともあれ小磯にはこの事態を収拾できず、一九四五年（昭和二〇年）四月五日に総辞職した。折りしも沖縄での戦いが悲惨さを増しつつある時期であった。

小磯国昭は日本が敗色濃厚となる中で引っ張り出される形で首相となるが、有効な手を打てないままにその座を去った。現状分析が十分に行えなかった彼自身の能力もさることながら、一番の問題は確たる方針ないままに消去法で彼を引っ張り出した重臣達の無責任・無定見にあったと思われる。現場から遠ざかって情勢を知らず出身母体・支持基盤になるはずの相手からも服従されない状態では、たとえ本人にどれほどの才覚があろうともこの難局を乗り切れるはずがないのは分かりきった事なのだから。

敗戦後、小磯は極東国際軍事裁判でA級戦犯となり、一九四八年（昭和二三年）に終身禁固の判決を受けた。一九五〇年（昭和二五年）に服役中で病没。自伝として『葛山鴻爪』がある。

鈴木貫太郎

一八六七～一九四八
大日本帝国　首相
在任一九四五

鈴木貫太郎は一八六七年（慶応三年）に和泉国（大阪府）に生まれた。一八八七年（明治二〇年）に海軍兵学校、一八九八年（明治三一年）に海軍大学校を卒業した。日露戦争では水雷艇艦長として活躍し、魚雷攻撃で多くの戦果を上げ「鬼貫太郎」として勇名を知られるようになる。一九一四年（大正三年）から四年間海軍次官を務め、その後も海軍大将・連合艦隊司令長官・軍令部長を歴任。一九二九年（昭和四年）には軍令部長を辞職して侍従長・枢密顧問官となる。一九三六年（昭和一一年）の二・二六事件では反乱軍に襲撃され、瀕死の重傷を負うが一命を取り留めている。同年一一月に男爵となり侍従長を辞職、一九四〇年（昭和一六年）に枢密院副議長となり、四四年（昭和一九年）には枢密院議長となっている。海軍のエリートであり昭和天皇の信頼篤く側近的な位置にいたが、本人は政治に興味がなくこの時期は名誉職的な地位で半ば隠居に近かった。リベラリストでかねてから対米戦に反対しており、開戦前にはアメリカで日米両国が戦う事に利がない事を述べた演説をした事もある。

一九四五年（昭和二〇年）四月五日、小磯内閣はフィリピン作戦の失敗や閣内不一致、対中華民国平和工作の失敗などで総辞職した。後継首相を巡る重臣会議では東條らが陸軍内閣を主張し、東條が「陸軍以外の者が首相になれば、陸軍がソッポを向く恐れがある」と恫喝したのに対し、岡田啓介が叱責。結局、三時間の会議の末に平沼騏一郎男爵・近衛文麿公爵・若槻礼次郎男爵・木戸幸一侯爵に加え、高松宮も鈴木を推挙。日本を終戦に導くには天皇からの信頼篤く、意思疎通に問題ない人物でなければならないとの判断であった。昭和天皇もこれに賛意を示され、辞退する鈴木に「頼むから承知してもらいたい」と頭を下げて依頼なされたため、鈴木もついにこれを受諾。鈴木は四月七日の初閣議後に談話で「国民諸君よ私の屍をふみこえて起て」と述べ、戦争貫徹を口にしたが、これはあくまで陸軍を刺激しないためであり天皇の真意が「終戦」工作にある事は察していたとされる（一方でこの時点では局地戦勝利での有利な和平に望みをかけていたという異説もあり）。当初、和平派であった東郷茂徳は鈴木が戦争貫徹を唱えるのを見て入閣を拒否したため、鈴木自身が外相を兼任したが、東郷は鈴木と戦争終結へ向け努力する方向である方針を確認し、外相就任を受諾した。就任直後、アメリカのルーズベルト大統領が戦争終結を目の前にして病没。鈴木はこれに対し哀悼の意を示しており、その敵手に対しても節度ある言動はアメリカに亡命していたドイツ人作家トーマス・マンから「日本の武士道はまだ滅んでいない」と賞賛を受けている。

五月に入ると同盟国ドイツがついに降伏し、日本は単独で戦争を継続する形となる。本土決戦への備えとして国民義勇隊の結成が進み、六月一三日に大政翼賛会やその傘下の諸団体が解散。六月二二日には、内閣に独裁権を付与する全面的な委任立法である戦時緊急措置法が公布された。この時期、ソ連を仲介として和平を考慮する動きもあり近衛文麿を派遣する事も決められたが、ソ連側からは依頼の趣旨が不明であるとして相手にされなかった。既にこの時期、ソ連は機を見ての対日参戦を決定していたともいう。

さて同年七月一七日から連合国首脳がドイツのポツダムでポツダム会談を開催し、ドイツの統治や日本の処分案について討議した。同二六日、対日共同宣言が発せられる。戦後の対ソ連対策として、アメリカは本土決戦での被害を少なくしたいと考えていた。そのため、アメリカ国務省・陸軍省は日本が降伏しやすいよう天皇以下の支配者層を反共勢力として残存させる方針を既に立てており、ソ連のモロトフ外相は当日にコピーを見せられたのみであったといわれる。二八日午後、鈴木首相はこれはカイロ宣言の焼き直しに過ぎないとして「政府としては何ら重大な価値ありとは考えない。ただ黙殺するだけである。我々は戦争完遂に飽くまで邁進するのみである」と語った。鈴木としてはまず国民に内容を読ませて政府は「ノー・コメント」を保ち、国民を終戦の方向に意見誘導する方針であり、「今は黙ってみているが将来処置する」というニュアンスを込めて「黙殺」と表現したという。この時期に至っても陸軍の意向を無視して「終戦」と明言することは難しかった。テロによって政府が転覆され、終戦交渉自体が頓挫する危険があるだけでなく、軍部大臣は現役武官に限られていたため陸軍が陸相を辞任させ、後継を出さなかった場合には内閣総辞職しか選択肢がなくなるためである。しかしこの腹芸的は誤解を呼び、「silent killed」と訳され、拒否のニュアンスで外電に伝わった。これが八月六日・九日の広島・長崎への原爆投下に繋がると共にソ連が対日参戦する口実を与える結果となった。結果論ではあるがこれは鈴木の重大な失敗であることは否めず、事実彼は後にこの発言を後悔したといわれる。

さて八月九日、木戸幸一内大臣は鈴木首相に改めて「速にポツダム宣言を利用して戦争を終結に導くの必要」を説き、最高戦争指導会議では皇室の確認・自主的撤兵・戦争責任者の自国における処理・保障占領をしない事を条件に受諾する方針とされた。しかし高松宮・重光葵らは受諾に反対であり、一方で東郷外相は条件を「国体」護持だけにする事を求める状況であった。事態を打開するため同日午後一一時から十日午前二時頃まで御前会議が宮中防空壕で行われる。まず阿南陸相が本土決戦を主張し、梅津参謀総長・豊田軍令部総長が賛同。そして東郷外相・米内海相・平沼枢密院議長は受諾派であった。これを受けて鈴木は天皇に「聖断」を求めた。これに対して天皇は「外務大臣の意見に同意である」と述べられた上で以下のように続けられたという。

「陸海軍の計画は、まちがいがおおく、時機を失している。本土決戦というが、九十九里浜の防御作業は、予定よりずっとおくれているという。新設師団の装備もまだととのっていないという。これで、どうして侵略を撃退できるというのか。

空襲は激化しており、これ以上、国民を塗炭の苦しみにおとしいれ、文化を破壊し、世界人類の不幸をまねくのは、わたくしの希望に反するものである。

忠勇なる軍隊の武装解除や、忠誠をつくしたものを戦争犯罪人にすることは、おもうだに苦痛だが、国を救うためには、やむをえないだろう。いまは忍びがたきを忍ばねばならないときとおもう。

わたくしは明治天皇の三国干渉のときのお心持もかんがえ、自分のことはどうなってもかまわない。この戦争をやめる決心をしたのである」（アービン・クックス『第二次世界大戦ブックス21　天皇の決断』加藤俊平訳、サンケイ新聞社出版局、一四九頁）

この天皇の決意が結論となった。直ちに結論が連合国に伝達され、八月一二日に連合軍からの回答が外務省によるサンフランシスコ放送傍受という形でもたらされる。それによれば、降伏時から「天皇及び日本国政府の統治の権限」が「連合国軍最高司令官のもとに隷属する」事や、「日本国政府の最終的統治形態は、ポツダム宣言にしたがい日本国国民の自由に表明する意思により決定せらるべきもの」とする事が定められていたという。これが本土決戦派を勢い付かせ、梅津・豊田らは戦争継続を無電で全司令部に通達していた。鈴木すらもこの条件からは皇室の将来に不安を抱き、一時は戦争継続も止むを得ないと考えたともいう。また一部将校の間では終戦への動きを阻止するためクーデター計画が練られ始める。こうした中で一三日の閣議でも阿南陸相の反対により意見の一致をみなかったため、鈴木や東郷外相は一四日に再度の御前会議を閣僚と最高戦争指導会議構成員の合同で開き、最終結論を固める方針とした。御前会議は一四日午前十時五〇分に開始され、下村宏『終戦秘史』によればこの席で天皇は戦争継続派の意見を一通り聞かれた後、涙ながらに以下のように述べられたとされる。再び引用する。

「反対論の意見はそれぞれよくきいたが、わたくしの考えはこのまえ申したことに変わりはない。わたくしは世界の現状と、国内の事情とをじゅうぶん検討した結果、これ以上、戦争をつづけることは、無理だとかんがえる。

国体問題について、いろいろ疑義があるとのことであるが、わたくしは、この回答文の文意をつうじて、先方は相当の好意をもっているものと解釈する。先方の態度に一抹の不安があるというのも、いちおうはもっともだが、わたくしは、そううたがいたくない。要は、わが国民全体の信念と、覚悟の問題であるとおもうから、このさい、先方の申しいれを受諾してよろしいとかんがえる。どうか、みなもそうかんがえてもらいたい。

さらに陸海軍の将兵にとって、武装の解除なり、保障占領というようなことは、まことに耐えがたいことで、その心持はわたくしにはよくわかる。

しかし自分はいかになろうとも、万民の生命を助けたい。これ以上、戦争をつづけては、わが国がまったく焦土となり、万民にこれ以上苦悩をなめさせることは、わたくしとして実に忍びがたい。祖宗の霊にもおこたえできない。

和平の手段についても、もとより先方のやりかたに、全幅の信頼をおきがたいのは当然であるが、日本がまったくなくなるという結果にくらべて、すこしでも種子がのこりさえすれば、さらにまた復興という光明もかんがえられる。

わたくしは、明治大帝が、涙をのんで思いきられた三国干渉の当時の御苦衷をしのび、このさい耐えがたきを耐え、忍びがたきを忍び、一致協力、将来の回復に立ちむかいたいとおもう。

今日まで戦場にあって陣没し、あるいは殉職して非命にたおれたもの、またその遺族をおもうときは、悲嘆に耐えぬしだいである。また戦傷を負い、戦災をこうむり、家業をうしないたるものの生活にいたっては、わたくしのふかく心配するところである。

このさい、わたくしとして、なすべきことがあれば、なんでもいとわない。国民に呼びかけることがよければ、わたくしは、いつでもマイクの前にも立つ。

一般国民には、今までなにも知らせずにいたのだから、とつぜん、この決定をきくばあい、動揺もはなはだしいであろう。この気持をなだめることは、相当困難なことであろうが、どうか、わたくしの心持を理解して、陸海軍大臣はともに努力し、よくおさまるようにしてもらいたい。

必要があれば、自分が親しく説きさとしてもかまわない。このさい詔書をだす必要もあろうから、政府はさっそくその起案をしてもらいたい。以上はわたくしの考えである」（アービン・クックス『天皇の決断』加藤俊平訳、サンケイ新聞社出版局、一五八～一六一頁）

この言葉がそのまま結論となった。天皇の言葉が終わると、鈴木は二度までも聖断を仰いだ事を謝罪すると共に直ちに天皇の意思を奉じる旨を言上して御前会議は終了となった。午後、閣議で詔書案が審議され、阿南陸相を含めた全閣僚が副署して手続きは終了。午後一一時、東郷外相は同日付の詔勅をもって受諾の旨を伝えるようスイス駐在の加瀬俊一公使とスウェーデン駐在の岡本季正公使に訓令を与えた。この際、外務省は日本に課せられた義務の遂行を円滑にするため名誉ある武装解除・名目的な占領・海外からの早急な復員・通信連絡遅延の容認・傷病兵たちの救済について考慮を要請。阿南はこれに満足の意を表明し、陸軍省で終戦に反対する将兵に「不賛成なものは、まずおれを斬ってからやれ」と一喝して不平派を宥めにまわった。

一四日午後九時、ラジオは翌日正午に「重大放送」があると通達。一五日七時二〇分、天皇自らの放送であると伝えられた。一五日午前一時半、一部将校がクーデターで玉音盤を奪取しようと図り、更に鈴木・平沼騏一郎・木戸幸一内大臣の邸が襲われるが無事に鎮圧された。同じ頃に阿南陸相が自決。阿南がそれまで終戦に反対したのは陸軍の暴発を抑えるための鈴木と協力してのポーズであったとも言われるが真相は不明である。

こうして運命の八月一五日正午が訪れる。和田信賢アナウンサーが起立を促し、下村宏情報局総裁によって勅語であると伝えられた後に『君が代』が流れ、そして「玉音放送」によって国民に戦争終結の意志が告げられた。こうして日本は連合国に降伏し、国内外に多くの犠牲を出した第二次世界大戦の戦闘は終結したのである。

　以上の経過に対し、決断の遅れや戦争を開始した責任を追及し非難する向きもある。そうした見解も一定の説得力はある。まず、終戦に向けての日本の動きには拙劣さや決断の遅さが目立ち、避けられたはずの犠牲を増やしたのは否定できない。一例を挙げると鈴木の「黙殺」発言は原爆投下やソ連参戦の口実を与える結果となっている。また、そもそも複数の大国を相手に多正面作戦をするという明らかに勝算薄き戦いを始めた責任を天皇や首脳部に問う動きが出るのは当然の心情であろう。

　ただ、一般論として敗戦処理に当たっての動き方は実に難しい。実際、本書で取り上げた範囲でもこの時の日本以上に拙い動きをした例もある。まずナポレオン。彼はフランス限定での帝位を保って講和できる機会が複数回あったにもかかわらず、戦場での勝利によって打開する事に固執して全てを失った。しかも配下に離反されるまで敗北を認めなかった。そしてペルーのピエロラやモンテーロ。彼らは国内が戦場になり、しかも反対派を抑えられず国家分裂にまで至っているのに無益な交戦を続け自らの手で終結に導けなかった。更にパラグアイのソラーノ・ロペスも敗北が決定的となって以降に戦争終結への手を打った様子がなく、自国の人口を半減させ、成年男子を壊滅させるという余りにも悲惨な結果を招いている。次に第一次世界大戦における敗戦国の君主や国家首脳たちを見ても、ドイツ皇帝ウィルヘルム二世は全欧州を敵にまわして戦争を始めた挙げ句に最終段階でも和平工作に奔走する宰相と協力せず保身に終始し、ハプスブルク帝国の重臣達は皇帝の平和を求める動きを十分に補佐できたとは言いがたい。第二次世界大戦におけるヒトラーに至っては、大戦を勝ち抜けなかったドイツ国民は生きる資格がないと公言し、国内の全てを破壊する焦土戦を命令した上で自殺した。

　そう考えると、ともかくも自らの決断で徹底抗戦派を抑えて戦争終結に持ち込まれ、本土決戦による更なる惨禍を防がれた昭和天皇は評価に値する。しかも退位・訴追に追い込まれる可能性が十分にあると考えられた中で決断されたのであるから尚更である。上記の面子と比べると、国家元首として自らの名の下で戦争が開始された事や敗戦に直面した事に対して、一応のけじめや責任は果たされたものといって良かろう（それで十分かは意見が分かれるであろうが）。戦後において連合国が天皇の利用価値を認めたのも敗戦後ですら天皇への国民の支持がなお高かったのも、天皇の意思によって戦争が終結する格好になった事によるところが大きいのではなかろうか。そしてふらつきながらも陸軍の暴発を防ぎつつ、天皇の意思を引き出し終戦へとともかく導いた鈴木も相応に評価されるべきであろう。彼らの選んできた道は断じて最良ではないにしても、最悪の選択肢を主体的な決断で避ける事はしたのであるから。彼らの決断は、日本の滅亡を回避し、再建への第一歩を踏み出す事を可能にしただけでなく、天皇制存続への道をも開き天皇自身の身をも救う結果となったのである。

閑話休題、紆余曲折はあったが陸軍の反対を抑えつつも終戦に導くという大仕事を何とか成し遂げた鈴木は、同日に総辞職を表明。終戦に伴う混乱を防ぐため、後継には皇族の東久邇宮が立てられた。

終戦後、鈴木は一九四五年（昭和二〇年）一二月から一九四六年（昭和二一年）六月にかけて再び枢密院議長を務め、新憲法の審議にあたっている。この時期、戦後の日本政界を牽引することになる吉田茂に「よき敗者」として連合軍に接することを助言したとも言われる。没したのは一九四八年（昭和二三年）四月一七日の事であった。

東久邇宮稔彦

一八八七〜一九九〇
大日本帝国　首相
在職一九四五

東久邇宮稔彦は一八八七年（明治二〇年）に久邇宮朝彦親王の第九子として京都で生まれた。一九〇六年（明治三九年）には独立して東久邇宮家を創立。当時の皇族の例に漏れず軍人の道を歩み、陸軍幼年学校・陸軍士官学校・陸軍大学校を卒業した。一九二〇年（大正九年）から二七年（昭和二年）にかけてフランスに留学。この時期に自由主義的雰囲気に触れ、大きな影響を受けたといわれる。帰国後は第二・第四師団長・陸軍航空本部長などを歴任し、一九三八年（昭和一三年）には第二軍司令官として華北に従軍し、一九四一年（昭和一六年）には防衛総司令官となっている。一九四五年（昭和二〇年）四月には貴族院議長となった。

明治天皇の第九皇女聡子内親王を妻に迎え、皇族内部でもある程度重んじられる立場であり、早くから終戦を志向していた。そのため東條内閣が総辞職した際に東久邇待望論があったが、東條ら陸軍の反対で実現には至らなかった。

一九四五年（昭和二〇年）八月一五日、鈴木貫太郎内閣は「終戦の詔勅」が放送され、国民に戦争終結が知らされるのを見届けて総辞職。しかし、この時点では未だ降伏文書への調印はなされておらず厳密には戦争は終結していなかった。そして軍部の一部はなおも降伏に納得せず、本土決戦を唱えており、玉音放送すら偽物と見なして認めず反乱を目論む者も存在していたのである。内大臣木戸幸一はこうした状況を憂え、軍に終戦を納得させ、武装解除・復員を進めるには天皇の威光を借りる必要があると判断した。こうして皇族である東久邇は後継首相に推薦されるが、「政治の素人だから」と二度に亘りこれを辞退。この難局を切り抜ける自信がなかったものであろう。しかし一六日に天皇から参内を命じられ「他に人がいない」と大命を受けると断りきれず、「終戦の処理が済めば、すぐに辞める」との条件で受諾し、一七日に組閣。日本史上空前絶後の皇族による内閣である。東久邇は挙国一致内閣として、政党からは中島知久平（旧政友会、軍需相）と松村謙三（旧民政党、厚相・文相）を、官界から重光葵（外相・大東亜相）・山崎巌（内相）、言論界から緒方竹虎（元朝日新聞社社長、国務相）、重臣から近衛文麿（国務相）を入閣させ、終戦処理に当たる事とした。

以降、終戦の混乱防止と事務処理のため東久邇は活発な動きを見せる。まず組閣前の八月一六日、ラジオで第一声を発し、終戦の詔勅を遵守する事を求め、言論の活性化と結社の自由を表明する。一九日にはマニラに降伏条件遂行のための使節として河辺虎四郎陸軍参謀総長らを派遣した。そして翌二〇日には最高戦争指導会議で終戦処理委員会の結成を決め、岡崎勝男を長として終戦連絡中央事務局（外務省外局）設立。二一日には戦争遂行上で特設した官庁・部局を廃止・縮小し、戦争開始前の状態に戻した。二八日、一八日の閣議決定に基づいて言論・出版・集会の自由を戦争開始前の状態に戻す。ただしこれはあくまで帝国憲法の範囲内であり、ポツダム宣言が求めている人権尊重のレベルには至っていない。そして同日、国民全てが敗戦を懺悔し、日本再建に進む旨を求めた「一億総懺悔」談話を発表している。

なお、この時期には憂慮されたとおり敗戦に不満を持つ軍部の反乱が散発したが、いずれも大事に至る事はなくことごとく鎮圧された。皇族の威光によって軍を抑えるという方針がある程度功を奏したものかもしれない。

さて八月三〇日、マッカーサーが厚木に上陸。九月二日には横浜沖のミズーリ号で降伏文書の調印が行われた。日本側の代表は重光葵外相と梅津美治郎陸軍参謀総長である。こうして第二次大戦は正式に終了したのである。ポツダム宣言受諾以降の敗戦残務処理という東久邇の最大の役割は、ここに一区切り付いたといえる。同日夜、軍政が敷かれるとの情報があったため東久邇は慌てて使者を派遣し、中止を要請。翌日にも重光が日本の政治・経済が混乱する危険がある旨をマッカーサーに説き、中止となる。終戦に関する処理が円滑に運んだ事が軍政撤回決定に繋がったと思われる。

以降、連合軍総司令部から日本の改革への指令が次々に出される。まず九月九日には武装解除・戦犯処置・政治犯釈放・軍需産業禁止・財閥解体などの基本方針に関する指令が出る。九月二七日には天皇がマッカーサーと会見。因みにこの時期における最大の政治問題は天皇の処遇に関するものであった。昭和天皇は自身が退位する事で罪を引き受けようと考えられたとも言われるが、それで事が済むとは思えないという木戸の反対で流れた。近衛は天皇が退位し、国民投票で天皇制について決定する方針を唱え、民主的手続きで天皇制を存続させようと考えたが、退位を契機に連合軍が天皇を戦犯指定する危険があると木戸がこれにも反対。天皇の扱いはアメリカ内部でも意見が分かれていたが、天皇の威光により終戦が円滑に行われた事や、昭和天皇が本来は親英米派である事から、統治を行う上で存続させた方が好都合であると判断され、天皇制の存続が決定。一一月にはマッカーサーは天皇の地位に変更はないと米内に告げてこの問題は一応の決着を見ている。

さて九月二九日に通信の自由が通達され、十月四日には政治犯釈放と特高警察の解体が強硬に命令される。東久邇内閣はこれには従えないとして五日に総辞職し、戦前に外交官として活動していた幣原喜重郎が後継首相となった。日本の民主化は次の幣原内閣に引き継がれる事になる。

東久邇は自由主義的な人物として知られていたが、あくまで旧体制下での話であり、連合軍が求める民主化には応じられなかった。とはいえ、彼の下で武装解除・復員・戦時体制終結や降伏文書調印は大きな混乱なく滞りなく行われ、軍政施行も回避する事に成功した。この時期にとって最も重要な任務は完遂させての退陣である。元来、終戦処理が終わればすぐに引退する旨を表明しており、本人としてはほぼ予定通りの行動であったのかもしれない。

その後、東久邇は皇族を離れて臣籍降下し、闇市・喫茶店・骨董品店など様々な事業に手を出すが失敗。新興宗教「ひがしくに教」の教祖になって話題を呼んだこともある。没したのは一九九〇年（平成二年）、一〇三歳という長寿であった。

第六章　戦後

スエズ動乱概略

第二次大戦にイギリスは勝利したものの、その勢力の衰えとアメリカの助けで地位を保っている現状は明らかであった。また、インドを始めとする各地の植民地では独立運動が盛んになった。こうした中で、イギリスは何とか超大国としての地位を保とうと努力する。

さて、イギリス支配下地域の一つであるエジプトでは一九世紀末以来王制とイギリスの軍事支配の下で大土地所有制と外国人特権が社会的課題であった。一九五二年七月二三日、ナギブ、ナセルらはクーデターによって権力を掌握し、エジプト王位を世襲するムハンマド・アリー王朝を打倒し、革命委員会を樹立した。委員会内部でナギブとナセルが対立し、ナセルがナギブを打倒して最高責任者となると第一次農地改革や産業振興に取り組む一方、英軍完全撤退実現にこぎつけた。続いて一九五六年七月二六日、ナセルは多国籍企業であるスエズ運河会社の国有化を宣言し、運河地帯はエジプトの主権下にあるとした。当時、ナセル政府はイギリスに対抗するため非同盟中立主義・社会主義国との友好外交を推進していた事もあり、運河国有化がアラブ民族運動や共産主義化として波及する事を恐れたイギリス・フランス・イスラエル三国はセーブルで秘密協定を結び、エジプトへの軍事攻撃を決定。イスラエルが十月二九日に軍事侵攻し、これに反応する形で英国首相イーデンはイスラエルとエジプトに最後通牒を送った。その上で英仏は軍事衝突に対する調停や「国際運河の安全保護」を口実として十月三一日に侵攻し、イスラエルはシナイ半島、英仏は運河地帯を占領した。軍を送る方針になっていたためである。しかし国連は英仏を非難する内容の決議を出して不快感を表明。また、英連邦内部の支持も一致せず、オーストラリアは賛同したもののカナダは反対していた。国内世論も、中流層を中心に武力行使を非難する。またアメリカもこれに反発し、ポンドの値下がりを招いた。

　軍事的にも、イスラエルがエジプトを圧倒していたため調停という介入の口実がうまく機能しなかった。そのため、国連軍に後を頼むという形で侵攻を断念して一一月六日に停戦。イーデン首相は健康状態悪化を理由に退陣に追い込まれた。これは単なる地域紛争での失敗に留まらずイギリスがその国際的地位低下を露呈した事を意味した。イーデンの後を受けたマクミランはそうした中で新たなイギリスの国際的な立ち位置を模索する事となる。

ハロルド・マクミラン

一八九四〜一九八六
Harold Macmillan
イギリス　首相
在任一九五七〜一九六一

　スエズ動乱が終結した後に首相に就任したマクミランは、本来なら「敗戦処理首脳」としてはふさわしくないかもしれない。しかし、彼は前任者・イーデンが残した戦争に伴う米英関係の悪化という問題の後始末を行った人物であった。また、彼の首相時代はかつて世界に覇権を誇った「大英帝国」そのものの敗戦処理と呼んで差し支えないものである。そのため、敢えてここで取り上げる事とした。

　ハロルド・マクミランはマクミラン出版社を経営する裕福な家庭に生まれ、オックスフォード大学を卒業したエリートである。第一次世界大戦に従軍した後、政界に進出。一九二四年から二九年および一九三一年から一九六四年までにかけて保守党の下院議員を務めている。三〇年代には、保守党の若手進歩派の代表的人物として経済計画の必要性を唱え、ドイツやイタリアに対する宥和政策に批判的態度を取った。第二次大戦中は、チャーチル内閣で供給省政務次官や航空相を務めた。また北アフリカの連合軍司令部に派遣されてアメリカのアイゼンハワーやフランスのド・ゴールの知遇を得ている。その後、労働党政権時代を経て五一年にチャーチルが政権を奪回すると住宅相として住宅建設に功績を上げ、ついで国防相、イーデン内閣の外相、蔵相を歴任した。

この頃、ナセル大統領が一九五六年七月に運河国有化を宣言。英仏政府は株式の大半を共同所有していたため、これに反発して軍事介入する。マクミランはイーデン首相と同様にナセルをヒトラーの同様の危険な存在と考えていたようで、軍事的介入に賛同していた。彼は、アメリカは軍事介入に対して動きを示さないと読んでいたようである。結果としてその読みは外れ、イギリスのスエズ動乱への介入はアメリカの反発を招き、ポンドはそれを受けて値下がりした。また世界的な非難を受けた事もあり、イギリスはスエズから撤退しイーデン首相は引責辞任。マクミランはその後を受けて一九五七年一月に組閣する。戦争賛成派であったとはいえ、蔵相という立場のため直接的にスエズ動乱に関与していなかった事が彼のキャリアに傷を付けずに済んだといえよう。

首相に就任したマクミランは、英米関係での自国の従属的地位を再認識し、動乱によって悪化した英米関係の再建に踏み切る。三月にアイゼンハワー大統領との個人的関係も利用して英米首脳会談で両国関係を改善させる。自力での世界大国としての地位を維持する事が困難になっている事から、アメリカとの「特別な関係」を基礎に大国としての地位を保とうとしたのである。キッシンジャーの表現を借りると「イギリスの政策をアメリカの政策に埋め込ませ、ワシントンとの関係を巧みに取り扱うことでイギリスの選択肢を広げ」ることによって国際的な影響力を獲得しようとしていた。彼は対米依存を、アメリカの政治・経済・軍事的パワーに依存しながらも独立した大国の地位を得ようという「自立のための依存」と位置付けた。当時、アメリカはソ連と覇権を廻って争っており、両国の調停役としてイギリスの地位を保とうと考えていたのである。しかしアメリカはソ連への直接交渉を進め、この方面でのイギリスの役割は徐々に低下する。更に一九六二年には核兵器運搬手段を廻って英米が対立。マクミランはケネディとナッソーで会談し、アメリカからポラリス・ミサイルの提供を受ける事で独自の核抑止力を獲得。しかし一九六三年の部分的核実験禁止条約成立をピークとして影響力は低下していった。それはともかく、核戦略はイギリスの国防費縮小を可能として経済成長にプラスに働いた側面もあるようだ。

さて五〇年代から世界的に脱植民地化・独立が進む。その中でマクミランは植民地維持が困難である事から「大英帝国」を親英的コモンウェルスに組み替え、「秩序ある脱植民地化」によって大国としての地位を維持しようとした。とはいえ、一九五八年のイラク国王殺害に際して事態波及を避けるためヨルダンに軍事介入しており、完全に植民地であった地域から手を引いた訳ではない。それでも一九五五年十月の総選挙で保守党が勝利した後から、一連の帝国からの植民地独立が続出している。そうした中で一九六〇年にマクミランはアフリカを歴訪し、現地でのナショナリズムの高揚に衝撃を受けた。マクミランはその見聞を受けて、多数派である黒人の主導による独立達成を重視する事で親英的な政府を樹立させる方針を採るようになる。六〇年二月にケープタウンで「変化の嵐がこの大陸中に吹いている。私たちがそれを好むと好まざるとにかかわらず、この民族的意識の高まりはひとつの政治的事実である。私たちの政策はそれを考慮に入れなければならない」（北川勝彦編『イギリス帝国と20世紀第4巻　脱植民地化とイギリス帝国』ミネルヴァ書房、四九頁）と述べて人種差別政策に固執する南アフリカの白人を妥協させようとしたのはその一例である。その結果、一九六〇年からの数年でアフリカ周辺を中心に多くの植民地が独立を達成。一九六〇年代中には、香港・ジブラルタル・ブルネイなど小規模な地域を残してイギリス旧植民地はほぼ独立している。こうした動きは、植民地相が進歩派のマクラウドに五九年で交替している事も影響しているであろう。

独立が推進された要因として、①各地の植民地を維持するためナショナリズム勢力を弾圧する事に内外からの非難が高まっていた事　②ソ連が一九六〇年ごろに植民地からの独立戦争を支援する事を言明しており、ナショナリズムと共産主義が結び付く危険が高まったためむしろ独立を推進させ、友好的関係を維持する事が重んじられた事　③イギリスの経済状況が悪化し、植民地統治の負担を軽減する必要が生じた事が挙げられる。

しかしながら、一九六一年五月に人種隔離政策を行う南アフリカが本国やコモンウェルス内部からの非難に反発し、共和国としてコモンウェルスから脱退。この出来事で、コモンウェルス諸国間の関係に困難がある事、コモンウェルスがイギリスの国際的影響力を向上させるという見方が怪しい事が明るみに出る。これはコモンウェルスの価値に疑念が国内にも生じる結果となった。また、経済的にも旧植民地に依存する割合は、保護貿易が周辺諸国からの圧力もあり困難になっていた事から、戦後になると著しく減少していた。

代わって先進国相手の輸出が主にとなり、海外投資も合衆国や欧州に向けられるようになる。それでも経済的には好調で、植民地によらず本国の貯蓄・投資・工業生産力を背景に安定した国際経済の下で労働者階級の生活レベル向上が見られた時期であった。ただし世界経済におけるイギリスの占める割合が徐々に低下しつつあったのも事実であるが。

マクミランは自由貿易地域(FTA)構想によって欧州内の市場開放を進めると共に、コモンウェルス内の特恵関税は保ち食料・原料を安く輸入しようとしたが反発を受け、頓挫。一九六〇年五月には欧州自由貿易連合（EFTA）をスウェーデン・ノルウェー・デンマーク・ポルトガル・スイス・オーストリアと結成し、ヨーロッパ大陸の主要国で形成されるヨーロッパ経済共同体（EEC）への影響力を強めようとしたが西欧の分裂を招く結果になる。加えて貿易相手としてEFTAの占める割合は結局少なく、六〇年代になるとEECの占める割合が大きくなったためマクミランはEECへの加盟を目指す方針に切り替えた。一九六一年七月三一日に彼は下院でEEC加盟申請を表明したが、フランスのド・ゴールは拒否。これを契機にマクミラン政権の勢いは落ち、同年十月に退陣する。マクミランは一九六四年に政界を引退し、以降は回想録の著述に従事した。一九八四年には貴族に叙せられ伯爵となっている。没したのは一九八六年。

マクミランの時代に、イギリスは国際秩序の形成国から維持国の地位に低下した事が明らかとなる。その中でマクミランはある程度の国際的地位を保持しながら「大英帝国」の解体を受け入れ、現状にあった立ち位置へとソフトランディングをしようと努力した。それ共に、時代に適合した経済体制・国防体制・外交政策を模索した。マクミラン時代は、覇権国家としてのイギリスの「敗戦」をいかに処理するかという苦悩の時代だったといえる。彼の後を受けたウィルソン内閣以降にもこれらの課題はついて回り、ヨーロッパ共同体（EC）加盟を果たしたのはヒース内閣時代の一九七〇年の事であった。

アルジェリア戦争概略

アルジェリアは一八三〇年にフランスが征服し、一八三四年にその植民地とした。以降、フランス系移民が多数移住し、大土地所有を行い、現地民への圧迫が強められたため、抵抗運動がしばしば起っている。一九二六年にはパリに居住するアルジェリア人が民族主義団体「北アフリカの星」を結成し、民族運動の中心となった。第二次大戦が始まるとドイツの傀儡であるヴィシー政府によってこれらの運動は弾圧されたが、一方でロンドンに亡命したド・ゴールの率いる「自由フランス政府」は植民地の支持を得るためリベラルな政策を約束した。しかし戦後になり、植民地改革がなされる中でも、アルジェリアはフランス本土の一部として対象外となったため、民族主義者の不満は更に高まった。

一九五四年一一月一日、民族主義団体「アルジェリア民族解放戦線（FLN）」が東部山岳地帯で蜂起したのを契機に農村地帯を中心に全アルジェリアで抵抗運動が高まり、都市でもテロが多発するようになる。アルジェリアにおけるフランス系住民は百万人に達しており、これはフランスにとって放置できない問題となった。

そこでフランス政府は五万人程度であったアルジェリア駐留軍を次第に増強、最大で五〇万人以上の兵力をつぎ込み鎮圧に当たる。フランス軍はチュニジアとの国境線に電気鉄条網による「モーリス線」を設置して交通を遮断し、また一九五五年から七年に亘り強制移住政策も導入する。

フランス軍のベトナムでの敗北から教訓を得たゲリラ戦対策によって苦戦を余儀なくされ、更に組織内部の対立にも悩まされたFLNであったが、国際的な宣伝を積極的に行う事で内外の支持を広げていく。例えば一九五七年にフランスがテロ対策としてアルジェ掃討戦を行った際には映像で広く報じられ、フランス軍の残虐行為が批判を呼ぶ結果となった。アルジェリア駐留フランス軍も政府のＦＬＮに対する妥協を恐れて無断でチュニジア爆撃をしたり、五八年には敵の虐殺行為に対する無差別報復といった過激な行動に出る事があり、これが穏健なムスリムをも敵にまわす事に繋がってもいる。こうした中でエジプトやイラクを中心とするアラブ諸国がＦＬＮへの支援を行うようになり、アルジェリア独立を求める世論は国際化していった。

こうした流れはフランス国内にも波及し、「フェデラシオン・ド・フランス」が結成されてフランス人協力者によりＦＬＮに武器や資金の援助が行われる事態も生じた。また知識人の中にもアルジェリア独立を支持する者が現れる。そして高まる厭戦気分や巨額の戦費による財政難から政府への不信感が高まる。一九五八年二月、アルジェリア駐留フランス軍が反乱を起こし、コルシカ島から本国を衝く勢いを示した上で事態を打開する指導者としてド・ゴールの起用を要求した。

中央政界から引退していたド・ゴールであったが、これに応える形で首相に就任し、同年十月には大統領の権力が強い第五共和制を発足させて事態の収拾に当たる事となる。

シャルル・ド・ゴール

一八九〇～一九七〇
Charles de Gaulle
フランス共和国　大統領

シャルル・ド・ゴールは一八九〇年一一月二二日に北フランスのリールで神学校教師の子として生まれた。一九一二年にサン・シール士官学校を卒業。一時、ペタン元帥の指揮下に入る。

第一次世界大戦ではヴェルダン攻防戦でペタンの指揮下に入り、重傷を負って捕虜となっている。大戦後はソビエト・ポーランド戦争に派遣されてソ連軍と戦い、帰国後に陸軍大学で学んだ。一九三〇年代初頭に最高国防軍事会議事務局長に任ぜられ、一九三四年に『職業的軍隊を目ざして』（一九三四）を著して機動力に優れた機甲部隊を主力とすべきだと説く。しかしペタンやヴェイガンら陸軍首脳は第一次大戦の経験から防衛重視の戦略を採っていたため、中枢からは遠ざけられていた。

第二次大戦が始まると臨時で准将となり、急造で機甲部隊を率いる事となる。ドイツ軍がフランスに侵入した際には彼の率いる部隊は戦果を上げているが、フランス軍全体がドイツ軍の電撃戦によって崩壊に直面しており、大勢を動かす事は出来なかった。皮肉にもド・ゴールの先見性が敵によって証明された形になったのである。戦功に着目したレイノー首相によって陸軍次官に起用されるが、既にフランス軍は抗戦能力を失い、ペタンら即時休戦派が政府内部でも主力となっていた。ド・ゴールは北アフリカでの抵抗を主張したが賛同者を得られずロンドンに亡命。

ロンドンに逃れたド・ゴールはその地で「自由フランス」を結成し、ＢＢＣラジオでフランス国民に抵抗を呼びかけた。「自由フランス」を承認したのはこの時点ではイギリスのみであり、他の列強はペタンが率いるドイツの傀儡政権「ヴィシー政府」をフランスの正統政府とみなしていた。因みにド・ゴールはヴィシー政府によって欠席裁判で死刑判決を下されている。なお、ド・ゴールは一九四四年に解放されたアルジェを自由フランスの首都とするなど、アルジェリアにはこの時期から縁があり、また植民地の支持を獲得するためリベラルな政策を約束していたようだ。

一九四四年に連合軍によってフランスが解放されると、ド・ゴールは臨時政府首脳に指名され、国家再建に乗り出そうとする。しかし議会重視の第四共和制が採用されたためこれに反発、四六年に政権から降りて独自の政党「フランス人民連合」を結成するものの、十分な支持を得られず一旦政界を引退。

再びド・ゴールが脚光を浴びたのは一九五八年。アルジェリア独立戦争が泥沼化する中、事態の収拾を求めてアルジェリア駐留軍が反乱を起こし、ド・ゴール政権の成立を求めたのである。ド・ゴールはアルジェリア問題の全権委任・憲法改正を条件としてコティ大統領から首相に任命されて挙国一致内閣を組織し、救世主としての期待を背景に九月二八日の国民投票でも圧倒的支持を獲得して、大統領の権力を強化した第五共和政を発足させ、同年一二月に初代大統領に選ばれた。

政権が成立した直後からアルジェリア問題には精力的に取り組んだ。首相となって間もない五八年六月にアルジェを訪問し、「君達の事は理解している」と発言。ド・ゴールに期待していた現地のフランス系住民からはアルジェリアをフランス領に留める意味だと理解されたが、本意は寧ろ逆であり、アルジェリアとは植民地と宗主国ではない別の関係を構築する必要があると判断していた。以降、ド・ゴールは前政権からの脱植民地化の流れを継承し、自分を政権に押し上げたアルジェリア駐留軍や極右派を切り離してアルジェリア独立を認める方向へ舵を取る。一説ではフランス系住民と現地ムスリムの争いを目の当たりにした事が彼に脱植民地化の必要性を実感させたいう。一九五九年九月一六日、ド・ゴールはアルジェリアの「自決」について公式に言及し、独立を認める方向を匂わせた。しかしその後もFLNとはフランス連合内部での独立か完全な独立化を巡って交渉が難航。そこで六〇年一一月にはド・ゴールはもう一歩進めて「アルジェリア人のアルジェリア」を明言する。

こうした動きは極右派からの反発を呼び、一九六一年四月には反乱が起こり、六二年八月にはド・ゴール暗殺未遂事件も起こっている。しかしド・ゴールはメディアを積極的に活用して国民の理解と支持を得、必要を認めると非常大権を行使する事で危機を乗り切り、一九六二年三月一八日にはエヴィアン協定成立に漕ぎ着けた。これによってアルジェリアの独立可否は投票によって決定される事となり、圧倒的多数で独立が決定する。ここにアルジェリアは悲願であったフランスからの独立を達成した。しかしそうした中でもド・ゴールはアルジェリアの軍事基地を引き続き使用することや石油利権の半分をフランスが確保する事、入植者の財産権は認めさせ、最低限の利権は保有し続ける事に成功している。

こうしてフランスを悩ませたアルジェリア問題を独立承認によって解決したド・ゴールは脱植民地化によって戦費・植民地経営による財政圧迫から解放され、経済再建に取り組む。また、六〇年の核保有や六六年のNATO脱退など資本主義陣営にありながらアメリカの覇権に反発する独自の外交を進めた。中華人民共和国を承認したりアメリカと密接な関係を持つイギリスのヨーロッパ経済共同体(EEC)加入を阻止したのもそうした方針の一環である。

しかしこうした独自外交は国民生活に重圧を与え、一九六八年五月には学生のデモを契機に大規模なストライキが起こる。これは国民に左翼への恐怖心を高め、選挙での与党勝利に繋がる結果となったが、翌年には地方自治や国会改革に関する国民投票で反対多数となったため四月に退陣。一九七〇年一一月九日に心臓発作で急死した。

なお、ド・ゴールは独立後のアルジェリアとも支援を通じて「協調」関係を維持し、これを通じてアラブ諸国と関係改善に成功した。その後もフランスとアルジェリアとの関係は良好で、一九九〇年のド・ゴール生誕百年の際にもアルジェリア政府要人が訪仏している。

ド・ゴールは第二次大戦で愛国主義者の英雄となり、アルジェリア独立戦争によって政治的危機が生じた際には右派から期待されるに至る。しかしアルジェリア領有に拘る事がかえってフランスの治安や財政を悪化させている事を直視して、脱植民地化に切り替えた辺りは政治家として必要な柔軟さを備えていると評価できる。しかも石油利権や軍事基地・入植者財産など最低限の権利は保持し、それでいてアルジェリアやアラブ諸国とは円満な関係を築いているのであるから形は敗戦処理とはいえ、名を捨て実を取ったと言うべきであろう。第二次大戦およびアルジェリア戦争と二度に亘ってド・ゴールは祖国の危機を救ったといえる。しかし大国としての地位を求め、独自外交を行った点はフランスの国力を考慮すると無理が大きく、しかも平地に乱を起こす面があったのは否めず減点材料とすべきではないかと思われる。

ベトナム戦争

アメリカ合衆国概略

　インドシナ半島の東側に位置するベトナムは、前漢武帝時代に中国に征服された後は千年近く中国系王朝の支配を受けるが、十世紀前半に呉朝が成立した後は独自の国家経営を行う。しかし一九世紀初頭に成立した阮朝が国内統一に際してフランスの援助を求めたのを契機として一九世紀後半にフランスの植民地支配下に入る。阮朝自体は形式上一九四五年まで継続するが、ここにベトナムの独立は失われた。

　フランスの支配によってもたらされた文化はベトナムの近代化に貢献した一面もあったが、その収奪は過酷であり、ベトナム人による広範な抵抗運動が行われた。その中の一人であるベトナム共産党のホー・チ・ミンは一九四〇年・四一年に日本がインドシナ半島に勢力を伸ばすと越南独立同盟を結成してフランスと日本を相手に抵抗運動の指導的立場に立ち、一九四五年には「八月蜂起」によって独立を実現し、ベトナム民主共和国の成立を宣言した。日本が敗北した後も旧宗主国であったフランスが再び植民地の奪回を試みて侵入したため、ホー・チ・ミンらはこれと八年に亘って戦い、五四年七月にはディエン・ビエン・フーに追い込まれたフランス軍を降伏させ、これを撃退する。

　しかしアメリカはベトナム全域が共産主義陣営の支配下に入る事を嫌った。当時はアメリカに代表される資本主義陣営とソビエト連邦に代表される共産主義陣営が激しく対立して冷戦状態に入っていたためである。その結果、五五年のジュネーブ協定でベトナム民主共和国の領域は北緯一七度戦以北に限定され、南部にはアメリカの支援を受けゴ・ディン・ディエムを首班とするベトナム共和国（南ベトナム）が成立した。

南ベトナムはベトナム民主共和国（北ベトナム）が勝利する可能性を危惧してジュネーブ協定に定められた統一選挙の施行を拒否し、分裂状態を維持すると共に、アメリカの支援によって北ベトナム側と対抗する。アメリカはアイゼンハワー政権時代には介入を軍事援助・経済援助の枠内に留め、南ベトナムの警察行動によって北ベトナムと連携した民族主義団体「南ベトナム解放民族戦線」（通称「ベトコン」）を抑えようとしていたが、ケネディ政権に至って特殊部隊による解放戦線とのゲリラ戦に踏み切り「戦略村」構想によって農村をベトコンと切り離して再建しようと計画する。これは村落を戦略地点に再配置して水路・鉄条網・竹柵などで囲み解放戦線側が基地として利用できなくするようにしたものであった。それでも成果は十分には上がらず、一九六四年初等には解放戦線は南ベトナムの半分近い国土を制圧しており、南ベトナム政府も不安定な状態に陥っていた。

そこでアメリカは、ジョンソン政権時代に入ると本格的な軍事介入に踏み切る。一九六四年八月、トンキン湾内でアメリカの駆逐艦が北ベトナムに雷撃されたとの報告があった（トンキン湾事件）のを契機にジョンソン大統領は議会から「合衆国軍隊にたいする攻撃を退け、さらなる侵略を食い止めるために必要なあらゆる手段を取る」（メアリー・ベス・ノートン他『アメリカの歴史6　冷戦体制から21世紀へ』本田創造監修、上杉忍・大辻千恵子・中條献・中村雅子訳、三省堂、六七頁）権限に関する決議を取り付けた。これは実質的に戦争遂行権限が大統領に委任されるのと同様な結果となり、本格的な地上部隊派遣が可能となった。この時期には南ベトナム領内における解放戦線主力部隊の捕捉撃滅を目指す「索敵撃滅戦法」や北ベトナム領内の軍事基地を空軍で爆撃する（北爆）事がアメリカ軍の主要作戦となった。アメリカは第二次大戦で使用した総量を上回るだけの爆弾を投下し、最大五四万三千人にのぼる莫大な兵力を投入して解放戦線を打倒しようと図ったが、北ベトナム側は防空壕で爆撃を凌ぎ、破壊された道路や橋をその都度再建して耐え抜き、南の解放戦線も密林や一般住民の間に紛れ込んだゲリラ戦でアメリカ軍を苦しめる。アメリカ軍は敵に友好的だと疑われる村を焼き払い、ゲリラの隠れ場所を破壊するため枯葉剤を森林に散布したが、これは一般ベトナム農民の生活を破壊し、彼らを反米に追いやる結果となった。こうして戦いは泥沼化し、ジョンソン大統領は「私は、まるでテキサスのハイウェイでひょうの嵐に出会ってしまったヒッチハイカーのようだ。……逃げることも隠れることもできず、嵐を止めることもできない」（同書、六八頁）と嘆くに至る。アメリカ軍兵士達は密林の苛酷な環境で疲弊し、長期戦になるとその士気も衰えて麻薬依存症や兵士の不服従、人種間対立などが問題となった。またアメリカ軍の苦戦や残虐行為、ベトナムにおける戦禍がテレビ放送を通じて全世界的に報道されると、アメリカ本土でもベトナム反戦運動が高揚するようになる。

そうした中で一九六八年、旧正月（テト）最中の一月三〇日未明に解放戦線側が南ベトナム全土で攻勢に出ると同時にケサンのアメリカ軍基地を攻撃し、アメリカ軍・南ベトナム軍を翻弄した。一時は南ベトナムの首都サイゴン（現ホー・チ・ミン）のアメリカ大使館を占拠し、ケサン基地からアメリカ軍を追い出す勢いを見せたが、アメリカ軍はやがて失地をほぼ回復。この「テト攻勢」は両陣営とも大きな被害を出した痛み分けであったが、これを契機にアメリカは索敵撃滅・農村平定を実行して解放戦線を軍事的に屈服させるのが極めて困難である事を認識するに至る。同年三月三一日、ジョンソン大統領は責任を取る形で次期大統領選不出馬を言明し、翌年の大統領選挙では共和党のニクソンがベトナム戦争の早期解決を公約として当選を果たす。こうしてアメリカは戦争行動と並行しながらも北ベトナムとの和平交渉による解決を模索し始めるのである。

リチャード・ニクソン

一九一三～一九九四
Richard Milhous Nixon
アメリカ合衆国　大統領
在任一九六九～七四

リチャード・ニクソンは一九一三年一月九日、カリフォルニア州ヨーバリンダに貧しい雑貨商の次男として生まれた。クェーカー教徒として育ち苦学の末にウィッティア大学を卒業後、デューク大学で法学を学び、帰郷して弁護士となる。第二次世界大戦では海軍に入隊し、補給部隊の少佐にまでなっている。

一九四六年カリフォルニア州の共和党から合衆国下院議員に当選し、強硬な反共主義者として知られる。任期期間中に非アメリカ活動委員会で国連創立総会事務総長のアルジャー・ヒスをソ連のスパイとして摘発して失脚させ、名を上げた後、五〇年には上院議員に当選した。

五三年一月、四〇歳の若さでアイゼンハワー政権の副大統領に就任。その年十月に東南アジアに外遊し、共産主義化防止のため現地の人心掌握をする必要性を痛感、東南アジア条約機構（ＳＥＡＴＯ）結成のための発起人の一人となる。また彼はベトナム問題に関しては強硬派で積極介入を主張しており、時には原子爆弾を使用する作戦案も検討したという。しかしアイゼンハワーが直接介入には賛同せずこれらの案は立ち消えになった。

さてニクソンは六〇年の大統領選では共和党候補となったが、民主党のジョン・Ｆ・ケネディに僅差で敗れ、更に六二年にはカリフォルニア州知事選に出馬したがこれも敗北。その後、一旦は政界引退を表明し、ニューヨークで弁護士となる。しかしジョンソン政権の下でアメリカがベトナムに直接介入し、戦況が泥沼化した一九六八年、再び大統領選挙に立候補し、「法と秩序」を掲げべトナム戦争早期解決・経済の回復・国内対立の緩和を公約として中産階級・南部保守勢力の支持を固めて当選した。

さて六九年に大統領に就任したニクソンは、ベトナム戦争終結を最優先とし、中華人民共和国やソビエト連邦といった共産主義陣営の大国の関係改善もその対策の一環として位置づけた。また戦争指導においても戦略を転換し、北爆再開は行わず地上兵力を戦場から徐々に撤退させる一方で「ＭＥＮＵ」作戦を認可し、北ベトナム軍の補給路が存在するラオスやカンボジアに爆撃を加え、北ベトナムに効果的な打撃を与えようとする。こうした戦略転換は北ベトナム側を講和交渉のテーブルに引きずり出す事が目的であった。しかし「ＭＥＮＵ」作戦はカンボジア人の反発を買い、北ベトナムとの結び付きを強めるだけに終わる。

一方、ニクソンは六九年六月に二万五千人の兵力を撤退させ、七月二六日にはグアム島で「ニクソン・ドクトリン」を公表した。ニクソン・ドクトリンは①アメリカは条約上の責務を守る　②同盟国の自由やアメリカの安全が脅かされれば核の傘を提供　③その他の侵略には基本的に各国の自衛努力で対処すべき事を宣言したものである。

これはニクソン政権による戦争の「ベトナム化」、すなわちアメリカ軍の地上兵力は撤退し、その後の戦闘を南ベトナム軍が引き受ける、そしてアメリカは南ベトナムに兵器・装備・資材の提供と軍隊の訓練、ドル援助によって後方支援する事で直接関与を弱める国家戦略の転換を意味していた。

この方針を明らかにした上でニクソンは北ベトナムに一一月一日を期限として密かに和平を打診したが不調に終わる。また国内の反戦運動は更なる戦火拡大によって高揚し、国内対立は深刻化していた。同年末、ニクソンは七〇年四月一五日までに更に五万人を撤退させる事を発表して世論を宥めようと図った。

一九七〇年三月、アメリカ軍は「ＭＥＮＵ」作戦の失敗を取り返そうと、今度は南ベトナム軍と共同でカンボジアに地上部隊を侵攻させ、北ベトナムの補給路を寸断する作戦を決定するが、これは南ベトナム軍が独力で戦う力がないことを証明したに過ぎなかった。ニクソンはこの戦線拡大への批判を逸らそうと四月二〇日に七一年末までに一五万人を撤退させる事を発表したが、その十日後にカンボジアへの侵攻が国民に知られると大規模な学生反戦運動が起こり、死者も出るに至る。

ニクソンは、南ベトナム軍に経験を積ませてアメリカ軍撤退後の戦争担当能力を持たせるべく、七一年一月には南ベトナム軍単独でラオスに攻撃をかけ、敵の補給戦を絶たせる事とした（「LAMSON 719」作戦）が、二月に始まったこの作戦は見るべき成果もないまま六週間で失敗に終わる。

こうした戦線の拡大とそれに伴う被害によってニクソンは強い批判を浴びるが、一九七二年二月にニクソンが中華人民共和国を訪問した事は中国の支援を頼りにしている北ベトナムにとって圧力となった。これにより北ベトナムが交渉に応じる事が期待されたが、北ベトナム側は一九七二年三月に大攻勢をかける事でこれに応じる。これに対しニクソンは四月一日に「LINEBACKER」作戦を承認、非武装地域から二五マイル以内の爆撃から開始し、二週間後には更に爆撃範囲を拡大。

五月にはハイフォン湾に機雷を設置し、海上を封鎖。これらによって北ベトナムの軍需産業は大きな打撃を受け、アメリカのソ連・中国との関係改善により両国からの北への軍需援助も激減していた事もあって、北ベトナム側にも和平交渉を受け入れざるを得ないとの認識が高まる。

「LINEBACKER」作戦開始から一ヶ月後には和平交渉開始のための下交渉が開始され、同年秋にはパリで交渉が開始される。今やアメリカも北ベトナムもアメリカのベトナムからの撤退を望んでいる点で一致していた。和平交渉の席で、アメリカは解放戦線の兵力が南ベトナム領内に配置されるのを認め、北ベトナムは南ベトナムがアメリカの支援の下で存続する事を認めると表明。こうして一九七二年十月二日には双方の合意が成立し、アメリカにとって面子を保っての停戦が実現するかに見えた。

しかし南ベトナムのグエン・バン・チュー大統領は和平協定締結に反対であった。アメリカが北ベトナムと講和し、戦線離脱すると自国だけでは防衛できない事が明らかであり、この和平交渉はそれを承知の上でアメリカの撤退のみに焦点が当てられていたからである。このため交渉は一旦白紙に戻る。ニクソンは南ベトナムを宥める必要を感じ、北ベトナム側が協定を破り、南側に攻撃をした場合にはアメリカは再び南ベトナムに派兵すると密約を結ぶ。一方で再び北ベトナムを交渉のテーブルに戻すべく同年一二月一七日に「LINEBACKER II」作戦（通称「クリスマス爆撃」）を発動し、一一日に亘り三万六千トンの爆弾を北ベトナムに投下した。一二月二六日、再びの打撃に音を上げた北ベトナム側は再び和平交渉に応じる旨を通告。こうして再びパリで和平条件が練られ、一九七三年一月九日にアメリカ・南北ベトナムの代表が和平協定に調印した。ここにアメリカにとってのベトナム戦争は終結したのである。

以上のように何とか面子を保っての撤退を実現させたニクソンであるが、その他の課題においても苦戦を強いられた。人種政策や福祉政策に進展が見られなかった事は国内における政治対立を深め、経済面でも一九七一年八月にドルの金兌換停止を発表し、事実上の変動相場制への移行を行ったが、その後も失業とインフレの悪化によりドルはさらなる切下げに追い込まれた。そしてスキャンダルが彼の政治生命を絶つ。ベトナム戦争の解決に苦闘していた最中である一九七二年の大統領選挙でニクソンは民主党候補のマクガバンに圧勝して再選を果たすが、民主党選挙対策本部ビルに盗聴器を仕掛けていた事が露見する。捜査の過程でニクソン自身や側近が関与していた可能性が浮上。ニクソンは何とか訴追を免れようと動きホワイトハウス盗聴記録テープの提出を拒否したが、最高裁の提出命令を契機として一九七四年八月辞任を表明した。任期途中で辞任した大統領はアメリカ史上初めてであった。なお、この事件には内部機密が捜査の過程でマスコミに暴露されてニクソン追放の大勢が作られた政治的謀略とする見解もあり、現在も謎が残されているようだ。

ニクソン辞任を受けて大統領に昇格したジェラルド・フォードはニクソンを訴追せず赦免。その後、ニクソンは『ノー・モア・ベトナム』（一九八五年）を始めとする回想録の執筆に従事すると共にレーガンやブッシュ（父）政権といった後の共和党政権に対しても助言者として隠然たる影響力を持った。没したのは一九九四年である。

ニクソンは強硬な保守主義者である事やスキャンダルによる辞任などで現在でも批判の多い大統領である。しかし少なくとも、彼がベトナム戦争で勝利が望めなくなった時点で大統領職に就き、経過はともあれ何とか面子の立つ形でアメリカを戦争から離脱させる事に成功したのは事実である。少なくともその点においては一定の評価がされてしかるべきであろう。ニクソン時代にラオスやカンボジアに戦線拡大したり、北ベトナムに激しい爆撃を加える事で犠牲者を増やしたとの批判に対し、ニクソン自身は『ノー・モア・ベトナム』で相手を交渉に応じさせるため有効な方法であり、多大な犠牲も決して無駄ではなかったと主張している。これに対する意見は分かれるところであるが、資本主義陣営の盟主として面子を保った上で負け戦から引き上げる必要があった事を考えるとそうした見解は不自然ではない。ニクソンの外交交渉が多数の人命を手札とし、盟友を見捨てる事も辞さない化かし合いであった事を思うと慄然とするのを禁じえないが、アメリカの敗戦によって資本主義陣営が大きな動揺を示さなかったのはこの和平で最低限の体面を守る事に成功したからだと考える事も不可能ではないのである。資本主義陣営の一員であった日本が保ち続けた平和はこうした犠牲の上に乗っている可能性すらある、そう考えると複雑な気分にならざるを得ない。

ベトナム共和国（南ベトナム）概略

インドシナ半島の東側に位置するベトナムは一九世紀後半にフランスの植民地支配下に入る。そして一九四〇年・四一年には日本が勢力を伸ばしたが、日本が敗北した一九四五年に抵抗運動の指導者であったホー・チ・ミンが独立を宣言してベトナム民主共和国を成立させる。しかし第二次大戦後、旧宗主国であったフランスが再び植民地の奪回を試みて侵入した。ホー・チ・ミンはこれとも八年間に亘り戦い五四年七月にはディエン・ビエン・フーでフランス軍を降伏させ、撃退に成功。

しかしアメリカはベトナム全域が共産主義陣営の支配下に入る事を嫌った。当時はアメリカに代表される資本主義陣営とソビエト連邦に代表される共産主義陣営が激しく対立して冷戦状態に入っていたためである。その結果、五五年のジュネーブ協定でベトナム民主共和国の領域は北緯一七度戦以北に限定され、南部にはアメリカの支援を受けゴ・ディン・ディエムを首班とするベトナム共和国（南ベトナム）が成立した。南ベトナムはベトナム民主共和国（北ベトナム）が勝利する可能性を危惧してジュネーブ協定に定められた統一選挙の施行を拒否し、分裂状態を維持すると共に、アメリカの支援によって北ベトナム側と対抗する。ゴ・ディン・ディエムは弟ゴ・ジン・ヌーを諜報担当に登用してホー・チ・ミン派や仏教徒に代表される反政府運動を弾圧し、反共警察国家を築き上げる事で生き残りを図った。

ゴ・ディン・ディエムが六三年のクーデターで殺害された後も南ベトナム政府はアメリカの支援を受けて北ベトナム側との戦いを継続。更に六四年のトンキン湾事件を契機にアメリカはベトナムへの直接介入に踏み切った。しかしアメリカ軍は北ベトナム軍および南ベトナム解放戦線によるゲリラ戦によって苦戦を強いられ、六八年一月のテト攻勢により北ベトナムを軍事的に屈服させる事の困難さが明らかになる。これを受けてアメリカのニクソン政権は徐々にベトナムから手を引き、南ベトナム自身に戦争遂行を担わせる方針に切り替えた。

ニクソン政権は北ベトナム相手に持ち込むため激しい攻勢をかけ、講和交渉に相手を引きずり出そうとすると同時に、南ベトナム軍を作戦に参加させ、自力で戦う力を付けさせせようとする。しかし南ベトナム軍は弱体であり、後者の成果は十分には上がらなかった。アメリカと北ベトナムがパリで講和交渉を行った際、南ベトナム大統領のグエン・バン・チューはアメリカが戦線離脱すると独力では北ベトナムに対抗できないため和平に反発。しかしニクソンが必要な場合には再派兵する可能性を言い含める事でグエンを宥め、七三年一月に和平協定が調印された。

一旦成立した休戦状態はまもなく破綻し、南北ベトナム軍は再び戦火を交える。アメリカは兵器や資金の援助は継続していたが、南ベトナム軍に北の攻勢を支えるだけの力はなかった。一九七五年三月十日、北ベトナム側は長きに亘った戦いに決着をつけるべくホー・チ・ミン作戦を決行。南ベトナム軍は崩壊に追いやられ首都サイゴンの陥落は避けられなくなる。こうした中でグエン・バン・チューは大統領を辞職して亡命、副大統領のチャン・バン・フォンが昇格して難局に当たる事となった。

チャン・バン・フォン

一九〇三〜一九八二
Tran Van Huong
ベトナム共和国（南ベトナム）大統領
在職一九七五年四月二一日〜二八日

チャン・バン・フォンは高校教師を経て政治活動に興味を示すようになる。ゴ・ディン・ディエム政権下でサイゴン市長に選出された。ゴ・ディン・ディエムの独裁を批判した事で、一九六三年にクーデターでゴ・ディン・ディエムが暗殺された後に着目されるようになり、六四年一一月には首相に任命されている。在職中は、仏教徒の反政府デモが起こった事もあり、仏教徒・キリスト教徒とも支持基盤とすることは出来ず軍を頼らざるを得なかった。しかし軍は文民政府を好まず翌年一月には辞職を余儀なくされる。その後、一九六七年に大統領選挙に出馬し、有力視されていたが現職のグエン・バン・チューに敗北。翌年のテト攻勢で南ベトナムの劣勢が明白になった後、グエン・バン・チューは政権の動揺を防ぐためか同年五月に彼を首相に登用してその支持者を取り込もうとした。六九年八月に一旦首相を辞任するが、七一年には副大統領に任命される。

しかしこの頃には南ベトナムの命運は尽きようとしており、首都サイゴン陥落が目前に迫った七四年四月二一日にグエン・バン・チュー大統領は辞任して台湾へ逃れる。チャン・バン・フォンは大統領へ昇格し、事態の収拾に当たらざるを得なくなった。彼は北ベトナム側と講和交渉を行うが相手にされなかった。また南ベトナム政府はグエン・バン・チュー辞任や敗北に直面して、麻痺状態となり混乱を極めていた。政府内部では実力者達が暗闘にふける有様であったという。チャン・バン・フォンは良識派の政治家として名声を博してきたが、こうした非常事態における指導者としての適性は必ずしも有していなかった。結局これといった成果の上がらないまま、チャン・バン・フォンは二六日に国民議会に後継をズオン・バン・ミン将軍とする旨を提案し、翌日に了承を得、二八日に大統領職を委譲して引退を余儀なくされる。わずか七日の在職期間であった。

戦争が終結し、南北ベトナムが統一された後も、チャン・バン・フォンはベトナムに留まり続けた。統一後も彼は現地で敬意をもって遇されており、ベトナム共産党もこれを認めた。しかしその後チャン・バン・フォンは生涯を通じてベトナム共産党員と会見する事はなかったという。

ズオン・バン・ミン

一九一六〜二〇〇一
Duong Van Minh
ベトナム共和国（南ベトナム）大統領
在職一九七五年四月二八日〜三〇日

ズオン・バン・ミンは南ベトナムのロング・アン地方で一九一六年に生まれ、フランスで教育を受けた後にフランス軍に参加。インドシナ戦争ではフランス軍の一員としてホー・チ・ミン政権と戦い、サイゴン・コロン守備隊長にまでなっている。一九五四年にゴ・ディン・ディエムを援助し、南ベトナム軍の最高指導者のひとりとなった。以降、ゴ・ディン・ディエム支持者の一人と見なされており、例えば五六年には政権を悩ませていた宗教ゲリラ指導者を捕らえる功績を上げている。

彼は六フィート（約一八三センチ）とベトナム人としては長身であった事から「ビッグ・ミン」と通称された。

しかしゴ・ディン・ディエムは次第に彼を脅威とみなす様になり、両者の関係は冷却化。そうした中でズオン・バン・ミンはチャン・バン・ドン将軍やバン・キム将軍の誘いを受けてクーデター計画に加わる。計画実行に先立ちCIAを訪れてその黙認を取り付けた上で、ズオン・バン・ミンは一九六三年一一月に側近のグエン・ヴァン・フン大尉を実行部隊指揮者としてゴ・ディン・ディエム大統領を殺害。政権奪取に成功したビッグ・ミンは同志一二人からなる軍事革命委員会を結成してその議長となる。愛想良く分かりやすい語り口や生粋の南ベトナム人であった事、仏教徒である事などから現地民やアメリカ軍関係者からは好評を博する。しかしズオン・バン・ミンは政治手腕には問題があったため翌年一月にはグエン・カーン大佐のクーデターを招く。一旦政権を放逐された後に同年二月から八月、九月から十月には名目上の国家元首として返り咲くものの、実権はグエン・カーンの手にあったままであった。

その後、グエン・バン・チューからは危険視され、六〇年代後半から七〇年代初頭にかけては監視下に置かれた。そうした中で一九六六年や七一年に大統領選挙に立候補しているものの敗北している。

ベトナム戦争の敗北が決定的となり、北ベトナム軍が首都サイゴンに迫った一九七五年四月二一日にグエン・バン・チューが辞職し、チャン・バン・フォンが大統領に昇格する。しかし講和交渉は進展せず、北ベトナム側がラジオ放送でサイゴン政府代表としてはズオン・バン・ミン以外は認めないと仄めかしたため、二八日にチャン・バン・フォンは彼に大統領職を譲り辞職。ビッグ・ミンは以前から北ベトナム側と密かに連絡しており、敵とのパイプを有する自分以外に講和を成立させられる人物はいないと自負していた。そして周囲もまたそれを期待していた。しかし、これは幻想でしかなかったとわずか二日後に思い知らされる。

大統領就任式の際には既にサイゴン空港へは北ベトナム軍の爆撃が加えられており、宣誓を行う新大統領の声も爆発音でよく聞こえない有様であった。就任演説では自国軍に対して「残された領土を守り、平和を維持する」事や「士気を高く保ち、部隊を現状維持し、自己の持ち場を堅く守る」事を指示し抵抗・反撃の意図を捨てていない事を内外に示す（括弧内はガブリエル・コルコ『ベトナム戦争全史』陸井三郎監訳、藤田和子・藤本博・吉田元夫訳、社会思想社、六九三頁）。これを受けた北ベトナム側は大統領宮殿に爆撃を加えるなど攻勢を強める。翌日、北ベトナム軍によるラジオ放送で前政権関係者やアメリカ軍関係者のサイゴン退避が要求されたのを受け、ズオン・バン・ミンはそれまで南ベトナム軍を技術的・経済的に支援してきたアメリカ軍関係者の即刻退避を決定。彼らを市街戦の危険から避けるのと同時に、敵の要求を受け入れ、徹底抗戦の意思がない事を示す事で心証を良くしようとしたと思われる。アメリカ人が全て撤退したのは三〇日午前五時であった。

そして運命の一九七五年四月三〇日、午前十時一五分にズオン・バン・ミンはラジオ放送を通じて軍に停戦を呼びかけ、整然とした権力委譲の枠組みが決定されるまでは持ち場を動かないよう両軍に求めた。そしてズオン・バン・ミンは大統領宮殿に閣僚と共に留まり、北ベトナム政府関係者を待機する。放送で意思表示したように平和裏に政権移譲する事で名目の立つ講和（事実上の降伏）をする腹積もりであった。やがて午前一一時三〇分に北ベトナム側の兵士が大統領宮殿に侵入。到着した敵方の政治幹部に対しビッグ・ミンは「われわれは、行政権を委譲するためにあなたがたをお待ちしていました」と述べるが「あなたがたが委譲できるものは何もないのです。あなたがたは無条件降伏するしかないのです」（同書、六九五頁）とにべもなく返されラジオ局で無条件降伏する旨を宣言させられた。ここにベトナム戦争は終結し、ベトナム共和国（南ベトナム）は歴史の幕を下ろした。南北ベトナムがベトナム民主共和国として正式に統一されたのは翌年の事である。

南ベトナムが軍事的に屈服した後、ズオン・バン・ミンはサイゴン（ホー・チ・ミン市と改称）に留められ幽閉されていたが、一九八八年に出国を認められアメリカへ移住する。二〇〇一年八月六日、ズオン・バン・ミンはアメリカ合衆国カリフォルニア州のパサデナで死去した。

グエン・バ・ガン

一九三〇〜二〇〇九
Nguyen Ba Can
ベトナム共和国（南ベトナム）　首相
在職一九七五年四月四日〜二四日

フランス国立行政学院を卒業した後、ディン・ツォン地方の代表責任者を経て下院議員に選出される。その後は下院議長を務めていたが、一九七五年四月四日にグエン・バン・チュー大統領から首相に任命された。しかし首相としては特に事績を残せず、グエン・バン・チューが辞任して亡命した直後の二四日にサイゴンから逃亡した。

ブ・バン・マウ

一九一四〜一九九八
Vu Van Mau
ベトナム共和国（南ベトナム）　首相
在職一九七五年四月二八日〜三〇日

ブ・バン・マウは一九一四年にハノイで生まれその地で成長。パリ大学で法律学の博士号を獲得した後、ハノイで法律事務所を開業。一九五四年にはサイゴンへ妻子と共に移住した。その後、サイゴン大学の法学部長を務め、更に一九五五年から一九六三年までゴ・ディン・ディエム政権の下で外相となっている。しかし一九六三年に軍が仏教僧侶を弾圧した際には辞職し、剃髪して僧形となり抗議の意を表した。ブ・バン・マウ自身も仏教徒であり、非暴力を標榜する政治姿勢の持ち主であったためであり、やがて平和主義政党「和平への力」党首となるに至っている。

さて外相を辞任した後も六〇年代にはイギリス、オランダ、ベルギーに大使として派遣され七〇年から七五年には上院議員を歴任した。

ベトナム戦争が終結に近付いた一九七五年四月下旬、北ベトナム軍が首都サイゴンに迫っている中で和平交渉（事実上の降伏交渉になる可能性が強かった）のためズオン・バン・ミン将軍が大統領となる。ブ・バン・マウは彼の下で四月二八日に首相に任命された。和平を希求してきた実績がこの情勢に適していると判断されたものであろう。とはいえ前首相であるグエン・バ・ガンが既にサイゴンから逃亡した後であったため、任務の引き継ぎなどは一切受けなかった。

彼が首相を任じた時期、北ベトナム側によるサイゴン突入が予想されており、サイゴン在住の前政権関係者や民間人を装ったアメリカ軍関係者はすぐに立ち退くように北側がラジオ放送で声明を出していた。これを受けてズオン・バン・ミン大統領はすぐにアメリカ軍関係者に立ち退きを求め、ブ・バン・マウ首相も全アメリカ人がすぐに退去するようサイゴンラジオ放送で要請した。完全敗北が避けられない現状で彼らの安全を確保すると共に、北ベトナム側の要求を容れる事で相手の心証を良くして面目が立つ形での降伏を可能としようとしたものであろう。こうして四月二九日晩、千人のアメリカ人と五千人の南ベトナム前政府関係者はサイゴンから去った。北ベトナム軍がサイゴンに侵入したのは翌日の事である。こうしてベトナム戦争は終結し、南ベトナムという国家は地上からその姿を消した。

戦争終結後の五月三日、ブ・バン・マウは北ベトナム軍に連行されたが翌日には釈放。一九八八年、彼はフランスに移住し、一九九八年八月二〇日にパリの病院で死去した。享年八四歳。

ベトナム共和国（南ベトナム）は資本主義陣営の一員としてベトナム民主共和国（北ベトナム）と長らく戦い続けていたが、傀儡政権という性格から抜け出しきれず自力で北と対抗し、存続する力はなかった。その完全敗北を目前にして、長らく政権を握っていたグエン・バン・チューが海外亡命した後に事態の収拾を担ったチャン・バン・フォンだったが、講和交渉自体の相手にされていない状況ではどうしようもなかった。ズオン・バン・ミンは敵陣営との人脈があることから名誉ある降伏へと導ける事が期待されたが、これも空しかった。彼らの下で首相を務めた面々に至っては、力量を発揮する余地すらなかったに等しい。

考えてみれば、北陣営にとっては完全勝利が目前であり、黙っていても全てが手に入るのである。そうした状況下で交渉によって講和を成立させるという事自体に無理があったといえる。それでも、最末期の南ベトナム政府を担った面々は面子を保っての降伏へのわずかな可能性に賭けるしかなかったのだが、状況が悪すぎてそれすらも果たす事は出来なかった。敗戦処理を余儀なくされる国家首脳はしばしば苦労の割りに報われない立場に陥るが、彼らもまた貧乏くじを引かされたとしか言いようのない面々だといえる。

ビアフラ戦争概略

ナイジェリアは、三七〇以上の部族・三八〇以上の言語集団を有するアフリカでも最大級に複雑な構成を持つ地域であった。主要な部族として西部で多くの王国・都市を築いていたヨルバ人、南東部で氏族社会を基本として商業に従事し、都市部にも知識人として進出していたイボ人、北部のハウサ人が挙げられ、ヨルバ人・イボ人の間ではヨーロッパの影響でキリスト教が広まっていた一方でハウサ人の間ではムスリムが多数を占めていた。やがてイギリスがこの地域に勢力を伸ばし、奴隷貿易・パーム油貿易の輸出港として植民地化すると、北部と南部の分離政策を取るようになった。元来が複雑な集団構成であった事もあり、これは、ナイジェリアにおける住民の分裂構造を強める事となる。第二次大戦以前から住民の間で政治運動が高まるようになっていたが、早い段階から地域主義・部族主義による対立に悩まされる。イギリスからの独立を達成した後もこの傾向は改善せず、人口調査や総選挙などで対立が顕在化していた。

こうした中で、一九六六年一月にイボ人出身の中堅将校によるクーデターが起こり、北部優位の文民政府に代わる軍事政権が樹立されるものの、間もなく鎮圧される。これを契機としてイボ人への反発が強まり、八月には北部出身の下士官を主力としてゴウォンがクーデターを起こし、主導権を握った。ゴウォンは地域・部族間対立を緩和するため中央集権を目指すが、イボ人出身の東部州軍政長官オジュクがこれに反発の姿勢を示し、両者の対立は深まる。この時期、各地でイボ人への虐殺が起こっていたこともオジュクの強硬姿勢の大きな原因であった。やがて東部州はナイジェリアからの分離独立を志向するようになり、六七年三月には連邦政府系企業支店の接収や国庫納入金の東部州予算への組み入れなど独自行動を見せ始める。そして同年五月に中央政府が四州制から一二州制への移行を発表したのを契機として、三州に細分化されることに反発した東部州は五月三〇日にビアフラ共和国として独立を宣言した。東部州は石油・石炭などの天然資源やパーム油・天然ゴムといった農産物の恵まれた地域であり、これらの主導的権益を巡り中央政府と東部州は長らく争っていたのであるが、部族間対立が決定的破局へと導いたといえよう。

六七年七月初旬にはナイジェリア軍とビアフラ軍が南北で本格的な戦闘に突入。ビアフラ戦争の勃発である。北部・南部戦線ではナイジェリア軍が優勢に戦いを進めており、ビアフラ軍は事態を打開するため西部州を占拠して連邦の首都ラゴスへと進撃する作戦を取った。しかしこれも西部州を味方に引き入れる事が出来ず失敗に終わる。この年の十月にはビアフラは早くも首都エヌグを落とされ、南のウムアヒアに拠点を移す羽目となった。翌六八年にも苦戦を余儀なくされたビアフラは旧東部州の四分の一まで勢力圏を縮小させられている。

しかし一九六九年に入るとビアフラ軍は奇襲を中心に攻勢に出て、一定の戦果を上げ始めた。雨季のためナイジェリア軍の兵站輸送が困難になっていたのに付け込んだのが大きな要因であった。六月には首都ウムアヒアを失うものの、西のオウェリを敵から奪回しており、オウェリが以降の首都とされている。外国人傭兵による奇襲部隊や空軍も利用しつつ善戦していたビアフラ軍であるが、十月に雨季が終わるとソ連やイギリスの武器援助もあって態勢を立て直したナイジェリア軍によって再び圧倒され始める。同年一二月にはビアフラは領土を東西に分断されるに至った。

翌七〇年一月にはいると、ナイジェリア軍は首都オウェリへ進軍。これを迎え撃つはずのビアフラ軍は戦意に乏しく脱走が相次ぐ。ビアフラ軍は正規軍の他に国民から市民軍を編成して兵力の劣勢を補おうとしていたが、戦争による石油・農産物の生産激減や敵軍による封鎖もあって食糧・

物資不足が深刻であった。軍のみならず一般国民からも子供を含めて三五〇万人に上る難民や一五〇万人以上の餓死者を出す状況であり、人々は限界に達していた。そうした中で士気が低下するのは当然の成り行きだったのである。かくして大きな抵抗もない状態で一月九日にナイジェリア軍はオウェリを包囲。万事休した事を悟ったオジュクはコートジボアールへ亡命し、全軍参謀本部長であったエフィオング大佐が臨時国家元首代理として現地の責任者として最後の始末を請け負う事となった。

フィリップ・エフィオング

一九二五〜二〇〇三
Philip Effiong
ビアフラ共和国　臨時国家元首代理
在職一九七〇

フィリップ・エフィオングは一九二五年一一月一八日にアビア州のアバで生まれた。両親は交易を営んでいたが、一九二九年にイコッ・エッペネに移住。母親が女性運動に関わった事に起因する難を逃れるためだったといわれる。エフィオングは現地の聖アン・カトリック小学校で学んだ後、教員資格を得てアバクのント・オトング中学、その後にオゴジャにある聖トマス教育訓練大学、カラバル州のイコット・アンサにある聖パトリック大学の神学校に赴任した。

一九四五年、エフィオングは教職を離れ、エヌグで一兵卒として西アフリカ辺境軍に参加。ザリアの兵士訓練所で教練を受け、ガーナのテシにある事務訓練学校で事務作業の手ほどきも得た上で第二次大戦終了時点では王立西アフリカ辺境軍の正規兵となっていた。帰国した後、ラゴスの要塞事務所へ転属になり、四七年には上等兵に昇進。その後も四八年には伍長、四九年には軍曹と下士官への道を進む。同年、エフィオングはザリアへ赴任し、イギリス軍准士官の監督下でアフリカ下士官学校設立に関与している。ザリア滞在中、彼自身も勉強し、一九五三年にはケンブリッジ海外学校の卒業資格を得た。その後は中隊事務室へと転任。こうした中、彼は現地出身下士官としてはイギリス軍に見込まれ、五五年には上級曹長となりテシの士官特別訓練学校に赴く。更にイギリスでの訓練を進められカンタベリーの本国旅団で訓練を受け、イートン士官候補生寄宿訓練学校で学んだ。そして五六年には少尉・中尉、五八年には大尉へと昇進し、士官への道を歩み始める。五九年、カメルーンの平和維持軍に赴任し、六〇年には少佐として国連の管轄下でコンゴ共和国の平和維持活動に従事。六一年にはナイジェリア軍陸地測量科に転任する事となり、イギリスの王立陸地測量科学校で学び、イギリス経営管理協会の準会員に迎えられている。翌年にはヤバの初代陸地測量部司令官に任じられ中佐に昇進。

一九六六年一月におけるイボ人中堅将校のクーデターの後、エフィオングは主席幕僚として最高司令部に任命され、同年五月には主席参謀代理に任じられた。六月のクーデター後にはカドゥナの第一旅団長司令官代理に任じられている。その後、全ての士官は出身地域に帰還するようにという命令に従い東部州へ赴任し、六七年のビアフラ戦争勃発を迎えた。戦争中はビアフラ政府に従って戦争遂行に従事し、ビアフラ軍ではオジュク将軍に次ぐ第二の存在として重んじられ、大佐に任じられた。そうした中でエフィオングは兵站部長・市民軍司令官、そして参謀総長といった様々な要職に就き、戦争遂行に欠かせない役割を果たす。そしてビアフラの首都オウェリがナイジェリア連邦軍に包囲された一九七〇年一月十日、エフィオングはコートジボアールに亡命するオジュク将軍から国家指導者の権限を委譲され、臨時国家元首代理として少将に昇進する。完全敗北が不可避となった情勢下で、イボ人を中心とするビアフラの人々の生命を連邦軍による虐殺から守りつつ戦争終結に導くという使命を負う事となったのである。一月一二日、連邦軍がオウェリのウリ空港が陥落。この日の一六時三〇分、エフィオングはラジオ・ビアフラでベートーベン第七交響曲が流れた後に降伏を宣言する演説を行う。

「我が愛する国民達よ。

知っての通り、私は一九七〇年一月十日にこの共和国の政府を統括するよう依頼された。それ以来、私は貴方達が私からの声明を待っていたのを知っている。私はこの間に軍民の要人たちから広く意見を徴集し、諸君に軍や国民への命令としてここに声明することを決意した。私は政府指導者の任を受諾する。

歴史を通じて、辱められた人々は平和的交渉が失敗した際には自衛のため立ち上がらねばならない。我々も例外ではない。我々は一九六六年における数々の事態によりビアフラの人々に生じた危機感ゆえに武器を取った。我々はそれゆえに自衛のため戦ったのだ。

私は我が将兵に対し、全世界から称えられた勇敢さを感謝する。そして我が市民たちに対し、圧倒的な困難と飢餓にも関わらず示し続けてくれた不屈さと勇気を感謝する。私は今、戦争の結果として進行しつつある流血を終結させねばならない事を理解した。我が国民は今や幻滅を余儀なくされ、交渉や和平調停が不可能であった旧政権の人々は自ら我々の前から去ったのである。

従って私はここに秩序ある武装解除を命令する。私はナイジェリアの前線指揮官、すなわちオニチャ、オウェリ、アウカ、エヌグやカラバルに対し休戦のため使節を派遣している。また私はゴウェン将軍に人々の移動に伴う大惨事を回避するため休戦交渉中は進軍を留めるよう人道の名の下に要求する。

我々はナイジェリアとの立場の相違は平和交渉によって解決可能だと考えている。したがって我々はナイジェリア連邦政府とアフリカ統一機構の決議案に基づく代表団による平和交渉にどこであれ応じる用意がある。こちらの代表団は最高裁判所長ルイス・ムバネフォ卿を団長として、エニ・ンジョク教授、J・I・エメムボル氏、A・E・バセイ族長、E・アグマ氏である。代表団は我々の代理として交渉の全権を有する。

私は政府において補佐を求めるため協議会を任命した。最高裁判所長ルイス・ムバネフォ卿、P・C・アマディ旅団長（陸軍）、C・A・ンワウォ旅団長（陸軍）、W・A・アヌク大尉（海軍）、J・I・エゼイロ空軍司令官（空軍）、警察庁観察長官P・I・オケケ族長、J・I・エメヌボル氏（法務長官）、エニ・ンジョク教授、I・エケ博士、A・E・ウドフィア族長、フランク・オピゴ族長およびJ・M・エチェルロ族長である。我が国民は亡命政府による全ての質問を拒絶する。

市民諸君は、平穏を保ち法と秩序を維持するため軍や警察と協力してほしい。元来の地にとどまり、多くの苦痛や死をもたらす逃避行はさけてほしい。

我が国民に代わり、我が国を堅固に援助してくださった外国の政府や友人達に感謝する。我々は今後も助けや相談を必要とするであろう。私は教皇聖下、共同教会援助団体、そしてその他の宗教組織に対し、我々の苦痛や飢餓に対し援助してくださった事を感謝する。各国政府に対し、安寧回復のための緊急援助やナイジェリア連邦政府に対し軍事行動を停止するよう説得していただく事をお願いしたい。

我らに神の御加護あらんことを。」

一月一五日、エフィオングはラゴスのゴウォン将軍に対し正式に降伏。オルシェグン・オバサンジョ連邦軍大佐がゴウォンの代理として降伏を受け入れた。ここに、二年半に及ぶ内戦は三五〇万人の難民と一五〇万人の餓死者を出した末にようやく終結した。

戦後、エフィオングは民間人となり結婚し、八人の子を儲けた。一九九六年六月のインタビューでは戦争当時を回想し以下のように述べたという。

「私はビアフラに関与し果たした役割については全く後悔していない。戦争で私は財産・威信・名声を失った。しかし、ビアフラとナイジェリア両陣営の多くの生命を救う事が出来たし、それゆえビアフラとナイジェリアは私にとってすべてだ。私は全てを否定された。功労賜金もなければ恩給もない。私はこの国が今日まで統一を保っている事に関する重要な役割を果たしたと考えている。私は誰も射殺していない。私が行ってきた事は軍の士官としてのそれであり、藪へ赴いて戦う兵士を訓練するというものであった。戦争の最末期においてビアフラ兵がもはや戦い続ける事ができずオジュクも逃亡したのを目の当たりにし、私は広く意見を集めた末に最善の事を行ったのだ。今、オジュクはこの国で英雄とされている。私は彼を嫉妬するわけではないが、統一のために私が重要な役割を果たした国家により迫害されるのには納得がいかない。」

彼が没したのは二〇〇三年一一月六日、七九歳の誕生日まであと一二日に迫っての死であった。

エフィオングは、現地人兵卒として軍歴を開始しながらもイギリス軍に抜擢されて士官教育を受け、三五歳の若さで佐官となるなど軍人として優秀な存在だったのは間違いないようだ。そのため、出身地であるビアフラがナイジェリアから独立すべく戦端を開いた際にはその最高幹部として働く事になった。最終的に敗戦国の元首代理として降伏する羽目になったため、戦後には不名誉を受ける事もしばしばあったようで晩年のインタビューにはそれに対する恨み節がうかがえる。とはいえ、（ビアフラの住民が陥った深刻な飢餓も含め）戦争遂行に関する責任が彼にもあることは否定し得ないし、敗戦国代表である事も考えると戦争犯罪人として訴追されなかっただけで幸運であったとも思われる。だが、彼は一軍人であり、与えられた立場で役割を果たそうとしたに過ぎない。そして最終局面で割に合わない役割を負わされた際もそこから逃げる事なく果たして見せたのである。ビアフラ戦争における最高責任者オジュクと比較したとき、エフィオングが不満を抱くのは無理もない。

そして、交渉による降伏実現に何とか成功したエフィオングの功績は大きい。もしビアフラが降伏する事なく征服を受けていた場合は、連邦軍によるイボ人の民族浄化という結果になっていたであろうと予測する論者もある。戦争直前にイボ人が他部族の憎悪を受け虐殺を受けていた事や長きに渡る凄惨な戦争の末であった事を考慮すると、確かにそうなっていた可能性は相当に高いであろう。エフィオングはそうした最悪の事態だけは回避したといえる。ナイジェリア連邦政府がビアフラ完全征服を目前にしていたことを考えると、自身が述べたようにナイジェリア国家統一に果たした功績があるかは微妙であるが、少なくともイボ人にとっては民族殲滅が避けられたという一点においてエフィオングは恩人と呼ばれてさしつかえないのではないかと思われる。

エリトリア独立戦争概略

アフリカ北東部のエリトリアは一六世紀にオスマン帝国領となってから、エジプトの支配を経て一八九〇年にイタリアの植民地となった。イタリアのムッソリーニ政権はエリトリアのみならず内陸のエチオピアにも侵攻してこれを占領したが、一九四一年に第二次大戦でイタリアと敵対するイギリスがエチオピアを解放すると同時にエリトリアを占領。第二次大戦後の一九五〇年、国連総会でエチオピアとの併合が決議され、一九五二年に自治州となった後に六二年にエチオピアの一州とされた。それ以来、分離・独立を目指す解放運動が生まれる。エリトリアはエチオピアと異なった歴史を歩んでおり、キリスト教国であるエチオピアと異なり住民にはムスリムが多く、文化的な相違も大きかったためである。

独立派は五八年にエリトリア解放戦線（ＥＬＦ）を結成し、六一年からエチオピアに対して独立を求めた武装闘争に入った。ＥＬＦはアラブ諸国から支援を受けながら戦い続けたが、七〇年ごろから分派であるエリトリア人民解放戦線（ＥＰＬＦ）に主導権を奪われる。一九七三年、エチオピア東部オガデン地方での反乱を契機にエチオピア各地でストライキが起こり、翌年には軍隊が蜂起して皇帝ハイレ・セラシェを廃位し、メンギスツ中佐による軍事政権が樹立された。このエチオピアにおける混乱に乗じてＥＰＬＦは攻勢を強め、ゲリラ戦によって支配領域を拡大する。

エチオピア国内でもメンギスツ政権に反発する動きが強く、ＥＰＬＦに刺激を受けて北部のティグレ人もティグレ人民解放戦線（ＴＰＬＦ）を結成。ＴＰＬＦはオモロ人民民主機構（ＯＰＤＯ）ら他の反政府組織とも連合してエチオピア人民革命民主戦線（ＥＰＲＤＦ）を結成し、エチオピア軍事政権へ攻撃を行う。ＥＰＬＦは八九年にＴＰＬＦとも連携して優勢にエチオピア政府との戦いを進め、翌年にはエリトリアの大半を占拠。九一年二月にはエリトリア第二の都市マッサワを占領、五月にはエリトリア州都アスマラに入り、臨時政府を成立させた。
一方、エチオピア本国でもEPRDFが九一年二月に政府軍は壊滅状態となり、四月二一日にメンギスツは辞任してジンバブエに亡命。EPRDF書記長のメレス・ゼナウィが臨時大統領となり、エチオピア代表としてエリトリアとの講和に動き始めた。

メレス・ゼナウィ

一九五五〜
Meles Zenawi
エチオピア　臨時大統領
在任一九九一〜一九九五
首相／在任一九九五〜

メレス・ゼナウィは一九五五年五月九日に北エチオピアのティグレ地方アドワで生まれ、アジス・アベバのウィンゲイト将軍高校を経てアジス・アベバ大学医学部に入学した。しかし一九七五年にティグレのマルクス・レーニン主義運動に興味を惹かれ、医学部を中退。十年後、この運動に従事した面子はＴＰＬＦの中核をなすようになる。メレスはＴＰＬＦの事務総長を務めていたため、一九八八年から八九年にかけてＴＰＬ

Fがメンギスツ政権の軍に対する戦いを優勢に進めティグレの大半を解放した際には彼は国民的英雄となった。TPLFは他のゲリラ組織と連合を組み、多民族組織であるEPRDFが一九八九年九月に結成されるとメレスは議長に選出されている。不利を悟ったメンギスツが九一年に辞任した後、五月二八日にアジス・アベバに入ったメレスは、軍事政権を引き継いでいたタスファレ・ゲブレ・キダンの後を受けて六月にエチオピアの臨時大統領となり、代表議会議長にも選ばれている。メレスの新政権はEPLFがエリトリアの全土を占領し、事実上の独立を達成している現状を鑑みて紛争終結へと動き出す。七月のエチオピア全政党会議での決定に基づいてエリトリアと休戦協定を締結して戦争状態を終わらせる。メンギスツ政権打倒のため共闘した経緯がある事が休戦を行う上で役立ったと思われる。九三年四月に国連の監視下で住民投票が実施され、九九・八パーセントという圧倒的な得票率で独立が決定。同年五月二四日にエリトリアは正式にエチオピアからの分離独立を達成した。

さてメレス政権は部族間抗争を基本とする内紛に悩まされたが、一九九四年の憲法制定会議占拠や翌年の総選挙で多数議席を確保。九五年にエチオピア連邦民主共和国が成立すると全会一致で首相に選出され、エチオピアの民主化へと取り組んでいる。メレスはマルクス・レーニン主義を奉じることから政治活動を開始しているが、マルクス主義には必ずしも拘泥せず、親西欧的で自由市場経済を尊重する態度を取っている。海外からの援助から脱却し、自立した経済を目指し一定の成果を上げているが、二〇一〇年五月現在でなお援助の割合は三〇パーセントである。メレスは二〇一〇年現在も首相として五年任期で人権尊重・法治主義を念頭に置いたエチオピアの改革に取り組んでおり、政敵に対する苛烈な攻撃から人権問題として非難される事はあるものの、概ねやり手の指導者として評価されている。環境問題に関してもアフリカ大陸を代表して国際会議で意見を述べることも多い。

メレスがエリトリアと講和し独立を認める方向に舵を切った要因として、現実問題として独立勢力がエリトリアを占拠し、エチオピアの実効支配が及ばなくなっていた事、メレスのＥＰＲＤＦがエリトリア独立派と連携してメンギスツと戦った過去がある事、国内問題が山積みでエリトリアに拘泥する事が国家再建の足を引っ張ると予想された事が挙げられよう。エリトリアが元来はエチオピア領ではなく文化的な違いも大きかった事も考慮すると、現実的で倫理的にも適った判断であったといえる（しかしエリトリアを手放して内陸国となった事にはそれなりの問題もあり、港使用料を巡ってエリトリアと紛争になった事もあったが）。

エチオピアは北東アフリカでは相対的に安定した国家となっており、メレスも政治指導者として相応の評価を受けているが、依然として世界最貧国群の域を脱するには至っておらず、問題は山積みである。今後の動向が注目されるところである。

あとがき

　ここまで、「敗戦処理首脳」を極力広い時代・地域からピックアップしてご紹介してまいりましたが、いかがでしたでしょうか。

　思っていたよりも、色々な人がいたものです。失敗に終わり、滅び行く祖国と運命を共にせざるを得なかった人、戦争終結への道筋が描けずダラダラと戦争継続する羽目になった人、戦争は終らせる事が出来たけれど報われないその後をたどった人、その後は隠遁した人、戦後も祖国のため力を注いだ人など。評価されず、不幸な結末の人が多かった印象がありますが、したたかに立ち回った人もそれなりにいたのは驚きでした。ジョゼフ・フーシェに至っては自らを勝者陣営に売り込む材料として「敗戦処理首脳」の地位を利用するという強かぶりでしたしね（それには成功したものの、過去が災いして最終的には不幸でしたが）。

　一方、「まえがき」でも少し触れましたが「戦場の英雄」が「敗戦処理首脳」を兼任した場合は、「敗戦処理首脳」の役割も評価してもらえる傾向があるようですね。ボーア戦争の際のバーガーやデ・ウェット、第二次世界大戦の際のマンネルへイム、アルジェリア独立戦争の際のド・ゴールなど。第二次世界大戦でドイツに降伏したペタン元帥も、最終的にドイツが敗れた事やヒトラーが道徳的にも完全否定された事が原因となって戦後に訴追されましたが、ヴィシー政府が成立した際には多数の国民から支持を勝ち得ていますから、やはり同様な範疇に入れてよいでしょう。

　こうした現象を理解するためには、国家首脳ではないですがアメリカの南北戦争において南軍の司令官であったリー将軍の事例が参考になるかもしれません。リーは国力に劣る南軍を率いて善戦した軍事的英雄でしたが、最終的には戦力差を覆す事は出来ず、一八六五年にアポマトックスで降伏を余儀なくされ、それによって戦争に終止符を打つ事となった人物です。彼は敗軍の将ではありましたが、戦後もアメリカ全体で国民的英雄とみなされました。実は、南軍には勇名を轟かせた挙句に戦死した「英雄」にもってこいの若い将軍がいたらしいのですが、その人物を差し置いてリーが英雄として仰がれた点について

「なぜ、南部が若くして戦死した英雄の一人を同一化のための人間像として選ばなかったのかはもはや明らかである。その役割を演じることができた唯一の人物は、敗北という最大の屈辱を自ら経験し、なおかつ威厳を保ち続けた人である。」（ヴォルフガング・シヴェルブシュ『敗北の文化　敗戦トラウマ・回復・再生』福本義憲・高木教之・白木和美訳、法政大学出版会、七五頁）

と分析する向きもあります。同じような意味合いで、

「南部はリーを戦士としてではなく殉教者として敬ったのだ。アポマトックスでの降伏文書の調印は敗北ではなくて、犠牲行為であった。リーはこれを国民（ナチオーン）の代表として我が身に引き受けたのだった。」「キリストにゲッセマネがあったように、リーにはアポマトックスがあった」（同書、七四頁）

というようにキリストになぞらえた言い方までされていたりもします。「戦場の英雄」が「敗戦処理」を務めた場合、目に見える祖国への貢献があるので「敗戦処理」も「売国」ではなく「犠牲行為」として好意的にみなされるという事ですね。要するに、戦争終結反対派に対して押さえの利く人物、という事になるでしょうか。そういえば、（「敗戦処理首脳」の定義からは外れますが）昭和天皇が第二次世界大戦終結に果された役割は「本土決戦派」を押さえるというものでした。その意味では、反共主義者として知られたニクソン

がベトナム戦争からの撤退を行う事となったのも同様な文脈で読み取る事ができるのかもしれません。

ところで、日本が経済的停滞に陥り「第二の敗戦」等と言われるようになって久しいようです。確かに、中国を始めとする周辺諸国の著しい発展に伴い、国際的地位の相対的低下を呈している観があります。加えて、二〇一一年の東日本大震災で多大な被害を受けた今、戦争こそしていないものの軍事的敗北に勝るとも劣らない「国家的危機」に瀕していると言え、現在の日本の舵取りには「敗戦処理」に通じるものがあるかもしれません。本書で紹介した「敗戦処理」の状況は千差万別であり、直接的に参考になるかどうかは分かりませんが、何らかのヒントが隠れているのではと祈ってやみません。言える事があるとすれば、少しでも良い立ち位置を確保できるよう、世界と日本の置かれた状況を読み取って、その中で日本が果せそうな役割を見極めた上で確固たる基本方針を持って欲しい、というあたりになるでしょうか。

最後に、本書を執筆する契機を頂き、執筆に当たっても様々に助力をいただきました社会評論社の濱崎誉史朗さん、および本書を御購入いただきました読者の皆様へ心からの御礼を申し上げて後書きの締めとさせていただきます。

明日の日本と世界に平和と繁栄のあらん事を。

【参考文献】
ヴォルフガング・シヴェルブシュ『敗北の文化　敗戦トラウマ・回復・再生』福本義憲・高木教之・白木和美訳、法政大学出版会
『日本大百科全書』小学館

麓直浩

エリトリア独立戦争

岡倉登志『エチオピアの歴史』明石書店
「BBC News」（http://www.bbc.co.uk/news/）より
「Profile: Ethiopian leader Meles Zenawi」（http://news.bbc.co.uk/2/hi/4545711.stm）
「World Statesmen.org」(http://worldstatesmen.org/)より
「Ethiopia」(http://worldstatesmen.org/Ethiopia.html)
Chris Pronty and Eugene Rosenfeld, *HISTORICAL DICTIONARY OF ETHIOPIA AND ERITREA Second Edition*, The Scarecrow Press, Inc.
Roger East,Richard Thomas, *Profiles of people in power: the world's government leaders*, Routledge
『日本大百科全書』小学館

参考文献

Fredrik Logevall,Andrew Preston, *Nixon in the world: American foreign relations, 1969-1977*, Oxford
Andrew A. Wiest, *The Vietnam War, 1956-1975*, Osprey publishing
Phillip B. Davidson, *Vietnam at war: the history, 1946-1975*, Oxford
『日本大百科全書』小学館

ベトナム共和国（南ベトナム）

『ブリタニカ国際大百科事典４　Reference guide』TBSブリタニカ
ガブリエル・コルコ『ベトナム戦争全史』陸井三郎監訳、藤田和子・藤本博・吉田元夫訳、社会思想社
Phillip B. Davidson, *Vietnam at war: the history, 1946-1975*, Oxford
Robert D. Schulzinger, *A time for war: the United States and Vietnam, 1941-1975*, Oxford
Tucker, *Encyclopedia of the Vietnam War A Political, Social, and Military History*, Oxford
William Duiker, *Historical Dictionary of Vietnam 2nd edition*, The Scarecrow Press, Inc.
Ministering: *Webster's Quotations, Facts and Phrases*, Inc Icon Group International,Inc.
NewYorkTimes（http://www.nytimes.com/）より
「Vu Van Mau, Last Premier Of South Vietnam, Dies at 84」
（http://www.nytimes.com/1998/09/14/world/vu-van-mau-last-premier-of-south-vietnam-dies-at-84.html）
The International Who's Who 2004, Europa Publications, Routledge
Francis X. Winters, *The Year of the Hare: America in Vietnam, January 25, 1963-February 15, 1964*, University of Georgia Press
David Lan Pham, *Two hamlets in Nam Bo: memoirs of life in Vietnam through Japanese*, McFarland
「World stetesmen.org」（http://www.worldstatesmen.org/）より
「Vietnam」（http://www.worldstatesmen.org/Vietnam.html）
『日本大百科全書』小学館
Britaninica Online Encyclopedia（http://www.britannica.com）

ビアフラ戦争

「Africa Masterweb」（http://www.africamasterweb.com/index.html）より
「General Philip Effiong Is Dead」
（http://www.africamasterweb.com/EffiongTheMan.html）
「Philip Effiong II Personal Website 」（http://www.philip-effiong.com/）
Jerome Agu Nwadike, *A Biafran Soldier's Survival from the Jaws of Death*, Xlibris Corporation
John E. Jessup, *An encyclopedic dictionary of conflict and conflict resolution, 1945-1996,* Greenwood Publishing Group
Philip Efiong, *NIGERIA AND BIAFRA: MY STORY*, Seaburn Books
室井義雄『ビアフラ戦争　叢林に消えた共和国』山川出版社
『日本大百科全書』小学館

Britaninica Online Encyclopedia（http://www.britannica.com）

スエズ動乱

ピーター・クラーク『イギリス現代史　1900-2000』西沢保・市橋秀夫・椿建也・長谷川淳一他訳、名古屋大学出版会
佐々木雄太『イギリス帝国とスエズ戦争』名古屋大学出版会
佐々木雄太・木畑洋一編『イギリス外交史』有斐閣アルマ
北川勝彦編『イギリス帝国と20世紀第４巻　脱植民地化とイギリス帝国』ミネルヴァ書房
『日本大百科全書』小学館
Britaninica Online Encyclopedia（http://www.britannica.com）

アルジェリア戦争

私市正年編『アルジェリアを知るための62章』明石書店
ジュール・ロワ『アルジェリア戦争』鈴木道彦訳、岩波新書
柴田三千雄・樺山紘一・福井憲彦編『世界歴史大系　フランス史３』山川出版社
福井憲彦編『世界各国史12　フランス史』山川出版社
Phillip Chiriges Naylor and Alf Andrew Heggoy, *HISTORICAL DICTIONARY of ALGERIA Second Edition*, The Scarecrow Press, Inc.
Gino Raymond, *HISTORICAL DICTIONARY of FRANCE*, The Scarecrow Press, Inc.
『日本大百科全書』小学館

ベトナム戦争

アメリカ合衆国

ガブリエル・コルコ『ベトナム戦争全史』陸井三郎監訳、藤田和子・藤本博・吉田元夫訳、社会思想社
メアリー・ベス・ノートン他『アメリカの歴史６　冷戦体制から21世紀へ』本田創造監修、上杉忍・大辻千恵子・中條献・中村雅子訳、三省堂
丸山静雄『ベトナム戦争』筑摩書房
有賀貞・大下尚一・志邨晃佑・平野孝編『世界歴史大系　アメリカ史２』山川出版社
Robert D. Schulzinger, *A time for war: the United States and Vietnam, 1941-1975*, Oxford
Larry H. Addington, *America's war in Vietnam: a short narrative history*, Indiana University Press
Jeffrey D. Schultz,John G. West,Iain S. MacLean, *Encyclopedia of religion in American politics Volume 2*, Greenwood Publishing Group
Tucker, *Encyclopedia of the Vietnam War A Political, Social, and Military History*, Oxford

参考文献

ドイツ

『ニュルンベルク裁判記録』時事通信社
カール・デーニッツ『10年と20日間　デーニッツ回想録』山中静三訳、光和堂
カール・デーニッツ『ドイツ海軍魂　デーニッツ元帥自伝』山中静三訳、原書房
グイド・クノップ『ヒトラーの共犯者（上）』高木玲訳、原書房
デビッド・メイソン『Uボート』寺井義守訳、サンケイ新聞社出版局
Wolfgang Frank, *Die Woelfe und der Adniral*, Oldenburg
Roger Parkinson, *Encyclopedia of modern war*, Flamingo
Hans Dollinger, *The Decline and Fall of Nazi Germany and Imperial Japan*, Bonanza Books/Crown
William Shirer, *The Rise and Fall of the Third Reich*, Fawcett Crest
Cyprian Blamires, Paul Jackson, *World fascism: a historical encyclopedia Vol1*, ABC-CLIO
成瀬治・山田欣吾・木村靖二編『世界歴史大系　ドイツ史３』山川出版社
ウィリアム・L・シャイラー『第三帝国の興亡５　ナチス・ドイツの滅亡』松浦伶訳、東京創元社
J・キャンベル編『20世紀の歴史15　第２次世界大戦（上）　戦火の舞台』入江昭監修、小林幸夫監訳、平凡社
W・S・チャーチル『第二次世界大戦１～４』佐藤亮一訳、河出文庫
ジョン・ピムロット、アラン・ブロック『地図で読む世界の歴史第二次世界大戦』田川憲次郎訳、河出書房新社
『日本大百科全書』小学館
Britaninica Online Encyclopedia（http://www.britannica.com）

日本概要

『人間の記録24　鈴木貫太郎　鈴木貫太郎自伝』日本図書センター
『内閣総理大臣ファイル』G・B・
『歴史群像シリーズ42　アドルフ・ヒトラー権力編　“わが闘争”の深き傷痕』学研
アービン・D・クックス『第二次世界大戦ブックス21　天皇の決断』加藤俊平訳、サンケイ新聞社出版局
戸川猪佐武『吉田茂と復興への選択』講談社文庫
戸川猪佐武『東条英機と軍部独裁』講談社文庫
黒羽清隆『太平洋戦争の歴史（上）（下）』講談社現代新書
半藤一利『聖断　天皇と鈴木貫太郎』文春文庫
北康利『吉田茂　ポピュリズムに背を向けて』講談社
J・キャンベル編『20世紀の歴史15　第２次世界大戦（上）　戦火の舞台』入江昭監修、小林幸夫監訳、平凡社
ジョン・ピムロット、アラン・ブロック『地図で読む世界の歴史第二次世界大戦』田川憲次郎訳、河出書房新社
『日本大百科全書』小学館

郎訳、河出書房新社
柴田三千雄・樺山紘一・福井憲彦編『世界歴史大系　フランス史３』山川出版社
川上勉『ヴィシー政府と「国民革命」』藤原書店
ロジャー･プライス『フランスの歴史』河野肇訳、創土社
Spencer C. Tucker, Priscilla Mary Roberts, *Encyclopedia of World War I*, ABC-Clio Inc
『日本大百科全書』小学館
Britaninica Online Encyclopedia（http://www.britannica.com）

イタリア
ウィリアム・L・シャイラー『第三帝国の興亡５　ナチス・ドイツの滅亡』松浦伶訳、東京創元社
吉川和胤・山野治夫『イタリア軍入門　1939～1945』イカロス出版
北原敦『イタリア現代史研究』岩波書店
Ｊ・キャンベル編『20世紀の歴史15　第２次世界大戦（上）　戦火の舞台』入江昭監修、小林幸夫監訳、平凡社
Ｗ・Ｓ・チャーチル『第二次世界大戦１～４』佐藤亮一訳、河出文庫
ジョン・ピムロット、アラン・ブロック『地図で読む世界の歴史第二次世界大戦』田川憲次郎訳、河出書房新社
Spencer C. Tucker, Priscilla Mary Roberts, *Encyclopedia of World War I*, ABC-Clio Inc
『日本大百科全書』小学館
Britaninica Online Encyclopedia（http://www.britannica.com）

フィンランド
ディヴィッド・カービー『フィンランドの歴史』百瀬宏・石野裕子監訳、東眞理子・小林洋子・西川美樹訳、明石書店
マルッティ・ハイキオ『フィンランド現代政治史』岡沢憲芙監訳、藪長千乃訳、早稲田大学出版部
植村英一『グスタフ・マンネルヘイム　フィンランドの“白い将軍”』荒地出版社
Ｊ・キャンベル編『20世紀の歴史15　第２次世界大戦（上）　戦火の舞台』入江昭監修、小林幸夫監訳、平凡社
Ｗ・Ｓ・チャーチル『第二次世界大戦１～４』佐藤亮一訳、河出文庫
ジョン・ピムロット、アラン・ブロック『地図で読む世界の歴史第二次世界大戦』田川憲次郎訳、河出書房新社
Spencer C. Tucker, *Priscilla Mary Roberts, Encyclopedia of World War I*, ABC-Clio Inc
『日本大百科全書』小学館
Britaninica Online Encyclopedia（http://www.britannica.com）

参考文献

新井政美『トルコ近現代史』みすず書房
Ｊ・Ｍ・ウインター『20世紀の歴史13　第１次世界大戦（上）　政治家と将軍の戦争』猪口邦子監修、小林幸夫監訳、平凡社
Spencer C. Tucker, Priscilla Mary Roberts, *Encyclopedia of World War I,* ABC-Clio Inc
『日本大百科全書』小学館
Britaninica Online Encyclopedia（http://www.britannica.com）

ドイツ帝国
ハンス・モムゼン『ヴァイマール共和国史』関口宏通訳、永声社
成瀬治・山田欣吾・木村靖二編『世界歴史大系　ドイツ史３』山川出版社
林健太郎『ワイマル共和国』中公文庫
牧野雅彦『ヴェルサイユ条約』中公新書
Ｊ・Ｍ・ウインター『20世紀の歴史13　第１次世界大戦（上）　政治家と将軍の戦争』猪口邦子監修、小林幸夫監訳、平凡社
Spencer C. Tucker, Priscilla Mary Roberts, *Encyclopedia of World War I*, ABC-Clio Inc
『日本大百科全書』小学館
Britaninica Online Encyclopedia（http://www.britannica.com）

チャコ戦争
増田義郎編『世界各国史26　ラテン・アメリカ史Ⅱ　南アメリカ』山川出版社
Edited by Barbara A. Tenenbaum, *Encyclopedia of Latin American History and Culture Vol.2,5,* MacMillan Publishing Company
眞鍋周三編『ボリビアを知るための68章』明石書店
『日本大百科全書』小学館

第二次世界大戦

フランス
Ｊ・キャンベル編『20世紀の歴史15　第２次世界大戦（上）　戦火の舞台』入江昭監修、小林幸夫監訳、平凡社
Ｗ・Ｓ・チャーチル『第二次世界大戦１～４』佐藤亮一訳、河出文庫
アンリ・ミシェル『ヴィシー政権』長谷川公昭訳、白水社
ジョン・ウィリアムズ『パリ陥落　ダンケルクへの撤退』宇都宮直賢訳、サンケイ新聞社出版局
ジョン・ピムロット、アラン・ブロック『地図で読む世界の歴史第二次世界大戦』田川憲次

J・M・ウインター『20世紀の歴史13　第１次世界大戦（上）　政治家と将軍の戦争』猪口邦子監修、小林幸夫監訳、平凡社
J・リード『世界をゆるがした十日間』小笠原豊樹・原暉之訳、筑摩書房
Steve Phillips, *Lenin and the Russian Revolution,* Heinemann
江口朴郎編『ロシア革命の研究』中央公論社
牧野雅彦『ヴェルサイユ条約』中公新書
Spencer C. Tucker, Priscilla Mary Roberts, *Encyclopedia of World War I,* ABC-Clio Inc
デヴィッド・ウォーンズ『ロシア皇帝歴代誌』栗生沢猛夫監修、創元社
田中陽兒・倉持俊一・和田春樹編『世界歴史大系　ロシア史３』山川出版社
『日本大百科全書』小学館

ブルガリア

Burgalians Webster's Quotations, Facts and Phrases, ICON Group International, Inc.
R・J・クランプトン『ブルガリアの歴史』高田有現・久原寛子訳、創土社
J・M・ウインター『20世紀の歴史13　第１次世界大戦（上）　政治家と将軍の戦争』猪口邦子監修、小林幸夫監訳、平凡社
Spencer C. Tucker, Priscilla Mary Roberts, *Encyclopedia of World War I,* ABC-Clio Inc
『日本大百科全書』小学館
Britaninica Online Encyclopedia（http://www.britannica.com）

オーストリア・ハンガリー二重帝国

A・J・P・テイラー『ハプスブルク帝国　1809-1918』倉田稔訳、筑摩書房
ゲオルク・シュミットミュラー『ハプスブルク帝国史　中世から1918年まで』矢田俊隆解題・丹後杏一訳、刀水書房
リチャード・リケット『オーストリアの歴史』青山孝徳訳、成文社
江村洋『フランツ・ヨーゼフ　ハプスブルク「最後」の皇帝』東京書籍
Spencer C. Tucker, Priscilla Mary Roberts , *Encyclopedia of World War I,* ABC-Clio Inc
J・M・ウインター『20世紀の歴史13　第１次世界大戦（上）　政治家と将軍の戦争』猪口邦子監修、小林幸夫監訳、平凡社
『日本大百科全書』小学館
Britaninica Online Encyclopedia（http://www.britannica.com）

オスマン帝国

大島直政『ケマル・パシャ伝』新潮選書
John L. Esposito, *The Islamic World: Abbasid caliphate-Historians,* Oxford
アラン・パーマー『オスマン帝国衰亡史』白須英子訳、中央公論新社

Volume13, YORKIN PUBLICATIONS
M. Jackson, *Women Rulers throughout the Ages; An Illustrated Guide Guida*, ABC-CLIO
世界女性人名事典編集委員会編『世界女性人名事典　歴史の中の女性たち』日外アソシエーツ
『日本大百科全書』小学館

ボーア戦争

レナード・トンプソン『【最新版】世界歴史叢書　南アフリカの歴史』宮本正興・吉國恒雄・峯陽一・鶴見直城訳、明石書店
岡倉登志『ボーア戦争』山川出版社
「World Statesmen.org」（http://worldstatesmen.org/）より
「South Africa」（http://worldstatesmen.org/South_Africa.html）
Frederik Rompel, *Heroes of the Boer War, "Review of reviews" office*
Chirstpher Saunders, Nicholas Southey, *HISTORICAL DICTIONARY of SOUTH AFRICA Second Edition*, The Scarecrow Press, Inc.
Edited by James Stuart Olson,Robert Shadle, *Historical dictionary of the British empire Volume 1*, Greenwood Publishing Group
Kenneth J. Panton and Keith A. Cowland, *HISTORICAL DICTIONARY of the UNITED KINGDOM Volume 1*, The Scarecrow Press, Inc.
W. K. Hancock, Jean van der Poel, *Selections from the Smuts Papers Volume 4, November 1918-August 1919*, Cambridge University Press
『日本大百科全書』小学館

第二次バルカン戦争

R.J.Clampton, *A concise history of Bulgaria*, CUP Archive
R.J. Clampton, *A short history of modern Bulgaria*, CUP Archive
R・J・クランプトン『ブルガリアの歴史』高田有現・久原寛子訳、創土社
Richard C. Hall, *The Balkan Wars 1912-1913*, Routledge
Prinscilla Mary Roberts, *World War I*, ABC-CLIO
『日本大百科全書』小学館
Britaninica Online Encyclopedia（http://www.britannica.com）

第一次世界大戦

ロシア（ソビエト）連邦

E・H・カー『ボリシェヴィキ革命　1917-1923　第三巻』宇高基輔訳、みすず書房

Joshua Charles Taylor, *Nineteenth-century theories of art*, University of California Press
柴田三千代・樺山紘一・福井憲彦編『世界歴史大系　フランス史３』山川出版社
『日本大百科全書』小学館
Britaninica Online Encyclopedia（http://www.britannica.com）

第二次アフガン戦争

ヴィレム・フォーヘルサング『世界歴史叢書　アフガニスタンの歴史と文化』前田耕作・山内和也訳、明石書店
マーティン・ユアンズ『アフガニスタンの歴史』金子民雄監修、柳沢圭子・海輪由香子・長尾絵衣子・家本清美訳、明石書店
Ludwig W., *HISTORICAL DICRIONARY of AFGHANISTAN Second Edition*, ADAMEC, The Scarecrow Press, Inc.
『日本大百科全書』小学館

太平洋戦争（南米）

「World Statesmen.org」（http://worldstatesmen.org/）より
Peru（http://worldstatesmen.org/Peru.htm）、
Bolivia（http://www.worldstatesmen.org/Bolivia.html）
細谷広美『ペルーを知るための62章』明石書店
増田義郎・柳田利夫『ペルー　太平洋とアンデスの国』中央公論新社
増田義郎編『ラテン・アメリカ史Ⅱ　南アメリカ』山川出版社
眞鍋周三編『ボリビアを知るための68章』明石書店
Barbara A. Tenenbaum, *Encyclopedia of Latin American History And Culture Vol.1-5*, MacMillan Publishing Company
Bruce W. Farcau, *The Ten Cents War:Chile, Peru, and Bolivia in the War of the Pacific, 1879-1884*, Greenwood publishing group
『日本大百科全書』小学館
Britaninica Online Encyclopedia（http://www.britannica.com）

フランス・マダガスカル戦争

Maureen Corell, *HISTORICAL DICTIONARY OF MADAGASCAR*, The Scarecrow Press, Inc.
Kathleen E. Sheldon, *HISTORICAL DICTIONARY OF WOMEN IN SUBSAHARAN AFRICA*, The Scarecrow Press, Inc.
Simone Schwarz-Bart with Andre Schwarz-Bart, *IN PRAISE OF BLACK WOMEN 1 ANCIENT AFRICAN QUEENS*, The University of Wisconsin Press
Anne Commire, Editor Deborah Klezmer, Associate Editor, *WOMEN IN WORLD HISTORY*

クリミア戦争

デヴィッド・ウォーンズ『ロシア皇帝歴代誌』栗生沢猛夫監修、創元社
田中陽兒・倉持俊一・和田春樹編『世界歴史大系　ロシア史３』山川出版社
アラン・パーマー『オスマン帝国衰亡史』白須英子訳、中央公論新社
Britaninica Online Encyclopedia（http://www.britannica.com）
『日本大百科全書』小学館

国民戦争（ウィリアム・ウォーカー戦争）

島崎博『中米の世界史』古今書院
Edited by Barbara A. Tenenbaum, *Encyclopedia of Latin American History and Culture Vol.3,4,* MacMillan Publishing Company
増田義郎・山田睦男編『世界各国史25　ラテン・アメリカ史Ｉ　メキシコ・中央アメリカ・カリブ海』山川出版社
『日本大百科全書』小学館

パラグアイ戦争

増田義郎編『世界各国史26　ラテン・アメリカ史Ⅱ　南アメリカ』山川出版社
「World Statesmen.org」（http://worldstatesmen.org/）よりParaguay（http://worldstatesmen.org/Paraguay.html）
Edited by Barbara A. Tenenbaum, *Encyclopedia of Latin American History and Culture Vol.4,* MacMillan Publishing Company
R. Andrew Nickson, *Historical Dictionary of PARAGUAY*, The Scarecrow Press, Inc.

第二次長州出兵

久住真也『長州戦争と徳川将軍』岩田書院
小西四郎『日本の歴史19　開国と攘夷』中公文庫
松浦玲『徳川慶喜』中公新書
井上清『日本の歴史20　明治維新』中公文庫
『日本大百科全書』小学館
Britaninica Online Encyclopedia（http://www.britannica.com）

普仏戦争

ロジャー・プライス『フランスの歴史』河野肇訳、創土社
中木康夫『フランス政治史（上）（中）』未来社
Merriam-Webster's collegiate encyclopedia, Merriam-Webster, Inc

大北方戦争

村井誠人編『スウェーデンを知るための60章』明石書店

武田達夫『物語スウェーデン史』新評論

Ragnar Svanstrom, *A Short History of Sweden*, Stubbe Press

Irene Scobbie, *Historical Dictionary of Sweden*, The Scarecrow Press, Inc.

Franklin Daniel Scott, *Sweden, the nation's history,* Southern Illinois Univ Press

Peter N. Stearns, *The Encyclopedia of world history*, Houghton Mifflin

Ｉ・アンデション、Ｊ・ヴェイブル『スウェーデンの歴史』潮見憲三郎訳、文眞堂

百瀬宏・熊野聰・村井誠人編『北欧史』山川出版社

『日本大百科全書』小学館

ナポレオン戦争

Ｅ・ルードウィッヒ『ナポレオン伝』金澤誠訳、角川文庫

ダフ・クーパー『タレイラン評伝（上）（下）』曽村保信訳、中公文庫

ツワイク『ジョゼフ・フーシェ　ある政治的人間の肖像』高橋禎二・秋山英夫訳、岩波文庫

鹿島茂『ナポレオン　フーシェ　タレイラン』講談社学術文庫

柴田三千代・樺山紘一・福井憲彦編『世界歴史大系　フランス史３』山川出版社

渡部昇一『ドイツ参謀本部』中公新書

Britaninica Online Encyclopedia（http://www.britannica.com）

『日本大百科全書』小学館

第二次エジプト・トルコ戦争

アラン・パーマー『オスマン帝国衰亡史』白須英子訳、中央公論新社

新井政美『トルコ近現代史』みすず書房

『日本大百科全書』小学館

米墨戦争

国本伊代『メキシコの歴史』新評論

ブライアン・ハムネット『メキシコの歴史』土井亨訳、創土社

増田義郎・山田睦男編『世界各国史25　ラテン・アメリカ史Ｉ』山川出版社

Edited by Barbara A. Tenenbaum, *Encyclopedia of Latin American History and Culture Volume 1,4*, MacMillan Publishing Company

Edward H. Moseley and Paul C. Clark. Jr., *HISTORICAL DICTIONARY OF THE UNITED STATES-MEXICAN WAR*, The Scarecrow Press, Inc.

『日本大百科全書』小学館

スウェーデン独立戦争

アリス・リュツキンス『スウェーデン女性史Ｉ』中山庸子訳、學藝書林
百瀬宏・熊野聰・村井誠人編『北欧史』山川出版社
武田龍夫『物語スウェーデン史』新評論
Dennis E. Gould, *HISTORICAL DICTIONARY of STOCKHOLM*, The Scarecrow Press, Inc.
Ｉ・アンデション、Ｊ・ヴェイブル『スウェーデンの歴史』潮見憲三郎訳、文眞堂
『日本大百科全書』小学館

アルカセル・キビールの戦い

Encyclopedia Americana 14, Grolier Incorporated
DOuglas L. Wheeher, *HISTORICAL DICTIONARY OF PORTUGAL*, The Scarecrow Press, Inc.
Jorge Nascimento Kodrigues, Tessaleno C. Devezas, *Pioneers of globalization: Why the Portuguese surprised the world*, Centro Altantico
James Maxwell Anderson, *The history of Portugal*, Greenwood Publishing Group
Edward McMurdo, *The history of Portugal Volume 3 From the commencement of the monarchy to the reign of D.Joao II to the reign of D. Joao III*, Sedgwick Press
The New Encyclopaedia Britannica Volume 5, Encyclopaedia Britannica, Inc.
『日本大百科全書』小学館

沖田畷の戦い

『歴史群像シリーズ特別編集　戦国九州三国志』学研
吉永正春『九州戦国史』葦書房
山本浩樹『西国の戦国合戦』吉川弘文館
杉谷昭・佐田茂・宮島敬一・神山恒雄『県史41　佐賀県の歴史』山川出版社
奈良本辰也監修『新名将言行録』主婦と生活社
峰岸純夫・片桐昭彦編『戦国武将合戦事典』吉川弘文館
林屋辰三郎『日本の歴史12　天下一統』中公文庫
『日本大百科全書』小学館

デカン戦争

フランシス・ロビンソン『ムガル皇帝歴代誌』小名康之監修、創元社
佐藤正哲・中里成章・水島司『世界の歴史14　ムガル帝国から英領インドへ』中公文庫
小谷汪之編『世界歴史大系　南アジア史２』山川出版社
Saini A.K, Chand, Hukam, *History of Midieval India*, Anmol Publications PVT. LTD.

土木の変
『明史　一　紀』中華書局
『明史　十五　伝』中華書局
貝塚茂樹『中国の歴史（下）』岩波新書
岸本美緒・宮嶋博史『世界の歴史12　明清と李朝の時代』中公文庫
宮崎市定『中国史（下）』岩波全書
阪倉篤秀『長城の中国史』講談社選書メチエ
松丸道雄・池田温・斯波義信・神田信夫・濱下武志『世界歴史大系　中国史４』山川出版社
川越泰博『モンゴルに拉致された中国皇帝』研文出版
川越泰博『明代中国の軍制と政治』国書刊行会
田中芳樹『中国武将列伝（下）』中央公論社
愛宕松男・寺田隆信『モンゴルと大明帝国』講談社学術文庫
『日本大百科全書』小学館

コンスタンティノープル陥落
ランシマン『コンスタンティノープル陥落す』護雅夫訳、みすず書房
井上浩一『生き残った帝国ビザンティン』講談社現代新書
井上浩一・栗生沢猛夫『世界の歴史11　ビザンツとスラブ』中公文庫
塩野七生『コンスタンティノープルの陥落』新潮文庫
桜井万里子編『ギリシア史』山川出版社
尚樹啓太郎『ビザンツ帝国史』東海大学出版会
『日本大百科全書』小学館

ブルゴーニュ戦争
世界女性人名事典編集委員会編『世界女性人名事典　歴史の中の女性たち』日外アソシエーツ
ミシュレ『フランス史Ⅱ　中世下』大野一道・立川孝一監修、藤原書店
菊池良生『傭兵の二千年史』講談社現代新書
江村洋『ハプスブルク家』講談社現代新書
江村洋『ハプスブルク家の女たち』講談社現代新書
G・シュタットミュラー『ハプスブルク帝国史』矢田俊隆解題、丹後杏一訳、刀水書房
Robert Stallaerts, *HISTORICAL DICTIONARY OF BELGIUM*, The Scarecrow Press, Inc.
木村靖二・山田欣吾・成瀬治編『世界歴史大系　ドイツ史１』山川出版社
『日本大百科全書』小学館

参考文献

Zeljan Suster, *HISTORICAL DICTIONARY of FEDERAL REPUBLIC of YUGOSLAVIA*, The Scarecrow Press, Inc.
Robert Elsie, *HISTORICAL DICTIONARY of KOSOVA*, The Scarecraw Press, Inc.
John K. Cox, *The History of Serbia*, Greenwood Publishing Group
Celia Hawkesworth, *Voices in the shadows; women and verval art in Serbia and Bosnia*, Central European University Press
Marchall Cavendish, *World and Its Peoples*
『日本大百科全書』小学館

南北朝動乱
高柳光寿『足利尊氏』春秋社
黒田俊雄『日本の歴史８　蒙古襲来』中公文庫
佐藤進一『日本の歴史９　南北朝の動乱』中公文庫
児玉幸太編『日本史小百科天皇』近藤出版社
小島毅『足利義満　消された日本国王』光文社新書
森茂暁『闇の歴史、後南朝』角川選書
村松剛『帝王後醍醐』中公文庫
中村直勝『吉野朝史』星野書店
林屋辰三郎『南北朝』朝日文庫
『日本大百科全書』小学館

タンネンベルクの戦い
ステファン・キェニェーヴィチ編『ポーランド史１』加藤一夫・水島孝生共訳、恒文社
伊東孝之・井内敏夫・中井和夫編『世界各国史20　ポーランド・ウクライナ・バルト史』山川出版社
井上浩一・栗生沢猛夫『世界の歴史11　ビザンツとスラブ』中公新書
木村靖二・山田欣吾・成瀬治編『世界歴史大系　ドイツ史１』山川出版社
Saulius Suziedelis, *HISTORICAL DICTIONARY OF LITHUANIA*, The Scarecrow Inc, Press.
George Sanford & Adriana Gozdeckz-Sanford, *HISTORICAL DICTIONARY OF POLAND*, The Scarecrow Inc, Press.
Stephen R. Turnbull, Richard Hook, *Tannenberg 1410: Disaster for the Teutonic Knights*, Osprey Publishing
Henry Bumand Garland, Mary Garland, *The Oxford companion to German literature,* Oxford University Press
『日本大百科全書』小学館

川勝義雄『魏晋南北朝』講談社学術文庫
陳寿、裴松之『正史三国志１～８』今鷹真・井波律子・小南一郎訳、ちくま学芸文庫
『歴史群像シリーズ⑱⑲　三国志上・下巻』学研
『日本大百科全書』小学館

靖康の変

稲畑耕一郎監修、アン・パールダン『中国皇帝歴代誌』月森左知訳、創元社
宮崎市定『水滸伝　虚構のなかの史実』中公文庫
宮崎市定『世界の歴史６　宋と元』中公文庫
『世界歴史大系　中国史３』松丸道雄・池田温・斯波義信・神田信夫・濱下武志編、山川出版社
『宋書　二紀』中華書局
Britaninica Online Encyclopedia（http://www.britannica.com）

モンゴルの南宋攻略

『世界歴史大系　中国史３』松丸道雄・池田温・斯波義信・神田信夫・濱下武志編、山川出版社
宮崎市定『世界の歴史６　宋と元』中公文庫
『宋史　三　紀』中華書局
『宋史　三六　伝』中華書局
稲畑耕一郎監修、アン・パールダン『中国皇帝歴代誌』月森左知訳、創元社
奥富敬之『北条時宗』角川選書
『日本大百科全書』小学館

カイドゥの乱

杉山正明『モンゴル帝国の興亡（上）（下）』講談社現代新書
ドーソン『蒙古史上巻・下巻』田中萃一郎訳補　岩波文庫
愛宕松男『世界の歴史11　アジアの征服王朝』　河出書房新社
宮脇淳子『モンゴルの歴史』刀水書房
杉山正明『興亡の世界史09　モンゴル帝国と長いその後』講談社
杉山正明・北川誠一『世界の歴史９　大モンゴルの時代』中公文庫
『日本大百科全書』小学館

コソボの戦い

スティーヴン・グリワルド編『ユーゴスラヴィア史』田中一生・柴宜弘・高田敏明共訳、恒文社

参考文献

ペロポネソス戦争
クセノポン『ギリシア史Ⅰ』根本英世訳、西洋古典叢書、京都大学出版会
ダイアナ・バウダー編『古代ギリシア人名辞典』豊田和二・新井桂子・長谷川岳男・今井正治訳、原書房
トゥキディデス『戦史Ⅰ・Ⅱ』城江良和訳、西洋古典叢書、京都大学出版会
桜井万里子・本村凌二『世界の歴史５　ギリシアとローマ』中公文庫
『プルターク英雄伝（三）』河野与一訳、岩波文庫
『世界古典文学全集16　アリストテレス』、田中美知太郎編、筑摩書房
George Ripley and Charles A. Dana, *The new American cyclopædia,* D.Appleton and Company

ギリシアの反マケドニア戦争（カイロネイアの戦い、ラミア戦争）
澤田典子『アテネ最期の輝き』岩波書店
澤田典子『アテネ民主制』講談社選書メチエ
『プルターク英雄伝（九）』河野与一訳、岩波文庫
『プルターク英雄伝（十）』河野与一訳、岩波文庫
ダイアナ・バウダー編『古代ギリシア人名辞典』豊田和二・新井桂子・長谷川岳男・今井正治訳、原書房
桜井万里子・本村凌二『世界の歴史５　ギリシアとローマ』中公文庫
『日本大百科全書』小学館

秦末の動乱
吉川忠夫『秦の始皇帝』講談社学術文庫
班固『漢書１帝紀』小竹武夫訳、ちくま学芸文庫
堀敏一『漢の劉邦』研文出版
『史記列伝（二）』小川環樹・今鷹真・福島吉彦訳、岩波文庫
『中国古典文学大系11　史記（上）』平凡社

晋の呉攻略
宮崎市定『世界の歴史７　大唐帝国』河出書房新社
篠田州一『三国志軍事ガイド』新紀元社

敗戦処理首脳列伝

祖国滅亡の危機に立ち向かった真の英雄たち

2011年6月14日初版第1刷発行

麓直浩（ふもと・なおひろ）

和歌山県生まれ。京都大学医学部卒。勤務の傍らで、歴史に関連して読書やあれこれと書き散らす事を魂の慰めとする。現在、気に入っている分野である日本の南北朝時代や日本娯楽文化史などを中心に、気の向くままに手を出している。本居宣長を個人的に敬愛。著書に『ダメ人間の世界史』と『ダメ人間の日本史』がある。

http://trushnote.exblog.jp/

著者	麓直浩
編集	濱崎誉史朗
装幀	濱崎誉史朗
発行人	松田健二
発行所	株式会社 社会評論社 東京都文京区本郷 2-3-10 Tel 03-3814-3861 Fax. 03-3818-2808 http://www.shahyo.com
印刷 & 製本	倉敷印刷株式会社